中外语言文学学术文库

翻译批评导论

Approaching Translation Criticism

杨晓荣 著

华东师范大学出版社
East China Normal University Press

图书在版编目（CIP）数据

翻译批评导论 / 杨晓荣著. —上海：华东师范大学出版社，2017

（中外语言文学学术文库）

ISBN 978-7-5675-6603-3

Ⅰ. ①翻… Ⅱ. ①杨… Ⅲ. ①翻译理论—研究 Ⅳ. ①H059

中国版本图书馆CIP数据核字（2017）第153416号

翻译批评导论

著　　者　杨晓荣
策划编辑　王　焰
项目编辑　曾　睿
特约审读　汪　燕　王建华　王磊华
责任校对　张多多
封面设计　金竹林　张静文
责任印制　张久荣

出版发行　华东师范大学出版社
社　　址　上海市中山北路3663号　邮编 200062
网　　址　www.ecnupress.com.cn
电　　话　021-52713799　行政传真 021-52663760
客服电话　021-52717891　门市（邮购）电话 021-52663760
地　　址　上海市中山北路3663号华东师范大学校内先锋路口
网　　店　http://hdsdcbs.tmall.com

印 刷 者　上海商务联西印刷有限公司
开　　本　710×1000　16开
印　　张　13.75
字　　数　226千字
版　　次　2018年1月第1版
印　　次　2018年1月第1次
书　　号　ISBN 978-7-5675-6603-3/H.920
定　　价　58.00 元

出 版 人　王　焰

《中外语言文学学术文库》

编 委 会

总　序
GENERAL PREFACE

改革开放以来，国内中外语言文学在学术研究领域取得了很多突破性的成果。特别是近二十年来，国内中外语言文学研究领域出版的学术著作大量涌现，既有对中外语言文学宏观的理论阐释和具体的个案解读，也有对研究现状的深度分析以及对中外语言文学研究的长远展望，代表国家水平、具有学术标杆性的优秀学术精品呈现出百花齐放、百家争鸣的可喜局面。

为打造代表国家水平的优秀出版项目，推动中国学术研究的创新发展，华东师范大学出版社依托中国图书评论学会和南京大学中国社会科学研究评价中心合作开发的“中文学术图书引文索引”（CBKCI）最新项目成果，以中外语言文学学术研究为基础，以引用因子（频次）作为遴选标准，汇聚国内该领域最具影响力的专家学者的专著精品，打造了一套开放型的《中外语言文学学术文库》。

本文库是一套创新性与继承性兼容、权威性与学术性并重的中外语言文学原创高端学术精品丛书。该文库作者队伍以国内中外语言文学学科领域的顶尖学者、权威专家、学术中坚力量为主，所收专著是他们的代表作或代表作的最新增订版，是当前学术研究成果的佳作精华，在专业领域具有学术标杆地位。

本文库首次遴选了语言学卷、文学卷、翻译学卷共二十册。其中，语言学卷包括《新编语篇的衔接与连贯》、《中西对比语言学—历史与哲学思考》、《语言学习与教育》、《教育语言学研究在中国》、《美学语言学—语言美和言语美 》和《语言的跨面研究》；文学卷主要包括《西方文学“人”的母题研究》、《西方文学与现代性叙事的展开》、《西方长篇小说结构模式研究》、

《英国小说艺术史》、《弥尔顿的撒旦与英国文学传统》、《法国现当代左翼文学》等；翻译学卷包括《翻译理论与技巧研究》、《翻译批评导论》、《翻译方法论》、《近现代中国翻译思想史》等。

本文库收录的这二十册图书，均为四十多年来在中国语言学、文学和翻译学学科领域内知名度高、学术含金量大的原创学术著作。丛书的出版力求在引导学术规范、推动学科建设、提升优秀学术成果的学科影响力等方面为我国人文社会科学研究的规范化以及国内学术图书出版的精品化树立标准，为我国的人文社会科学的繁荣发展、精品学术图书规模的建设做出贡献。同时，我们将积极推动这套学术文库参与中国学术出版"走出去"战略，将代表国家水平的中外语言文学学术原创图书推介到国外，构建对外话语体系，提高国际话语权，在学术研究领域传播具有中国特色、中国高度的语言文学学术思想，提升国内优秀学术成果在国际上的影响力。

《中外语言文学学术文库》编委会

2017年10月

修订增补版序
PREFACE

本书2005年1月出版以后，当年6月第二次印刷时做了一点文字上的订正，参考文献总目中遗漏的几项也补齐了，此后再未作修订。但修订的念头一直存在，一是出于后记中提到的考虑，总想把事情做完，二是因为书出来以后再看，总感觉缺了一些内容。然而随着时间的推移，许多事情发生了变化。

其一，翻译界在这方面的研究逐渐深化。如吕俊以价值哲学和实践哲学等为基础深入探讨了与翻译批评有关的各种理论问题，并对翻译批评和翻译批评学做了区分，提出后者具有元批评的性质，这对翻译批评研究无疑具有重大的理论意义（见吕俊、侯向群：《翻译批评学引论》，上海：上海外语教育出版社，2009年版）。

其二，一些过去比较薄弱的领域已经开始得到关注。如翻译史研究近年来已经形成新的热点，其中也包括对翻译批评史的初步梳理，如文军编著的《科学翻译批评导论》（北京：中国对外翻译出版公司，2006年版）第二章。对翻译批评史的简要介绍是本书所缺的内容之一，与之相应的翻译批评观念流变，本书只能说是有所涉及，但“发展”和“史”的意识远远谈不上清晰。

其三，一些与翻译批评密切相关的新领域发展迅速。值得一提的是语料库方法对翻译批评乃至翻译学整体的重要意义（可参看胡开宝《语料库翻译学概论》（上海：上海交通大学出版社，2011年版）。

除了这些变化以外，有些领域至今仍然有待探索。如中西翻译批评比较研究。与翻译批评直接相关的“翻译质量评估”（Translation Quality Assessment,

TQA）这一块已经形成专门的研究领域，早在2000年，*The Translator*就出了一期“评价与翻译”（Evaluation and Translation）专刊（第6卷第2期），主体部分有8篇论文，第一篇就与TQA有关。这些研究其实很早就进入了我国翻译理论界的视野，但有关研究一直不温不火，一些尝试也难见推广，其中原因值得探究，或许这也是中西翻译批评比较研究的一个课题呢。

以上谈及的新进展很多都弥补了本书的不足，这让笔者感到十分欣慰。还有待研究的部分，相信以后也会有新的发展，中国翻译界是有活力的，中国的翻译学人也是有担当的，对此笔者亦有信心。

这次有机会将本书修订再版，就是否要对书中内容进行大量修改，笔者考虑了很长时间，最后的决定是：基本保持原状。主要理由是：1. 体现那个时候的思考结果（有阶段意义，如当时所据的一些理论特点）；2. 便于文献摘引（学术著作多次修改后，会无意中造成一些文献引用上的混乱，本书力图避免这种状况）。

本书初版以来，笔者新的思考以及在这一领域的后续探索主要以两种方式呈现：1. 加注；2. 以附录的形式增加两篇后来发表的文章，供读者参考。

具体做法是：

1. 主体格局基本不动。有变动的主要是各章后的思考题，将其改为“回顾与扩展思考”，题目也有所调整，这么做一是为了尽量发掘正文的潜力，二是为了弥补正文的某些不足，看是否可以将其转化为引发进一步思考的切入点。

2. 正文除少量文字订正以外不做改动。有所说明处另加脚注，并以“增补版注”字样与初版原注区别。

3. 参考文献总目保持原状，不作更新式增补，以体现初版的文献视野。需要增补的在注释中给出。翻译界后来的研究状况可参看《二元·多元·综合：翻译本质与标准研究》一书的“附录：重要论著索引”（该书为杨自俭、王菊泉总主编的《英汉对比与翻译研究》系列文集之七，由笔者主编，2012年上海外语教育出版社出版），这个索引列出了1977年至2007年这三十年内国内出版的著作66种及发表的论文397篇，可以代表这一领域内主要的研究成果，论著的挑选原则可参看该书的“编后记”。

杨晓荣

2017年夏末，南京茶亭

前言
FOREWORD

翻译批评理性化探索

一、感性与理性

批评或评论是要讲道理的，而且要讲得有说服力。一般而言，说服力来自两种力量，一是逻辑力量，一是情感力量。前者体现在论证严密、材料准确等方面，可称为理性力量，后者体现在语言的感染力和内容的道德力量等方面，可称为感性力量。

就翻译批评的说服力而言，感性力量主要来自对语言材料直觉判断的准确。成功的感性化批评体现了直觉思维的特点，往往能直截了当地抓住本质性的东西，其准确和深刻会使读者立即产生强烈的共鸣，甚至有眼前一亮的顿悟之感。然而感性化批评也有很大的局限性：

其一，感性批评经常会带有很强的个性，这一点对于文学鉴赏式的批评是可以的，也是它的一个特色，但从翻译批评所承担的社会责任和学术责任来看，要加强批评的社会效应，要提高批评的理论含量，以使之成为翻译学及其相关学科得以发展的资源和动力，个性化的批评就远远不够了。

其二，直觉判断的准确是要以批评者渊博的学识、敏锐准确的语感和细腻深透的语言审美能力为基础的，这就使得翻译批评的质量和说服力完全系于批评者的语言修养这一发之上，一失皆失，而且极易形成见仁见智、鱼龙混杂的局面，使批评失去依据、失去效力。在已有的感性化翻译批评中，从研究生不成熟的论文，到已发表、已出版的一些文章和专著，因语感不准确而判断失误的例子并不少见，在此基础上形成的结论，其实际意义和理论价值都大可怀疑。

我国翻译批评的感性化特点是在多种因素作用下形成的，其中一个重要的原因是，我国传统翻译理论及其研究方法与我国传统文论一脉相承，因此具有和古代文论相似的一些特点，如不重论证、不重体系，关键术语内涵多解、界定模糊，表达重含蓄，理解重体验、重建立在直觉上的“悟”，等等。我国近代以来在此基础上形成的翻译标准，如信达雅、神似、化境，鲜明地体现了这些特点，而翻译批评正是翻译标准的主要应用领域之一。另一个重要原因是，翻译批评面对的是翻译这种实践活动，经验的作用不言而喻，同时经验主义[1]也很容易对翻译批评形成影响。事实上，我国传统学界历来也是很讲究严谨的，如清代“小学”治学之严就一向享有盛名，所谓言必有据，所谓“板凳要坐十年冷，文章不着一字空”，真要做到绝非易事，“南郭先生”要在学术界混口饭吃并不容易。即便以这些标准来看，盲人瞎马、全凭感觉的批评也是难以立足的。

感性化与理性化并不是两条绝然对立的途径，二者是相互渗透的。正如艺术与科学的关系一样：艺术欣赏和艺术创造中必有理性思维的光辉，否则就成了精神错乱，而科学探索中不可或缺的直觉和想象力也体现了非理性思维的特点，没有这些直觉和想象力，也就没有了科学的进步和发展。同样，成功的感性化批评中，那丰富的经验、深厚的学养都蕴含着内在的逻辑力量，而建立在各种学科方法基础上的理性化批评中也都包含着众多的直觉判断。翻译研究中历来就有重理性和重经验两种倾向，应该说，二者都有存在的根据，区别仅在于方法及适用范围的不同，翻译批评也是如此。感性化批评并非无足轻重，即使是单纯的挑错式批评，只要挑得准确、言之成理，翻译界都非常需要，然而相比之下，我国翻译批评的理性化含量却是亟待提高。换言之，我国翻译批评需要“补钙”，需要“强筋壮骨”。这不仅是加强翻译批评、提高其社会效应的需要，也是翻译理论建设在继承传统的基础上进一步发展的需要。

1　此处“经验主义”指一种封闭的认识方式，其特点是局限于狭隘的个人经验，不同于欧美哲学中的“经验主义（empiricism）”。（增补版注）

二、方法论与翻译批评

理性化的一个重要体现就是讲究论证过程，而方法论就是解决论证问题的。我们知道，方法论所说的方法是分为三个层次的：最高层次是适用于所有研究领域的一般性、普遍性方法，属哲学范畴，也就是通常所说的思想方法、思想观念；中间层次有说是适用于某一类科学的方法，如自然科学方法、社会科学方法，也有说是信息论、系统论、控制论这类横向的跨学科方法；第三个层次是指适用于某一门具体学科的个别性方法，如语言学的语义分析方法、话语分析方法，文论中的原型研究方法、现象学研究方法等等。这些研究方法又可依其特点分为描写的或规定的、经验的或思辨的、实证的或逻辑的等各种类别。翻译批评作为翻译研究的重要组成部分和主要研究手段之一，要向理性化发展，不可不考虑其在这三个层次的方法上所应具有的特点。

具体的操作方法或技术性方法似乎也可以归为一个层次，但实际上，这些方法根据其性质和特点绝大部分都可以分别纳入上述第二、三个层次，或者说是第二、三个层次方法的具体化，因此在概念上不属于一个单独的层次。

由于翻译活动的复杂性，许多学科的理论途径都可以应用于翻译研究，其中大部分属于单学科途径，即只是从某一个侧面看翻译，就这个侧面而言，研究可以是非常深入的。这些学科因此成为翻译学的相关学科，其研究成果为翻译理论提供了丰富的资源，也为翻译批评提供了有力的理论武器。同样由于翻译活动的复杂性，有很多属于翻译本体研究范围内的课题，如翻译标准，仅从某一个侧面看很难把问题说清楚，也很难形成共识。在这种情况下，就只能诉诸视野更为开阔的更高层次的方法，即跨学科方法和哲学方法，而翻译学本体意义上的研究方法就建立在这一基础之上。

从翻译理论建设的角度来看，一门学科要有所发展，其动力往往来自两个方面，一是变化中的实践为它提供了新的课题，二是发展中的理论为它提供了新的武器，前者有我国近二十多年来翻译活动的繁荣为背景，后者有国内外各种相关学科的发展为来源，而作为人类思想史之结晶的哲学，历来是各门学科、各种理论发展最有力的后盾、最坚实的基础。近些年来，在我国翻译界不时能看到具有哲学方法论特点的理论探讨，涉及思想方法和观念的变革，从多元化、动态观念，到系统性、综合性原则，从辩证的翻译观，到相关因素之间的协调，呈现出一条翻译研究的哲学途径。就翻译批评而言，负责的、有效的批评必然十分注意实事求是，注意避免用静止的、孤立的片面性观念去分析问题，这就体现了对思想方法的讲究。实际上，翻译批评必须讲究方法，不论是思想方法还是学科方法，否则就会失去社会信任，这已经不是一个单纯的理论问题了。

基于这一认识，本书力图体现对方法论的重视，除了观念问题和思想方法问题以外，注重梳理基本概念和具体方法，特别是体现翻译学本体特征的方法。

三、本书的结构

以上两点为贯穿于本书始终的基本理念。在内容上，作为一部“导入此门之论”，本书主要解决两个问题，是为两编：

第一编：总论（第一、二、三、四章），相当于本体论基础，力求廓清与翻译批评有关的各种基本概念；

第二编：翻译标准研究（第五、六、七章），即标准论，从认识和观念入手，梳理翻译标准问题的方方面面。

部分章节后配有相应的参考阅读书目和少量开放性、启发性思考题。正文中提及和引用的文献，以及各章节后提供的书目，全部收入书后的参考文献总目，以利查阅。

四、国内出版的翻译批评、翻译研究类主要阅读书目及简要介绍

（按出版年份排列）

1. 翻译批评、鉴赏类[1]：

袁锦翔：《名家翻译研究与赏析》，武汉：湖北教育出版社，1990年。

奚永吉：《翻译美学比较研究》，南京：南京出版社，1992年。

许　钧：《文学翻译批评研究》（理论与实践结合较好），南京：译林出版

1　这个书单和修订增补版序中介绍的《二元·多元·综合：翻译本质与标准研究》一书附录并不重复，从中可以看出1990年代国内翻译批评研究的基本状态。（增补版注）

社，1992年。

喻云根主编：《英美名著翻译比较》（条理清晰的客观比较），武汉：湖北教育出版社，1996年。

许　钧主编：《文字・文学・文化——〈红与黑〉汉译研究》（论文集），南京：南京大学出版社，1996年。

黎翠珍主编：《翻译评赏》（有理论、有实践的论文集），香港：商务印书馆，1996年。

孙致礼编著：《我国英美文学翻译概论》（译评部分直截了当），南京：译林出版社，1996年。

姜治文、文　军编著：《翻译批评论》（论文集，资料性强），重庆：重庆大学出版社，1999年。

马红军：《翻译批评散论》，北京：中国对外翻译出版公司，1999年。

周　仪、罗　平：《翻译与批评》，武汉：湖北教育出版社，1999年。

2. 翻译研究早期论文：

刘靖之主编：《翻译论集》，香港：香港三联书店，1981年。

罗新璋编：《翻译论集》，北京：商务印书馆，1984年。

《翻译研究论文集》（1894－1948），北京：外语教学与研究出版社，1984年。

《翻译研究论文集》（1949－1983），北京：外语教学与研究出版社，1984年。

3. 翻译研究近期论文：

杨自俭、刘学云主编：《翻译新论》，武汉：湖北教育出版社，1994年。

张柏然、许　钧主编：《译学论集》，南京：译林出版社，1997年。

许　钧主编：《翻译思考录》，武汉：湖北教育出版社，1998年。

4. 主要期刊[1]：

《中国翻译》（双月刊），北京：中国翻译工作者协会会刊。

1　这是到初版成书时为止的状况，如今翻译研究的专业期刊已经有所增加，其中不乏别开生面、异军突起者，如上海的《东方翻译》，加上很多综合性大学的学报，资源广度和深度都已相当可观。（增补版注）

《上海翻译》（原《上海科技翻译》）（季刊），上海：上海市科技翻译学会主办。

《翻译季刊》，香港：香港翻译学会主办。

此外还有《外国语》（上海外国语大学）、《外语教学与研究》（北京外国语大学）、《翻译学报》（香港中文大学）等外语类高校学报。

目录

CONTENTS

第一编
总论

第一章
翻译批评基本概念

1.1 什么是翻译批评

翻译批评主要指针对具体的译作或与译作有关的某种翻译现象所发的评论，“批评”与“评论”在此基本同义。因此，翻译批评可以是鉴赏，也可以是指出错误式的批评，还可以是理论性的研究，借评论某种现象说明某个问题。从这个意义上说，翻译研究只要与具体译作、译者或其他具体的翻译现象有关，都具有翻译批评的性质。常规意义上比较完整的翻译批评应是：依照一定的翻译标准，采用某种论证方法，对一部译作进行分析、评论、评价，或通过比较一部作品的不同译本对翻译中的某种现象做出评论。

用英文表述，翻译批评是Translation Criticism, or Critical Reading of a Translation or Translations。Translation Review较宽泛，指译作书评，不一定就是翻译批评。

对翻译作品三言两语的评论，自有翻译以来就有。但是，纵观我国历年来翻译研究方面的成果，直到不久以前，对某部具体译作比较完整的评论还是很少的，而且这些主要以散论方式出现的评论又多为研究、鉴赏性的文字，真正能对读者选择译本起指导作用的就更少。

作为翻译研究的一种历史过程，我国近代以来翻译界比较著名的论战有好几次，主要围绕着翻译标准、翻译原则、翻译方法等问题展开，其中绝大部分内容与翻译批评有关。这些讨论多是出于当时的形势需要、为了解决一定的具体问题而兴起的，事实上也都不同程度地促进了翻译事业的发展。起于20世纪20年代、前后延续了十多年的那场大讨论，对遏制当时翻译界的一些不良风气起了很好的作用，理论上也多有建树，理清了一些思路，为后人的研究留下了丰富的资源。其后的50年代，翻译界倡导以对人民负责的精神进行批评与自我批评，出了一大批优秀的翻译作品，同时有人指出，我国翻译批评多流于经验之谈，而且三言两语，说服力不强，一是因为没有一套完备的翻译理论体系，二是因为没有一个公认的客观标准。（董秋斯，1951，见罗新璋，1984: 540）

近二十多年来，我国翻译事业进入了一个新的繁荣时期，翻译理论的建设、翻译批评的深入也成为翻译界关注的焦点。20世纪80年代末期开始，翻译界有不少文章谈到了翻译评论的“软弱无力”，指出其症结为评论的方式方法“相当原始”，缺乏“科学的评论原则和方法”，缺乏从翻译作品的整体和本质方面进行评论的良好风气。（详见本章末尾所附的阅读书目）通过翻译界的共同努力，近年来这种情况已经大有好转，翻译学科建设也有了不少成果，对翻译批评所涉及的一些比较重要的理论问题，如翻译标准问题，有关的研究逐渐深入，比较系统的翻译批评基础理论研究也在逐渐展开。与此相应的是，翻译批评的质量有所提高，主观随意性过强的泛泛而谈已经大为减少，对整部译作比较集中的全面研究和深入评论逐渐加强。

1.2 翻译批评的性质

这一节主要是从概念范畴上厘清翻译批评的属性。关于翻译批评的特点，可参见2.3.3节。

1.2.1 翻译批评与译作鉴赏

翻译批评作广义解，译作鉴赏是包含在内的；作狭义解，即指出错误式的批评，它与译作鉴赏同为广义翻译批评的组成部分。从方法论特点来看，译作鉴赏以语言审美和技巧分析为主，严格的翻译批评则更为讲究建立在充分论证基础上的准确判断。

1.2.2 翻译批评与文学批评

首先需要明确的是，和文学批评有可比性的应是文学翻译批评。

文学翻译批评和文学批评的共性在于，它们面对的都是文学作品。这就是说，它们关注的核心问题之一是作品的文学性，即“文学之所以是文学而不是其他”的那些性质，主要体现为作品的艺术价值。脱离这一点所进行的翻译批评，就是包括非文学翻译在内的一般意义上的翻译批评了。

无论对于文学批评还是对于文学翻译批评，这一点的意义首先在于，作品中与文学性有关的问题都在它们关心的范围之内。其次，作品产生过程中对其文学性产生影响的各种情况也都是它们关心的内容。前者主要体现在作品的内容和语言风格上，是一种文本内的视角；后者主要体现在与作品相关的各种因素上，是一种文本外的视角。从前一个视角所进行的翻译批评，即考察译作的内容、语言等等是否再现了原作的文学特点，可以说是我国翻译批评的强项；而从后一个视角出发，对与译作相关的多种因素及其相互关系进行纵（历时）、横（共时）多方面的考察和批评，目前正方兴未艾，有许多工作可做。

许钧根据叶维廉提出的文学作品产生的五个因素，推衍出文学翻译作品产生的五个方面的因素，进而归纳、整理为原作与译作之间可比较的三个方面（许钧，1992: 44—46，参见3.3.1节），这采用的是一种综合性分析途径，但也是建立在作品的文学性这个共性基础上的。诚如王克非（1994）在评论许钧这一思路时所说，文学翻译批评和文学批评之间最大的不同之处在于，前者是第二性的，而后者是第一性的。这是因为二者的研究对象和研究目的有很大的不同。一般来说，文学批评的对象是原创作品，批评多具有社会文化、人文思想等方面的研究的性质，提高作品质量至少不是它的主要目的，或者说它和创作本身可以不发生直接的关系。而文学翻译批评就不一样了，它面对的不是原创，而是“二次创作”，虽然它也包括鉴赏性、理论探讨性的评论，但这些评论针对的不是原创中的问题，而是翻译中出现的问题，这是一个根本性的区别；此外，翻译批评的直接目的之一就是促进翻译质量的提高，这些都使得它与翻译这个“二次创作”的过程始终有着密切的联系。

理清这个关系并不是要证明第一性的批评比第二性的批评更重要，而是为了更准确地认识翻译批评的性质。事实上，由于面对的是两种语言、两种文化，翻译批评所涉及的问题甚至比一般的文学批评还要复杂。20世纪70年代以来翻译界出现的“文化转向”为翻译批评开拓了新的视野，以此为方向所进行的一些研究就带有浓厚的文化研究、文学研究乃至哲学研究的色彩，但万变不离其宗，它面对的仍然是翻译作品，也仍然是翻译而不是原创过程中出现的问题，离开这一点，就成为与翻译无关的文化研究或文学研究了。

以上可以说是从本体论的角度入手来认识文学翻译批评和文学批评的关系。

从方法论的角度来看，文论方法是翻译批评的几种主要理论途径之一。反过来，只要是把文学翻译批评理解为对文学翻译作品的批评，而不是仅限于以文学理论方法进行的翻译批评，那么它可以采用的方法，包括技术性手段，必然是远远超出文论方法范围的，包括文论、语言学等许多学科的方法都可以应用于文学翻译批评，因此，和非文学翻译批评所使用的方法一样，文学翻译批评方法就其整体而言也具有多学科或跨学科的综合性特点。

1.2.3 翻译批评与翻译理论

对翻译批评和翻译理论之间的关系至少可以有三种理解：1. 桥梁；2. 基础；3. 部分与整体。

彼得·纽马克（Peter Newmark）指出："翻译批评是将翻译理论和翻译实践连接在一起的一个重要环节；……" *[1]（Newmark, 1988: 184）这是因为，翻译批评的对象总是具体的翻译现象，这是它的实践性，同时，翻译批评的论证过程又总是和种种理论直接相关，这是它的理论性。换句话说，翻译批评的目的既有实践的也有理论的，而它的手段主要是理论的。翻译理论中的很多内容都是翻译批评会涉及到的，翻译批评既是对这些理论的应用，也是对这些理论的检验。反过来，翻译批评中出现的一些理论解释不了的问题，也对理论研究提出了新的要求，可以丰富理论研究的内容，促进理论研究的深入和发展。翻译批评因此成为连接理论与实践的一座桥梁，并且和翻译教学一样，历来被认为是将翻译理论付诸实践的一个重要领域。近年来，随着翻译学的发展以及翻译文化学派的兴起，翻译批评作为理论研究手段的性质逐渐突出，翻译批评的理论含量逐渐提高，在这座桥梁上，理论与实践你中可以有我，我中可以有你，其间结合也更加紧密。

比如，翻译标准是翻译批评的依据，翻译标准问题也是翻译理论研究的一个重要课题。对译作如何评价，必然涉及标准问题，那么究竟有没有一个适合一切情况的标准呢？如果有，是什么？如果没有，批评的依据应是什么？或者说，究竟应该怎样认识翻译标准，为什么？诸如此类的问题不胜枚举，至今仍

1 *号表示引文内的译文为笔者提供。下文同。

然是翻译理论关注的一个焦点，很多研究实际上都与这类问题有关。比如，对翻译本质的认识：翻译到底是语言符号转换，是信息传递，还是文化交际？是对原文的复制，还是一种再创造？是技能，还是艺术？是“背叛”，是“误读”，还是“操控”？这些理论争议似乎很抽象，但实际上都涉及对译本的评价标准。我们甚至可以这样说：你认为翻译是什么，和你认为怎样评价翻译，实质上就是一回事。翻译观决定了翻译标准观。

第二种理解是：翻译理论是翻译批评的理论基础。这可以说是一种逻辑推理的结果，大体上是不错的。然而在事实上，在翻译理论研究的范围内，有些内容和翻译批评的关系十分密切，如翻译标准问题，有些就不那么直接。比如，对翻译方法及其原理的探讨主要用于指导翻译实践和翻译教学，而翻译批评是以检验译作为特征的，二者毕竟有所不同。但是另一方面，由于翻译批评涉及的问题非常复杂，也很难说哪一类研究就和翻译批评一点关系都没有。比如，在观察译作中的一些问题时，可以看出翻译过程中一些相关因素所起的作用，这就与对翻译过程的研究发生了联系。进一步来说，译者在翻译过程中的一些思考，可以从社会文化背景的角度去看，也可以从翻译思维特征的角度去看，或许还需要与心理语言学联系起来才能分析清楚。也就是说，既然讲道理的翻译批评不仅要作出评价，还要说清来龙去脉，那么所涉及的理论超出翻译理论的范围，与多种学科发生联系也就不足为怪了。正如本书后面对翻译批评方法的介绍中所体现的，翻译批评可以借鉴多种学科的理论途径。因此，如果取狭义，翻译理论指的是独立于其他学科、体现翻译研究本身特点的理论系统，那么翻译理论只能说是翻译批评赖以立足的最基本的那一部分理论基础，翻译批评需要的、实际上也在起作用的理论基础，其范围要更大，涉及除翻译学以外的多种相关学科。

对翻译批评和翻译理论的关系还可以从翻译研究或翻译学或广义的翻译理论这个整体的角度去理解。

早在20世纪70年代，凯利（L. G. Kelly）和霍姆斯（J. Holmes）在谈到翻译学的构成时就曾分别对翻译批评在其中的位置作出说明。凯利认为，一套完整的翻译理论应该由三个部分构成：对翻译功能和翻译目标的界定（即要做什么）；对翻译操作的描述和分析（即怎样做）；对目标和操作之间关系的评论（即是否达到目标要求，怎样达到目标要求）。（Kelly, 1979: 1）这第三个部分就是翻译批评。

霍姆斯于1972年提出的译学构想，据介绍是迄今为止最为详尽、合理的学科体系设想，在翻译界获得了广泛的认同。这一构想把翻译学（Translation Studies）分为三个分支：描写翻译研究（Descriptive Translation Studies）、翻译理论（Translation Theory）、应用翻译研究（Applied Translation Studies）。描写翻译研究分为三种类型，即产品研究（product-oriented）、过程研究（process-oriented）和功能研究（function-oriented），应用翻译研究包括翻译教学、翻译批评和翻译辅助手段研究三个部分。（详见张美芳，2000）[1]

霍姆斯把翻译批评放在应用翻译研究之下，作为它的一个组成部分，这是符合实际的。从性质上看，描写翻译研究三种类型之一的产品研究应该也属于翻译批评的范畴。或许可以理解为这是从两个角度看同一事物。至于描写、理论和应用这三个分支各自的重要程度，霍姆斯认为是按照这一排列顺序递增的，这种看法不尽合理。实际上，三者之间的关系是交叉、互动的，“其中任何一方都在为另两方提供资料，也都在吸取和利用另两方的研究成果”（张美芳，2000）。翻译产品的描写性研究、翻译理论、作为应用翻译研究的翻译批评这三者之间的关系正是如此。综合前两种理解，翻译批评无论是作为翻译理论的应用领域还是作为翻译理论与实践之间的联系纽带，其重要性都是不言而喻的。

1.3 翻译批评的种类

此处所说的种类，是指由于批评对象方面的一些不同因素所形成的不同类型的翻译批评，可与3.3节相互参看。由批评目的、批评方式等因素形成的翻译批评种类，可参见2.3.2、2.3.3节，由批评主体不同所形成的种类，可参见3.2节。

1.3.1 从翻译的定义上看

狭义的、严格意义上的翻译指的是原作与译作之间对等或相似程度比较高，即不论客观效果是否完全如此，至少译者主观上希望在各个方面准确度都比较高的语际转换活动及其成品。翻译批评的主要对象就是这一类翻译作品，

1　对霍姆斯的这个构想做了介绍的还有 Toury (1995:10)、Baker (1998:278) 及 Munday (2001:10)。（增补版注）

这首先是因为翻译批评面对的绝大部分都是这类作品，其次也因为这类作品原、译文之间的比较可以做得非常细致而具体，因此能够更为准确、更为直接地反映翻译质量方面的问题以及体现与原创相对而言的翻译的本质问题。编译、摘译、改写等作品，按以往的做法，一般是不作为专门的评论对象的，只是有时在评论、分析某些现象的时候会有所涉及。典型的如林少华译小说、庞德译中国诗等，由于译文和原文的差距太大，字比句次的分析很难进行，只能做一些比较宏观的研究，如语言整体风格的把握，如内容的增删编辑，或者从翻译史的角度出发，进行一些社会文化方面的研究。近年来，翻译批评对这种过去认为够不上严格意义上的翻译、因而不屑于去面对的作品开始有了更多的关注，这一方面归功于比较文学的介入和翻译文化学派的兴起（参见谢天振，1999: 8—20），另一方面也是由于翻译活动的繁荣和多样化多少改变了翻译定义的范围（参见黄忠廉，2000，第一章）。尽管如此，现实中翻译批评的对象仍然以狭义的即严格意义上的翻译为主，原因如上。

1.3.2 从翻译方向上看

翻译方向（the direction of translation）指的是：译者是从自己的母语译成外语还是从外语译成母语。其实，即便不涉及母语，而只是一般性地谈不同语言之间的互译，也存在一个翻译方向的问题（如原语语言习惯在目的语中的反映等等），但只有在涉及母语的时候，这个问题才具有特殊的意义。

翻译方向问题在我国翻译理论研究中似乎没有引起足够的注意。原因或许是：其一，由于从外语译成母语的情况（对我国而言，如英译汉）在翻译活动中是主流，居于一种默认的地位，因此，除非有特别的考虑，一般不会提及翻译方向问题，也就是说，就“翻译”这个概念而言，从外语译成母语成为一种无标记状态；其二，无论是哪个方向的翻译，翻译活动的实质应该是一样的，很多规律、特点也是共同的，其间差异有时就会被忽略。其实，我国的翻译教学和翻译技巧研究对汉译英还是比较注意的，这是出于现实的需要，而理论界对这方面的研究就有些“滞后”了。

从外语译成母语的情况成为“翻译”的默认状态是有道理的。一般认为，在正常情况下，译者译入母语必然比译入外语要有把握，译文在可读性和符合译入语语言习惯方面也必然更为可靠。（Baker, 1992:64-65; Shuttleworth &

Cowie, 1997: 42）正是由于翻译方向的重要，很多国际组织都要求译员只做从外语译入母语的翻译。如英国的翻译工作者公会就规定：切不可要求译者从本族语译成外语，因为“译者的外语水平无论怎样高，决不会高过本人的母语水平”。（斯蒂芬·康格拉特–巴特勒，1986: 167）国际翻译工作者联合会（FIT）于1976年经联合国教科文组织通过的一份文件中也明确要求“译者应尽量只将外语译成本族语或译成与本族语同样熟练的另一种语言”。（同上：133）这些措施都是为了使译文的质量有所保障。在我国，由于社会历史方面的原因，由于中西文化间的巨大差异，同时也由于国际社会中掌握汉语者的数量还很有限，汉译英工作中的相当一部分还不得不由以汉语为母语者承担。如果说对翻译实践来说这是不得不为，那么，对翻译批评来说，就完全可以有所选择、有所侧重，至少是必须注意到翻译方向对翻译批评的不可忽视的重要影响以及由此形成的翻译批评的局限性。

以下即是依翻译方向而分的三种类型的翻译批评及其侧重点。以英语为例。

1. 对英译汉作品的批评

这是翻译批评中的多数，实例不胜枚举。这一方面反映了我国目前翻译活动的实际情况，另一方面也体现了以汉语为母语者作为接受者的“天职”，实为理所当然。此类批评内容广泛，凡翻译批评可涉及的无不涉及，与下一种情况相比，突出的特点在于对译文语言的评论有母语语感上的自信，尽管：（1）由于批评者本人语言的个人特点等因素的影响，这种语感也会出现个人差异；（2）由于批评者本人语言修养等因素的影响，这种语感也会有不甚可靠的时候。

2. 对汉译英作品的批评

这种批评数量其实并不算少，主要集中在外事翻译、中国古代典籍翻译和古典文学作品翻译这几个方面。针对当代文学作品的翻译批评也有，但多集中于散文。

在这几种批评中，外事翻译批评目前主要关注的一是不出错误（意思和语言），二是如何使译文语言表达地道，摆脱生硬的Chinglish（汉化英语）。中国古代典籍翻译批评多着重于理解的准确和表达的清晰。以中国古典文学作品翻译为对象的翻译批评一向是个热门，《红楼梦》译本分析、《诗经》译本分析、《醉翁亭记》等经典散文的译文分析等都已有相当的积累，突出之处是以鉴赏性和理论研究性为主。当代中国文学作品翻译批评也同样是以鉴赏性为主，少有真正的批评。[1]

在中国古典文学作品翻译这个热门中，古代诗歌的英译又可以说是热门中的热门，有关的批评文章几乎从未断过。然而，正是在古诗英译的评价问题上，有学者提出不同意见，认为许多此类批评在谈到译文的诗歌效果时，都下意识地以中国诗歌的语言习惯来评价这些诗歌的英译文，结果是，无论从美学角度还是从语感角度来看，说服力都有问题。（孔慧怡，1991；胡泽刚，1991）这个意见十分中肯。奈达（Eugene A. Nida）正是以中国古诗英译为例，来说明翻译方向对翻译过程和译文评价所具有的重要意义的：在五十首左右、显然被认为是典范的古诗英译文中，真正像英文诗的只有一首。（Nida, 1993: 138）

根据前面所谈到的翻译方向对翻译实践及翻译批评的影响，笔者认为，对汉译英的评价，就我们以汉语为母语者而言，实际上是以一个特殊问题的方式典型地体现了翻译批评的一种局限性，对此，我们必须心中有数。翻译批评必然地要以批评者自身的视野和能力为界限，这是客观使然。笔者并非主张对汉译英作品我们就无权说话，而只是想说，任何话语权都不是无限的。在外事翻译批评和古代典籍翻译批评中，这种分寸一般都比较明确。奇怪的是，对于十分重视文学性和美学效果的古代文学作品翻译，这种意识反而比较薄弱。由于文学性和美学效果具有强烈的感性特征，笔者主张对这类翻译批评应尽力而为，即有所为有所不为：除了最起码的语言正误以外，我们可以凭借雄厚的原语文化背景，考察译文在文化内涵的理解和传达、语言细节的体会等方面的情况，提出批评或进行研究；对译文语言表达质量，可以做交际层次上的评价，但涉及美学效果时，最好留有余地。毕竟英译文是给讲英语的人看的（至少逻辑上是如此），他们才是最终验收者。

金隄先生曾以问卷调查的形式，请数十名以英语为母语者在李白《静夜思》一诗的八种译文中选出他们认为有诗意的译文。（金隄，1989/1998: 50—56）仔细看一看这个调查就会发现，结果和我们的感觉可能有相当的差距。在现代文学作品的翻译方面也有一个可供参考的例子：奈达在谈到译文语言的最后润

1　这两段所说的情况近年来已经发生巨大变化。（增补版注）

色时，曾以一个不懂汉语的读者的身份，对《青春之歌》一个选段的两种英译文进行修辞上的详细分析。（Nida, 1982: 86—88）这两个译本都是正式出版的，译者也是名家，若放在国内，此类分析多半又是以鉴赏为主，然而，以接受者身份出现的奈达却找出不少问题，有些还就是和文学效果有关[1]。王元化先生在谈到中国文学作品与诺贝尔文学奖的时候，曾直言不讳地说："大陆许多作品的翻译，纵使出于著名译者之手，恕我直言，往往是并不好的。"（王元化，2001）诺贝尔文学奖受多方因素影响，其政治性越来越强，因此并非衡量作品文学价值的最高标尺，但从翻译界的角度来看，作为一个参照，这也确实可以反映翻译上的一些问题。我国翻译批评在这个方面的"失语"，除了与传统的权威意识有关以外，对汉译英文学作品的评价不准确也是一个重要原因。

3. 回译作品批评

将一部作品从一种语言译成另一种语言，然后以译本为蓝本，再译回第一种语言，这第二个翻译过程就叫回译（back-translation）。回译是学习第二语言的一种很好的练习方法。从翻译研究和翻译批评的角度来看，回译也是很好的素材，将回译的译文与最初的原文相比较，其间异同可以反映出两种语言的差异和译者本身的一些因素对翻译过程所起的种种作用。这种材料很少，但很有意思。笔者曾无意中搜集到一例：原文是取自*Reader's Digest*的一篇散文，题目为"Dreams Do Come True"，作者为Jim Bishop，汉语译文题目是"梦想"，被某地用作一次汉译英比赛的原文，依此提供的英译文题目是"Dreams"，这样，从英语原文到汉语译文再到回译为英文的译文，形成了一个完整的"回译链"。这三个文本之间的差异可以清楚地显示出相对于原文的"偏移"（distortion）是如何在两个翻译过程中被"逐级放大"的。分析其中原因可以说明很多问题。比如，由于当代汉语通用文风与当代英语通用文风的差异，回译的英译文与英语原文相比稍显繁复，词语的修饰性有所提高，但同时也有许多地方与原文非常接近，说明译文的质量相当不错。[2]

1　此例的汉语原文、两种英译文及奈达的评论原文可参见笔者编著的《汉英翻译基础教程》（北京：中国对外翻译出版公司，2008年第1版）第142—148页。（增补版注）

2　这三个文本及笔者的分析，可参见拙著《快速通关·汉译英分册》第70—74页（北京：中国宇航出版社，2003年第2版）。（或笔者编著的《汉英翻译基础教程》[见上条注]第130—135页。增补版注）

在翻译批评所面对的译作中，这种完整的“回译链”并不常见，倒是有另一种比较特殊的现象与回译相似，这就是：由原作者本人将自己用非本族语写成的作品译回母语。

这种情况比较典型的例子是林语堂。林语堂中英文写作的功夫都是很出色的，他的许多作品都有两种语言对应的版本，其中有一部分是他先用英文写成在英文刊物上发表，然后自己再把它译成汉语在汉语刊物上发表。由于译者和原作者是同一个人，他的这批作品就成为对翻译研究很有价值的一种素材。比如，有学者通过分析他的这批作品说明：在特定条件下，信达雅三者之间的关系有时会出现很大的改变。（王正仁、高健，1995）这批作品有一个明显的特点，即在翻译过程中出现了很多内容上的变动，对于并非原作者的一般译者来说，其中有很多都是不可想象的“违规”，然而由于译者就是原作者本人，他因此而拥有了某种“特权”，文学翻译的创造性在此获得了无法质疑的自由度。

1.3.3 从作品体裁上看

在翻译批评所涉及的译作中，文学翻译作品占了大多数，有关的研究也很活跃，因此，形成了强大的文学翻译批评实力。与此密切相关的是，我国翻译研究本身就有一种重视文学翻译的传统，原因也许是人们认为文学作品内涵丰富，特别是在翻译中，涉及的因素特别多，要译“好”也最不容易，因此这方面的研究比较有价值，研究者的兴趣也高。同时，由于外国文学作品的阅读面极广，文学翻译及其批评所承担的“教化”责任也十分重大。然而，另一方面也要看到，正如有些学者所指出的，我国翻译研究对文学的重视其实只是近代以来的事，在此之前是以宗教经典的翻译研究为主的，而且近代出现的这种现象与我国人士学习外语的一些既成规范还有关系，如重视古典文学作品的研读等。（孔慧怡，1999）这就是说，尽管翻译批评对文学作品投以特殊兴趣自有其道理，但这并不是天经地义的，也不是翻译批评和翻译研究的全部。翻译批评和文学翻译批评不能划等号。特别是翻译研究，如果囿于某种成见，还可能会脱离社会实践，限制研究的视野，不利于完整、准确地认识翻译中的各种现象和一些基本规律。

关于文学翻译批评，还需要对“文学翻译”这个概念做一些辨析。一般认为，“文学翻译”就是指小说、戏剧、诗歌、散文等文学作品的翻译，然而，还有另一种解释："文学翻译"指的是用文学语言写成的作品的翻译，即除了科技作品以外的其他一切作品的翻译，包括历史、哲学、传记、政论、演说等等。（黄雨石，1988: 3—5）这个解释是相当宽泛的，有时可能比较方便，因为后面这几种体裁的作品如果文字出色，也常会被归入散文，这就进入了文学的范围。但是，这只是一个大致的划分，科技作品未必就不会用文学语言，哲学、历史等作品的翻译也自有其不同于文学作品翻译的特点。

针对文（指文学理论）、史、哲、政、经、法等人文学科作品的翻译批评一向数量不多，原因也许是这些作品的翻译标准客观性稍强一些，但与前面介绍的我国翻译研究重视文学翻译的传统也不无关系。近些年来，这种情况有所好转，尤其是除了《中国翻译》等专业期刊以外，出版界、读书界的一些报刊（如《出版广角》、《读书》、《中华读书报》、《文汇读书周报》等）也对此予以关注。由于著文者多并不以此谋求职称等虚名，这些报刊上的评论往往写得直截了当、文笔犀利，因此反而独具特色。如上海《文汇读书周报》刊登的余一中"《高尔基传》和'彩虹桥'"（2001年6月30日）、季平"《耶稣会士中国书简集》的翻译'硬伤'"（2001年5月5日）、程巢父"韦卓民先生的《纯粹理性批判》译本"（2001年7月21日）等评论，都是有理有据，很有分量的。目前，法律、政论、哲学、历史等方面的翻译批评虽然已经引起一定注意，但是和源源不断大量出版的人文学科翻译作品相比，首先是数量仍然偏少，批评实力不足，以致读者直指"译作难读，特别是译介国外新思潮的作品，生涩拗折，让人怀疑译者是否真的懂得，更不要说那些大兵团作战，人以己意译之，以致前后人名地名术语都五花八门的译品了"（陈四益，2001）。其次，有些类型的作品还少有涉及，如经济理论著作等。

科技、商贸翻译在翻译实践中始终占有一个相当大的份额，但有关的翻译研究多集中在技巧探讨和词语分析上，对翻译成品完整、深入的分析和评论还不多见，其中原因或许是：（1）此类作品的时效性比较强，而且比较零散；（2）内容专业化程度高；（3）翻译转换方式比较机械（机器翻译研究就把科技翻译作为主要对象）。其实，科技、商贸都只是一个大体的分类，内中所含的文体种类并不简单，外延上也多有重叠，如科技论著在翻译特点上就至少与法律文体的翻译有相似之处，而有的科普作品甚至可以归入文学作品。总之，科技、商贸类作品的翻译批评仍然是一个有待进一步开发的领域。

参考阅读书目：

陆肇明：“文学翻译批评的困境与突破”，《中国翻译》1989年第1期。
简 讯：“全国文学翻译研讨会在长沙举行”，《外国语》1989年第1期。
韩桂良：“提一个建议”，《中国翻译》1991年第3期。
刘超先：“道安——我国翻译批评的先驱”，《中国翻译》1993年第3期。
杨晓荣：“对翻译评论的评论”，《中国翻译》1993年第4期。
桂乾元：“译事繁荣需评论”，《外国语》1994年第2期。
穆 雷：“让更多的人来关心文学翻译批评事业”，《中国翻译》1994年第3期。
王克非：“关于翻译批评的思考”，《外语教学与研究》1994年第3期。
姜治文、文 军：“建立比较翻译学的几点构想”，《外国语》1996年第1期。
许 钧、袁筱一：“试论翻译批评”，《翻译学报》1997年第1期。
孙致礼：“谈新时期的翻译批评”，《中国翻译》1999年第3期。
王恩冕：“论我国的翻译批评——回顾与展望”，《中国翻译》1999年第4期。
郑海凌：“谈翻译批评的基本理论问题”，《中国翻译》2000年第2期。
范东生：“翻译的本质与翻译批评的根本性任务”，《中国翻译》2000年第4期。

回顾与扩展思考：

1. 翻译批评涵盖范围与其性质的关系；
2. 翻译批评和翻译学科发展的关系；
3. 翻译批评和翻译批评研究的关系；
4. 翻译批评渠道或媒介对翻译批评的影响；
5. 东西方翻译批评的比较（概念、理论、方法、社会影响）；
6. 翻译批评史（形式、内容、性质、作用等的沿革）。

第二章
翻译批评基本原则

2.1 翻译批评的目的和功能

翻译批评的首要目的是提高翻译质量。翻译质量可以有多种形式的体现，从细节的取舍、语言风格的控制到审美价值的重塑。通过对译作质量进行分析，评论其得失，可以在不同程度上起到或批评或褒扬的作用：批评者，意在指出谬误，纠正偏差，以利译者改进，并使其他译者得以引为鉴戒；褒扬者，意在推介佳译，树立榜样，分析其高明之处，给其他译者以指导和启发。

单纯正面的译作鉴赏或称佳译赏析也可以成为翻译批评的目的。有一部分鉴赏性评论的动机只是出于对优秀译作的由衷赞赏，评论中以描述个人的审美体验为主。无论出于何种目的，这类评论都可以起到向读者推介优秀译作的作用。分析深透的佳译赏析往往展现出一个能给人以美感的文学欣赏过程，因此，可以对读者如何欣赏翻译作品给予指导，对从事翻译者也很有启发。

翻译批评的另一个重要目的就是理论探讨。上面两种类型的翻译批评在评价译作优劣的同时，可以对所涉及的问题进行深入透彻的理论分析以增强说服力，同时获得研究方面的成果。除此以外，还有一些翻译批评并不以评价译作质量的高低为最终目标。这种类型的批评，其主要目的就是借评论译作来说明或探讨一些理论问题。比如通过分析译文探讨翻译标准，或对某部译作中标题的译法予以描写性研究以探寻相应的规律、翻译原则及其原理，或从评论译作中的删节、改写现象入手进行文化史方面的研究，等等。有人甚至认为类似于文学批评的理论研究才是真正的翻译批评。笔者并不赞成这种看法，但理论研究的确是翻译批评的主要任务之一。

综合起来看，翻译批评最根本的目的是提高翻译质量、促进翻译事业在理论和实践两方面的健康发展。据此，翻译批评最基本的功能是监督功能，由此派生的是对读者的引导功能和对译者的指导功能。翻译批评可以为出版部门提供对翻译作品质量的监控信息，为读者提供译本选择方面的参考意见，为翻译工作者提高翻译水平提供学习、揣摩的范例。翻译批评的第二个基本功能是理论研究，这既是因为理论研究是它的目的之一，也是因为翻译批评本身就是翻译研究的一个活跃而富有成效的领域。

翻译批评的这些功能是翻译事业发展的需要，其内在动因则是社会发展的需要。

2.2 翻译批评的意义

对翻译实践来说，翻译批评的主要意义在于帮助译者提高翻译水平，具体做法包括澄清一些认识问题、对翻译策略及其应用进行各种层面上的探讨等等。翻译批评在大学本科和研究生的翻译教学中承担着重要的角色，在翻译研究类论文中也占有相当的比重，这说明了翻译批评在指导翻译实践方面的重要意义。翻译作品质量不高，除去社会环境方面的因素以外，译者本身对翻译中出现的一些问题在理论上认识模糊，对翻译质量缺乏鉴别能力，甚至以捉襟见肘的语言功夫勉为其难地进行翻译，无疑是内在的主要原因。所以，我们说积极的翻译批评实际上是对译者的一种爱护，这并非夸张，亦非矫情，何况对所有的译者来说，翻译水平的提高都是无止境的，良好的翻译批评氛围必然产生建设性的效果，有利于在整体上提高我国翻译作品的质量。

翻译批评对翻译理论建设的意义主要表现在：翻译批评在借助翻译理论的同时，又会以自己针对实际问题所进行的研究以及更为广阔的理论背景，丰富翻译理论的内容，促进翻译理论的发展。这一点已经为翻译研究的发展史所证明。

翻译批评的社会意义是很明显的。无论是表扬和推介优秀译作，还是批评劣质译本，都既是对原作和原作者的维护，也是对读者权益的保护，同时也是对译者的警示和教育，因此，都是在履行翻译批评的社会责任。

出于种种原因，和鉴赏、褒扬相比，批评要困难得多，直言不讳的批评就更为困难，然而对提高译者的识别能力、维护原作者和读者的权益来说却又是最为需要、最为有效的。孙致礼先生曾以其一贯的坦率作风对近年来我国翻译批评软弱无力的原因予以深刻的分析，并与20世纪50年代诚恳、直率的批评风气做了对比，指出："翻译事业要发展，要繁荣，永远离不开翻译批评的鞭策和推动。"（孙致礼，1999a; 1996: 193—202）事实的确如此。一段时间里，我国翻译市场一度出现几乎失控的乱象，在商业利益的驱使下，以无视学术和职业道德的浮躁心态为背景，出现了多例用抄袭、剽窃、拼凑等恶劣手段谋取名利的所谓译作，给翻译市场带来了一股乌烟瘴气。富于社会责任感的翻译界和出版界人士忍无可忍，奋起回击，在版权保护方面也采取了一些行动，公开市场上的情况有了一定好转。

翻译界也对此提高了警惕，如：从事英诗汉译多年的黄杲炘先生面对自己的译诗被人剽窃，愤怒地著文反击（黄杲炘，1998），楚至大先生也对诗歌翻译中的抄袭现象多次指名道姓地予以严厉抨击（楚至大，1997；楚至大、张华华，1998）。又如，司汤达的《红与黑》译本在一段时间内竟然达到了十几种之多，其中不乏抄袭、拼凑而成的"李鬼"，许钧对此作了无情的揭露（许钧，1996: 238—247）。莎士比亚名剧《麦克白》电影版出现在我国电视荧屏上的时候，字幕打出"翻译：王天红"，然而，经笔者仔细核对，片中对白译文竟与朱生豪的译文极为相似（杨晓荣，1998），这究竟是出于对为文者基本道德的无知，还是有意拿自己的声誉赌一把，真是令人费解！然而，这种情况在影视界出现并不止这一例，有的甚至涉及国家级电视台，形成了一种需要综合治理的现象，在这种氛围中的翻译批评只能艰难前行，但既为翻译界中人，这份责任恐怕是难以放弃的。

对这些恶劣行为予以抨击，其效果应该还不只限于制止这些现象。在这个过程中，一些新的和理应恢复的学术传统、学术规范、职业道德意识、职业规范也会逐渐建立起来。作为正面成果之一，这一点对我国翻译界的影响可能更为深远。比如，为了给读者提供最好的译本，复译、重译本对前译本有所参考、借鉴是可以理解的，但这种参考、借鉴以什么形式出现，经过什么样的程序予以认可比较合适，还需要翻译、出版、版权等各有关方面的研究和确认，翻译批评在这方面是可以提供意见的。

打击翻译中的"假冒伪劣"可以归纳为"打假"和"打劣"两个内容。

"打假"的对象即上文所说的翻译中的抄袭、剽窃等恶劣现象,"打劣"的对象则是那些质量不高的劣质译作。这两者的性质有所不同,前者无疑是一种"违规"行为,需要不留情面地予以抨击,并以合理的行业规范予以制止,有的甚至需要以法律手段予以制裁,而后者的成因除了不负责任的粗制滥造、胡译乱译以外,也有译者的水平问题。还有一些情况介于译者水平和译者对翻译的认识之间,或无意形成,或有意所为,不太容易界定,可以作为学术问题来探讨。但是,只要是真正为读者着想、对原作负责,就无论如何也不能以此作为劣质译本产生的借口。以下是《培根论说文集》某新译本中的一句,请读读看:

"……不仅如此,那些最为强烈地相信无神论并因而受到人们谴责的学派,即莱欧西帕斯学派、德谟克利特学派和伊壁鸠鲁学派,在向世人证明宗教的真实性方面所起的作用也最大:因为主张宇宙万物的秩序和美是由四种可以变易的要素和一种不可变易的第五要素不借神助造成的,这些要素恰如其分地各居其位并永久如此,无需神性首领的引导,上述学说比这一秩序和美是由一大批无限小的部分或地位不定的种子造成的说法,可信性要在千倍以上。"(东旭、肖昶等译:《培根论说文集》,海南出版社,1995: 65—66)

要看懂这样的句子,没点耐心怕是不行的,所谓"六十四根牙齿嚼不动的句子"(林语堂,见罗新璋,1984: 418),无非如此,培根"简约明晰"、"内容重于词语,写得准确,清楚"(王佐良,1994: 31)的文风不知何处去了。其实,即便是如此长句,也不是不可能说得清楚,试比较水天同1939年的译文:

"不特此也,就是那最以无神论见诟的哲学学派(即莱欧西帕斯、德谟克瑞塔斯、埃辟寇拉斯一派)也最为证实宗教。因为主张这宇宙万物底秩序与美是不经一位神圣的领袖之主持而由四种可变易的原素和一种不可变易的第五原素,适如其分而永久如此地安排的,造成的,这种学说较之那主张这宇宙万物底秩序与美是全仗着一大群无限小,无定位的原子之说,其可信当在千倍也。"(水天同译:《培

根论说文集》，北京：商务印书馆，1983: 57）

无怪乎有学者慨叹“有些新译远不如旧译本”了。（吴中杰，2001）

翻译批评的社会意义体现了翻译研究无法脱离社会实践、因而无法自闭于象牙塔中的一种内在性质，这是由翻译活动本身的性质所决定的。这并不妨碍翻译研究可以采用纯粹的抽象手段进行元理论方面的探索，正如层出不穷的语言学模式之于活的语言，或高度抽象的相对论之于现代社会中实实在在的原子武器威胁，也无碍于翻译研究以其具有普遍性的理论成果对其他学科的发展做出贡献，如物理学之于哲学。在翻译学内部的各个分支中，翻译批评是以其与实践的密切联系为特征的，即便是文学翻译批评，也是翻译批评，而即便是文学批评，如果与社会现实一点关系也没有，那路也是会越走越窄的。如果对翻译市场上粗制滥造、抄袭剽窃等恶劣风气不闻不问，无论是出于什么原因，都将是翻译批评的失职。做这种打扫卫生式的“初级”工作或许不是翻译批评的主要任务，但却必然地是翻译批评的任务之一，原因就在于，维护翻译的职业道德、赢得社会对翻译的信任，原本就是从事翻译者的分内之事。一位著名诗人、散文家、翻译家在闲谈时曾不无感慨地说：“如果可能，我真希望不做翻译家，而做一个翻译批评家（translation critic），多几个负责的翻译批评家，翻译界有些人就会老实一些。”翻译批评之难、之必要，可见一斑。

2.3 翻译批评的原则

原则是为目的服务的。以上对翻译批评的目的、功能及意义的分析说明，翻译批评要对读者负责，对原作者负责，同时也对译者负责。除此以外，翻译批评还应对翻译学科的发展负责、对翻译理论建设负责，也就是要对学术负责。总之，翻译批评是要出以“公心”的。这就是翻译批评基本原则的思想基础。

2.3.1 各家主要论述及归纳

关于翻译批评的基本原则，从古至今，翻译界很多人都曾提出过自己的看法，但多数是想到一点说一点，少有系统的整理。如被称为我国翻译批评先驱的东晋翻译名家释道安，具有“明确而崇高的论译目的、严谨而谦虚的论译态度”（刘超先，1993），这里“崇高”即不为私利，“严谨”即有理有据，“谦虚”则是与人为善。20世纪50年代茅盾等人在这个问题上的论述，翻译界是比较熟悉的，如茅盾提出对译本的批评不能只停留于指摘字句，而是要看本质，要全面、要深入（茅盾，1954，见罗新璋，1984: 515）。下面是20世纪80年代末以来国内翻译界在这方面的一些见解。

1. 以散论方式提出的：

陆肇明：实事求是，有棱角，有战斗力，同时也要有某种宽容（1989）；

韩桂良：（1）对事不对人，即批评应是善意的、建设性的；（2）批评要属实，既反对溢美，也反对挟私攻讦（1991）；

桂乾元：既反对“交易型”，也反对“交战型”；要看全面，看本质，看整体；批评应是辩证的，实事求是的；客观、公正、全面、科学、深入；与人为善，平等待人，反对无限上纲；说理、热情，对事不对人，不攻击，也不徇私情，严格、宽容（1994）；

姜治文、文军：客观全面（1996：28）；

孙致礼：对劣译要敢于揭露，对好的译品，既要肯定成绩，还要指出不足，批评要全面、客观（1999a）；

郑海凌：由于（文学）翻译批评审美性的存在，主观色彩难以避免，但翻译批评还具有科学性，主要表现为逻辑的谨严、判断的正确和结论的客观（2000）。

2. 明确提出较为完整的翻译批评原则的（经过整理）：

黄雨石（1988：191—194）认为，要客观地评定理想的翻译，就必须：

（1）有一个大家一致同意的标准，即怎样才叫“适如其所译”（马建忠语），这是说如何使批评客观、得到公认；

（2）把个人兴趣（如对某种文风的偏爱）和评论翻译的基本原则（即尊重客观依据：原作）严格区分开，这一条也是说如何使批评客观，排除主观性；

（3）采取实事求是的态度，不能超出翻译的职能来要求翻译，反对绝对化（即要求太高）和神秘化（即笼统的“未得原文神韵”之类的评语），这是说批评不能不切实际，而要考虑现实可能性，而且要具体、明确。

许钧（1992:33—42）提出，文学翻译批评的基本原则是：

（1）不仅对结果进行正误性的判断，更应重视对过程的深刻剖析；

（2）突破感觉的体味；

（3）将局部的、微观的批评与整体的、宏观的评价有机地结合起来；

（4）发挥积极的导向作用，在批评者与被批评者之间建立一种新型的关系。

这四条中，第一条是说要重视分析原因，重视翻译过程中的各种因素对译作形成所起的作用，近年来兴起的翻译文化批评和描写性批评甚至可以不提供参考译文、不对译文做出评判（许钧、袁筱一，1997: 9, 10）；第二条是说批评要理性化，即尽量客观；第三条是说要注意整体评价，防止片面；第四条是指批评的态度应是善意的、建设性的。

在许钧这四条的基础上，喻云根又做了一些调整和补充，形成了比较、评析译文的五条原则：

（1）既要有正误性的评判，又要有对翻译过程的解剖；

（2）既要有文学欣赏的感觉体味，又要有语言分析的理性检验；

（3）既要有局部分析，又要有整体评价；

（4）多视角、多学科地对译文全面透视；

（5）评析时，既要实事求是，又要与人为善。（喻云根主编，1996: 1—3）

相比之下，这五条更为简洁、明确，也更为准确。这是迄今为止笔者看到的对翻译批评原则最为完整、也最清楚的论述。

喻先生加进去的第四条，一次两次的译文评析是不易做到的，但若要对某一译文有比较全面的了解，并充分发掘它在理论和实践各方面的价值，就必须对它进行多视角、多学科的全面透视，如翻译批评界对《红楼梦》译本等经典译作从诸多角度所做的长期研究。

3. 综合以上各种意见，翻译批评的原则可以归纳为以下三项：

其一，翻译批评应是善意的、建设性的，即应是平等待人、与人为善，体现对译者的理解的，这可以说是批评的态度问题；

其二，翻译批评应是全面的、整体的、本质的、历史的，不以偏概全，不片面、不偏颇，这是视角和视野的问题；

其三，翻译批评应是实事求是的，要客观，要有根据，要讲道理，不凭印象妄下断语，也不迷信权威，要实际而不空泛，深入而不肤浅，这些大体上可以归于翻译批评的方法问题。

2.3.2 溯源：翻译批评原则的针对性

以上这些原则的提出有其理论方面的背景，即对于翻译批评性质、目的、功能等的认识，同时也有实践方面的原因，具有很强的针对性。对于目前翻译批评中存在的一些问题来说，这些原则体现了某种“反拨”。

比如，在我国的翻译批评中，审美式批评一向居于主流地位，可以说是我们的强项。本书前言中谈到，这种批评一般以感性化的直觉的批评为主，这就对批评者个人的语感和审美能力要求很高。如果批评者本人的语言文学修养不甚可靠，同时又对这一点缺乏认识，即所谓“胆子大于能力”，那么这种主要依靠语感的批评就极易发生判断失误，越改越错，甚至把对的、好的改成错的、差的，现实中这种情况并不少见，常令人感慨批评的粗暴无理。由于美感本身所具有的主观性特点，在一些审美式批评中，“美”似乎变成一个大筐，可以收纳百物，无法解释的、说不清的就冠之以“美”，不由得你不信。于是批评的主观随意令你无话可说，讲不清道理的“见仁见智”使得批评彻底失去了效力。在这种情况下，翻译界要求批评要有科学性，要客观，就是很自然的事情了。

在一个时期以内，主要是自20世纪70年代末翻译界恢复活力以来的头几年里，我国翻译批评中有不少是只说好话、不做认真批评的。其实，即使是名家名译，也不可能没有缺陷或失误，即使是鉴赏性评论，也不能把名家打的喷嚏都说成是美妙的音乐。正是出于对这种现象的反思，许多人提出翻译批评要特别注意实事求是，如2.2节谈到的，孙致礼先生更是以20世纪50年代的许多实例来反复说明翻译界恢复实事求是的良好风气是何等重要。

翻译界这种只说好不说坏的风气不是一种孤立的现象。语言学者姚小平有一段话很耐人寻味：

> 我们语言学评论界有一种要不得的传统，就是多讲好话，多讲

不偏不倚的话。对名家尤其如此。往往只有对故世的名家，才敢行批评之事。这跟西方评论界的传统，好像正相反。其实，只有当一个人在世时对他提出批评，才是对他的尊敬，而在他死后进行鞭挞，那才残忍得很。（姚小平，1994）

我国的这一传统部分地来自尊重长者这种礼貌意识，同时也掺杂了“为尊者讳”这种不无封建色彩的陈旧观念，延续数十年的泛政治、泛意识形态化无情“批判”又加剧了对批评的忌讳，因此，完全摆脱这种定势并非易事。但是，既为学人，起码的实事求是应该是可以做到的，而且这与礼貌也并不矛盾，真正的学者以真理为追求，也不会拒绝尊重事实的批评，相反，违背事实的吹捧是不相信对方人品的做法，那才是真正的没礼貌。

挑错式批评对帮助译者提高翻译水平还是很有用的，但也有一些此类批评却并不能让被批评者服气，原因就在于它以偏概全，同样是不实事求是的。翻译是一项非常复杂的活动，特别是长篇翻译或有相当难度的翻译，要达到一个较高的标准并保持在这个水平上是很不容易的，再加上个人认识方面的一些差异，可以说任何一部译作都不是无懈可击的。挑几个错并非难事，如果不能从本质上、整体上评价译作，这种挑错就会因不能反映译作的真实面貌而很难让人接受。正因为如此，在谈到翻译批评原则的时候，很多人都不约而同地提出翻译批评必须“全面”。

技巧性批评同样也是很有用的，但是，有不少此类批评只停留在技巧本身这个层面上，讲不清其中的道理，尤其是说不清楚为什么在何种情况下要用何种技巧，因此，并不能解决多少问题。有鉴于此，同时也针对以上几种现象，翻译界不少人提出批评要“深化”、提高理论含量。

总之，审美式批评、鉴赏性批评、挑错式批评和技巧性批评就其本身而言并没有什么不好，它们各有各的用处。但是，首先，它们也各有各的局限性，对此认识不清就会出现问题，要么判断失误，要么不痛不痒，影响翻译批评的质量；其次，翻译批评也并非只有这么几种套路，模式化的思维方式在深度上和视野上都禁锢了翻译批评的发展，从长远看，真正有价值的翻译批评应是以上这些批评的深入和扩展。翻译批评“软弱无力”，既不准确，又无新意，更不能发人深省，仅仅满足于挑几个错、套几个句型的局面，不应再持续下去了。

2.3.3 翻译批评的主观性和客观性

1. 实事求是与客观性

在2.3.1一节中，我们对翻译批评的原则已经做了一个初步的归纳。这些原则的核心，一言以蔽之，即实事求是。《汉书·河间献王传》有言，“修学好古，实事求是”，指依据事实以探求古书真义，今解为依据客观事实，去研究事物的内在规律。就翻译批评而言，就是要实话实说，言之有据，尊重科学，尊重艺术。尊重艺术指的是尊重文学作品中的美学规律，以再现作品中的艺术美为追求；尊重科学的本义是指尊重事物发展的客观规律，这里指的是一种排除偏见、排除世俗功利观念、以事实为依据、以严谨的学风去探索真理的科学精神。只有实事求是、尊重科学、尊重艺术，翻译批评才能有价值、有分量、有效果，并以此赢得翻译界、出版界和广大读者的信任。

许多人在论及翻译批评原则时都提到，翻译批评要全面、客观。这两条的内在含义都是实事求是：和片面相比，无疑只有全面才符合实际，之所以要特地把“全面”提出来，是因为现实中片面的批评太多了；“客观”也是同样，它本身的意思就是指与主观意识、个人偏见相对的事物的本来面目，翻译界呼唤批评的“客观”，实际上是在呼唤批评的公正性和科学性，或者说是在呼唤一种“科学的批评精神”。

2. 不同种类翻译批评中的客观性问题

在广义的翻译批评中，有一种由翻译家、作家或文论家写的随笔式的文章，或心得，或札记，或评议，或鉴赏，其直抒胸臆的语气和行文的随意更接近于小品文或散文、杂文，还有些更像是散文式的文学评论，前者如董乐山的《译余废墨》（1987）、金圣华的《桥畔译谈——翻译散论八十篇》（1997），后者如陈东东、黄灿然等发表于《读书》等刊物上关于翻译的一些评论。这些文章一般都文笔流畅、内容丰富，令人读来轻松之余，多有收益。然而和随意性、文学性伴生而来的主观色彩也是这类文章的特点之一。这种主观性是否合理呢？首先，它是建立在作者丰富的经验和雄厚的语言文学功底基础之上的，看似主观，其中却蕴含着对文学翻译客观规律的准确认识，个性中有共性，因此具有垂范作用。作者多年的学识积累会形成一种眼光或“眼力”，“眼力”不准，他的评论就不会为读者所承认。其次，主观性在评论性文字中也未必全都是坏事，有人甚至认为书评、文学评论等带有主观性正是其趣味所在，因为其中有个性，有评论者真实的感受，而且，有时不同的意见反而会引起人们的阅读兴趣。

尽管如此，这种文章中的大部分并不属于以严格论证为特点的学术性的翻译批评，从目的，到手段，到结果，它们都更偏于文学（文学评论或文学作品本身），因此，它们在主观与客观的问题上与严格的翻译批评相比，性质有所不同。

对于学术性的翻译批评来说，由于它的主要意图是通过“说服”来谋求共识或谋求对自己观点的认可，“客观”就成为一种普遍的要求。但是，翻译批评有鉴赏、纠错、研究等多种目的，它所采用的手段也是多种多样的，这种复杂的性质使得翻译批评既有规范性又有开放性，在以客观性为基本要求的同时，它又难以避免地具有一定的主观性。完全的客观很难做到，因此，我们只能说，翻译批评要努力提高客观性，减少主观性，否则说服力就会大打折扣。

翻译批评的规范性主要表现在它要以一定的标准对译作做出对错好坏的评判，这是它与一般意义上的翻译研究之间的一个区别，尤其是对传统的翻译批评而言。现代的翻译批评中有一些并不一定要求对译作做出什么评价（范东生，2000），它们主要是采用描写的方式对译作中的一些现象进行研究，尝试从各种角度解释这些现象，以便加深对翻译过程的认识，或对更大范围内的翻译活动提出符合客观规律的指导性意见，这种批评的开放性就远远大于它的规范性。另一方面，在翻译批评中，即便是可以起规范作用的评价、判断，也并不具有法院判决那样的效力，非执行不可，尽管其中蕴含着“标准”的威慑。翻译批评是允许反批评的，这是因为它的规范作用或约束力主要不是来自命令，而是来自对正确认识的认可，而不同意见之间的讨论、争鸣是认识得以发展并为人所接受这一过程中的正常现象。对翻译标准的认识也是在这种批评、反批评的过程中丰富和发展起来的，一个典型的例子就是1995年由《文汇读书周报》发起的关于《红与黑》汉译的讨论（详见许钧，1996）。这可以说是翻译批评开放性的一个主要表现。

3. 关于翻译批评的主观性

翻译批评的主观性之所以难以避免，首先是因为它自有其合理性。

迄今为止，一般的、大量的翻译批评实际上都是主观印象和客观分析的综合，特别是在文学翻译批评中，区别只在于主、客观成分的比重有所不同。其中，主观因素主要体现在一些感觉性的判断上，常见的有对可读性的感觉性评价、对译文的整体印象等。这种现象有一定的道理。我们知道，翻译批评和文体学有密切的联系。有学者在谈到文体分析与文学欣赏的关系时指出："文体分析在任何情况下都无法代替对于文学作品的感受和敏感。……文学作品中虽有相当的部分可以作文体语言分析，但是，也还有许多方面的因素很难靠分析出来的数字统计再现出来。"（王佐良、丁往道主编，1987: 525）感受性的东西确实是很难用非常客观的方式表现出来的，这是批评对象的特点对批评方法所造成的限制。其次，美感本身就有很强的主观性，每个人的学识、经验、背景等都有所不同，感受自然也就具有了个性。

但是，这里有两个问题必须弄清楚：其一，如前文所述，准确的感性判断是建立在深厚的学养这一基础上的，因此这种主观性里面包含着很高的客观成分，具有共性的内涵；其二，就整个翻译批评界来说，感性的、主观性的判断对我们来说是太习惯了，习惯到其在很长的一个时期内成为批评的主要方式，甚至在由于批评者的语言功力欠缺、翻译经验不足，出现了感觉偏差、判断失误的时候，批评者都对这一方式的局限性浑然不觉，进而影响了翻译批评的整体质量。正因为如此，翻译界近年来特别强调翻译批评要努力降低主观性、提高客观性，然而，由于传统和习惯的作用，要扭转这种局面还是不太容易的。

主观性难以消除的另一个原因却并不是来自认识问题。有时，即使是批评者非常希望使之"客观"的批评，比如尽了最大努力使批评数据化的一些方法，在某些方面也很难脱尽主观的色彩。如本书后面介绍的《等值翻译论》一书，算得上我国翻译界力图使翻译批评最大限度地客观化的一个典型，但书中所提出的"重点分析法"和"难点分析法"，其中的"重点"和"难点"是怎样确定的，根据是什么，都没有说明，体现了比较明显的主观性。（吴新祥、李宏安，1990，第三编）

这里也有两方面的因素。合理而自然的是：语言的使用要绝对客观是不可能的，虽然主观意志是在外界客观环境的作用下形成的，因此有必然性，但既为主观意志，就毕竟是由具有不同背景的个体所发出的，其在对语言等的选择中也就会体现出一定的个性。从这个意义上说，无论是多么"客观"的批评，也做不到绝对不带一点主观的因素。

4. 提高客观性的可能

可以改进而且应该引起注意的是：我们对严格、严密，以逻辑性、实验性为基本特点的量化方法等体现高度客观性的、科学的研究方法还很不习惯，使用不很纯熟，接受也有些障碍。这一点语言学研究的情况比翻译界要好得多。这里当然有学科特点的问题，但翻译研究既然和语言研究有着千丝万缕的联系，翻译批评又希望能够尽量客观，那么，以适当的方法来保障客观性就不失为一种可以考虑的办法。如果已经在尝试使用科学的方法，就不妨使这种尝试的科学性尽量彻底。对上述“重点”、“难点”的选择，如果也尽量以客观化的方式加以说明，或许就能有效地提高这两种译文评价方法的“科学”程度，更好地达到该书作者所设定的目标。

翻译批评的客观、公正不仅是批评本身提高说服力并进而提高有效性的一种实际需要和要求，而且也存在现实的可能性。这种可能性至少来自以下两个方面：

首先，它来自众多批评者主观性的综合，即主观意识中蕴含的客观因素。这种客观可以体现为比较趋同的共识，共识程度高，一般来说结论就比较接近事实，也就比较公正。但是，公正毕竟是一种认识概念，它是有历史内涵的，共识本身也并不一定等于事实，历史上集体的偏见也很常见，认识发展总要经过一个过程，因此主观中蕴含的客观应是指通过集体探索而得出的比较接近客观规律的结论。

其次，它来自批评依据的客观。董秋斯就曾指出，我国翻译批评说服力不强，主要原因之一即是没有一个公认的客观标准。（罗新璋，1984: 540）尽管这样一个公认的客观标准实际上很难达到，而且也不一定就是“一个”，但是，在一定范围内、一定时期内得到一个公认的标准还是可能的，对于提高批评的客观性来说也是十分必要的。

批评的客观、公正往往体现为准确。“准确”在此的含义，一是指事实的准确，即对语言现象描述的真实；二是指定性的准确，即判断的准确。这后一个准确来自两种依据，其一是多年积累而成的眼光，以悟性、修养和经验为基础，是感性的；其二是严格的论证，以无懈可击的逻辑力量为特征，是理性的。

提高翻译批评的客观性需要多方面的努力，除了要有作为批评依据的翻译标准以外，还需要在批评的方法、批评的出发点等方面寻求适当的途径，以使批评真正建立在一个具有较高客观程度的基础之上。

2.3.4 提高客观性的途径

2.3.4.1 态度的客观

这是使批评“公正”的起点。不带个人偏见，公正、客观才有可能。这样的批评应该是：无论是鉴赏还是批评，都不以名气为转移，既不仰视，也不俯视，而是站在一个平等的、相对超然的位置上，将注意力集中于廓清事实，分析原因，讲清道理；不盛气凌人，也不搞文人相轻，理解译者，体谅译者，在指出问题的同时，尽量提出改进的建议。这样做既能体现对译者的尊重，也有助于排除干扰，准确地说明问题。翻译界常说的善意的、建设性的批评，就是指这样一种积极的批评。

由于种种历史的、社会的原因，翻译批评态度不客观以致使人难解其善意的表现主要有以下几种：

（1）抓住个别地方不放，不作全面之观，不考虑译者所处之时、之地的条件限制。有感于此类批评的无理，于是出现了翻译批评需防止“空手走路的批评挑担的”这一说（施康强：“哀矜而勿喜”，见许钧主编，1998: 374—382）。此说确实有理，但“噤声”作用过大，恐非作者原意。

（2）批评不是对事不对人，而是含有个人攻击的成分；不是冷静地讲道理，而是意气用事，讥诮谩骂。

（3）无论对错，唯“名”是从：某某（译）的东西，怎么可以批评？对资历浅者下手狠批，对资历深者只说好话。

总之，缺乏健康的学术讨论风气，翻译批评就难以正常开展。学术既为“公器”，于批评者和被批评者，就都需要一点平常心，台上大可据理力争，台下不妨握手一笑，谁有道理就听谁的。

2.3.4.2 标准的客观

由于翻译活动牵涉的因素非常多，也由于这些因素处于不断变化和发展之中，制定一套人人认可、始终“完备”的译文评价标准是不太可能的。尽管如此，翻译界在这方面的探索从未停止，翻译标准问题似乎成了翻译研究一个永恒的课题，这当然首先是因为翻译需要标准，同时也是因为寻求一种在一定条件下能大体得到公认的翻译标准还是有可能的。本书第二编即尝试从翻译批评的角度对这一问题进行专门探讨。

2.3.4.3 方法的客观

我们试从以下三个方面来看如何从批评方法上保障批评的客观、公正。

1. 尽量全面，避免片面性

这一点可以看作是批评的视野问题：观察的范围是否合适，该考虑的是不是都考虑到了，会不会给人错误信息，使人对译作的整体质量产生误解。

由于主观性的存在，也由于每一种评论方法都有一定的局限性，评论中多少有些片面之处也不奇怪，但这与整体的、基本观点上的片面性还不是一回事。只要不存偏见，对正确的研究方法有所了解，片面性并非不可避免。

翻译批评中的所谓全面，粗略地说，是指批评对译作至少要给出一个基本的、整体的、体现本质的评价：这个译本到底怎么样，行不行，哪些方面还可以，哪些方面不好，为什么不好，不好到什么程度，等等。即使评论对象只是译作中的一个部分，也不应使人对译作整体产生错误印象。

这种全面包含共时和历时两个方面的内涵。

横向的、共时的全面，是指在评论时，应该根据具体情况考虑是一般现象还是例外现象，是局部问题还是全局问题，还应充分考虑译者所处环境、条件，以及所译作品的语言难度、文化远近等各方面的因素，越周全越好。这样，即便评的不是整部译作，也完全可以评得公正、不片面。这种共时的全面可称为翻译批评的整体观。

纵向的、历时的全面，指的是翻译批评还应该有历史观，也就是说，不应该拿今天的标准去衡量前人，必须考虑到一系列可变因素所起的作用。比如，五四时期译本的语言风格和半个世纪以后的译本显然大不相同，前者用的是早期白话文，偶尔还会用文言，欧化句式作为一种新的语言成分尝试性地进入汉语，尚待调适，汉语本身也有许多新词尚未稳定，与我们所熟悉的较为成熟的现代汉语有很大的差异，今人听来不免生硬古怪，这种情况当然就不是译者个人所能左右的。如果对这一“时间差”所造成的影响考虑不够充分，一味嘲笑郭沫若早期译诗用词怪异，或胡适译作中人名译法不妥等等（如见于《胡适译短篇小说》，长沙：岳麓书社，1987），批评就难以服人。[1]

2. 讲究采集实例的方法

要客观、全面地评价译文，就必须讲究选取语料的方法，以排除例证的偶然性。

我们知道，任何一种理论都可以找到某个实例对其予以支持，即便是最荒谬的“理论”，也能找出几个似是而非的“事实”来证明自己的“正确”，而任何一个事实，即便是最鸡毛蒜皮的事实，也都可以被用来证明某种理论。因此，采集实例过于任意是不行的。“孤证”式的例子，只能说明“有过”甚至只是“偶然有过”什么，不能说明“全都是”什么。[2]在译作中挑出几个错，不一定就说明整部译作都不行，反之亦然，几个句子译得精彩，不见得整部译作就必然是精品。实例的选择不能满足于“找到了”，而应注重反映规律性、本质性特征的实例群，或称语料群。在这个方面，翻译批评可以借鉴其他学科的一些方法，如社会调查取样方法中使用的统计学方法，出版部门检查译文质量时所采用的一些抽样方法等等。比较简单的如：可以按一定规律抽取实例，如取每章的第一段，或每20页取一段，或取每种译文的最后一章，等等。如果

1　这里补充两点。其一，语言是发展的，动态的，语感也受个体/群体、时间/空间等多种因素制约，绝非一言可定天下。有些词语某个时期让人觉得怪异，几十年后语言环境有了变化，给人的感觉就很可能完全不同。即便是同一时期，同为汉语母语者，南方人和北方人对某个汉语词语或句式“是否地道”的感觉也会有所差异。所以语感本身就需要定义，需要限定条件。本章2.2节中笔者对一些译文语言的评论同样如此。批评需准确合理，对所涉各方承担学术伦理或职业伦理意义上的责任，这是下文提到的许多实证方法进入现代翻译批评的一个重要原因。其二，在翻译批评的历史观方面，不妨借鉴史学中“理解的同情”这一观念，陈寅恪先生的说法是“了解之同情”（可参看陈怀宇“陈寅恪与赫尔德——以了解之同情为中心”一文，载于《清华大学学报（哲学社会科学版）》2006年第4期）。（增补版注）

2　赵元任先生有言：“言有易，言无难”（出自赵元任1927年对王力《中国古文法》的一则批语）。证明某事存在不难，见过、听过就可以证明，难的是证明某事不存在，因为你很难穷尽观察，因此很难“证伪”。而“言有”最多只是局部判断，不能成为整体判断。不以整体判断为目标的实例，也必须注意准确性和代表性，否则即失去说服力。（增补版注）

不是对译作作全面的评价，而是考察某一个专题，也应尽量把一定范围内相关性质的材料收全，即设法穷尽可能性，以免因材料的不完整而出现误判。[1]

3. 理论途径应明确、彻底

要使批评摆脱主观随意性，最有效的办法就是让批评建立在坚实的理论基础上，即使批评理性化，而"理论只要彻底，就能说服人"。（马克思：《〈黑格尔法哲学批判〉导言》）

可以应用于翻译批评的理论途径有很多，美学途径也是其中之一。一些初涉翻译批评领域者似乎有一种误解，认为采用文学、美学途径就可以随便说，一些从来不太讲究什么理论的批评者，有时希望给自己的批评找一点理论基础，一时找不出其他的，也会把文学、美学拉来凑数，殊不知真正严肃的文学、美学批评并没有主观随意性的地位，相反，要抓住文学、美学理论的精髓，或许比套用一些现成的、模式化的语言学框架还要困难得多，并不像我们有些人想象的那样怎么说都行。说到底，关键是要有理论意识，而不是自得于信口开河。[2]

严格的理论研究有一系列明确的特征，包括必须满足基本的逻辑要求、符合相应的学术规范等，这是使理论"彻底"的最低保障。有效的、有价值的理论研究至少要满足形式逻辑的基本要求。以概念界定问题为例，以往翻译界经常出现的长期讨论甚至争论不休却争不出个结果，只是来回"炒冷饭"等现象，一个重要的原因就是基本概念界定不清或界定不同，如直译、意译之争[3]，如等值。因此，系统地厘清基本概念应是翻译研究的基础工程之一。又如命题和判断必须符合基本的逻辑规律，如同一律、不矛盾律、排中律等。有一定深度的研究和评论还应符合辩证逻辑思维规律，如认识应是发展的（动态

1　近年来发展较快的语料库方法在这方面具有优势。（增补版注）

2　就理论意识而言，文学、美学理论提供的多是观念、角度等一些带根本性的认识，而不是简单地罗列"XX美"、"XX美"，实际上，这些"XX美"也多半很难准确定义，况且对"美"与"不美"的判断还与文化及个人等多方面的差异密切相关。（增补版注）

3　观察20世纪30年代的翻译大讨论就会发现（见罗新璋编《翻译论集》，1984），有的所谓"直译"实际上是我们认为的意译，而我们现在一般认为的直译，有的论者称为"死译"。这几个常用术语的定义其实与翻译单位大小和转换手段等都有关系。比如出于文化考虑的形象调整（如"壮得像头牛"译为"as strong as a horse"），从词语上看是"意译"的，从表达上下文的基本意思上看却可以说是"直译"的。（增补版注）

的）、辩证的（转变的、互相依存的）、实践的（而不是纯推理的）等。可惜的是，我们的不少评论中却充斥着经不起推敲的说法，缺少起码的逻辑力量。如："下面拟从风格传达、语言锤炼以及文字组织三个方面……"——怎么看也不像是"三个"方面：风格、语言、文字在一部译作中如何分得开？这显然至少在概念上有重复。又如在翻译鉴赏类文章中使用频率相当高的一些四字格词语，其含义往往难以确定，有些说法本身的意思是明确的，使用中却有滥用之嫌，如称A译比B译"简洁明了"，细看之下，那A译却是既不简洁，也不明了，字数比后者还多，句子比后者还复杂，这就不是简单的逻辑问题，而是连事实都不符了（例见姜治文、文军，1999: 65—66）。翻译鉴赏中一度盛行的溢美之风，与这种不讲逻辑、信口开河地滥用四字格的恶习显然脱不了干系。[1]

最后，批评中的理论应用也有个尺度问题。我们前面谈到，翻译批评是可以采用感性方法的，如果能采用理性的途径，应用某种理论来说明问题，当然很好，但如果对理论没有比较清楚的把握却硬套模式，那还不如实际一些，领会多少说多少。

参考阅读书目：

一、

（同第一章）

二、

许渊冲、许钧：关于《红与黑》译本的通信，见许钧主编：《文字·文学·文化——〈红与黑〉汉译研究》，南京：南京大学出版社1996年版，上编。

思考题：1. 他们的分歧在哪里？

1　补充两点。（1）逻辑思维是学术的基础，却成为我们的一个弱项，对那些似是而非甚至缺乏逻辑联系的说法我们或许已经失去了感觉，比如："因为理论太玄乎，所以实践能力下降了"，"因为要提高学术性，所以要多登名家文章"。跨越式乃至跳跃式思维也许是创新思维的一个特点，但失去了严谨和踏实，任何跳跃都有可能跌入呓语的泥潭。（2）翻译批评中滥用溢美类四字格词语的风气反映出批评本身缺乏"干货"，两者互为因果，足见感性批评确实把握不易。另一方面，这也反映出翻译批评理论意识的匮乏在一个很长的时期内产生了普遍影响。近些年来，翻译批评逐渐增强了理论意识特别是论证意识，这类不着边际的情绪化渲染式语言也就少得多了。其实，即便是印象式感性批评，评论的语言也完全可以注意节制、准确，以使其言之有物。（增补版注）

2. 辩论的焦点是什么？

3. 那个调查说明什么问题？

4. 其他人分别是什么观点？

5. 整个讨论的理论意义是什么？

引申问题：近二三十年来我国文学翻译的语言风格发生了怎样的变化？如何予以理论解释？

三、

袁锦翔：《名家翻译研究与赏析》，武汉：湖北教育出版社1990年版。

钱锺书：《林纾的翻译》，见罗新璋编：《翻译论集》，北京：商务印书馆1984年版，第696—725页。

思考题：以上论著中的评论的特点是什么？

回顾与扩展思考：

翻译批评本身有没有什么个人的、区域性的或一定时期内所特有的风格？如何解释有或没有风格？理解这一点意义何在？

第三章
翻译批评的主体、客体和参照系

3.1 翻译批评的视角

翻译批评怎样进行，和批评主体处于一个怎样的位置有关，不同的位置体现不同的视角，这种视角直接影响批评者对翻译作品的评价。另一方面，翻译批评能不能有效，也和它的客体是否明确有直接的关系，即批评的对象或具体目标究竟是什么，这也可以看作是一种视角问题。作为一种评论、判断性活动，翻译批评还必须有所依据，也就是它的参照系。这样，批评主体、批评客体、批评的参照系，就成为翻译批评的三个要素。

下图显示翻译、译作阅读、翻译批评这一系列活动所涉及的几个要素以及它们之间的相互作用关系：

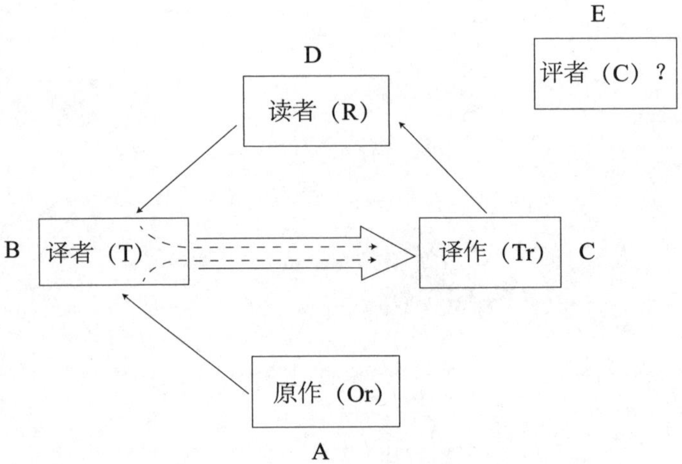

图1. 翻译活动和翻译批评要素及其作用关系

说明：

① 实线表示直接作用，虚线表示间接作用；

② 方框外字母A、B、C、D的自然顺序表现了一个典型的翻译、阅读过程，其间的作用关系形成一个“场”，里面大致有两条主要的作用链，即A→B→C和D→B→C，后者加上C→D这个阅读过程，可以形成一个“环”，所有这些都直接或间接地作用于C，即对译作的形成产生影响；批评者不是这个过程中的必要部分，他的位置是可变的（见下节）；

③ 方框内字母的意义为：C: Critic；R: Reader；T: Translator；Or: Original；Tr: Translation；

④ 参照系是一个具有多种含义的综合性概念，图中无法显示。

3.2 翻译批评的主体：谁来批评

3.2.1 由不同批评主体形成的三种批评类型

在图1里面，批评者（C）旁边有一个问号，表示：

① 在翻译批评中，批评者的位置是游移的，他可以站在不同的位置上，从不同的角度审视批评的对象：他可以站在D（读者）的位置上，也可以站在B（译者）的位置上，还可以置身局外或身兼D、B二职，即处于E的位置上；反过来，翻译产出和接受过程中的两个主要参与者，即译者（T）和读者（R），甚至隐身于原作（Or）后面的原作者，也都可以以批评者的身份出现进行批评，成为翻译批评的主体；

② 在作用关系上，批评者的视野中可以包括以上所有这些要素，他的批评也可以在不同程度上、以不同方式对除原作以外的所有要素（译者、读者以及间接地对译作）都发生影响。

由此产生以下三种主要的批评类型。

1. 双语专家式：通过译文和原文的严格比较进行评论。即：

Tr (→T)
C→ ↑↓
Or

括号部分表示对译作的评论会涉及译作背后的译者，下同。

这种批评是大量的，在翻译批评中居于主流地位，一般认为所谓严格的、学术性的翻译批评即指此类。大体说来，这类批评所关注的主要是译文相对于原文的情况以及造成这些情况的原因，关注的焦点是二者之间的关系，如译文与原文在内容和形式上的“相似程度”，也就是按专业的翻译标准来衡量和评价译文。

2. 读者反应式：不对照原文，只是通过自己在阅读中的理解和感受对译作进行评论。即：

R→Tr (→T)

这类批评中最直接、也最常见的，是对译文语言表达的评论。由于不和原文比对，内容方面的负面批评一般只限于明显的逻辑和常识性错误。

3. 译者互评式：这也属于双语对比评论。即：

Tr (→T)
T'→ ↑ ↓
Or

在翻译批评中，就某一部具体的译作而言，批评者由于以第三者的身份超然于翻译过程之外，对很多现象可以比当局者看得更清楚一些，这是使批评客观、公正的一个有利条件，但有时也需要站在译者的位置上，设身处地地考察翻译过程中的一些具体情况，即在批评中加进假设自己为译者的观察和思考，以避免因置身局外或居高临下而可能产生的主观性和片面性，这是第一种情况。

译者互评式的第二种情况，就是自己有译作的译者对其他译者的译作进行评论。如果是同一部作品不同译本的译者之间相互进行评论，则其应是最名副其实的“译者互评”。

在以上三类批评中，第一种是最常见的，也是最“正宗”的；第二种，即读者反应式，比较少见，近年来看到的一些，多散见于非专业报刊上，常作为读者对翻译质量的批评出现；译者互评式的两种情况里面，前一种作为专家式批评的一种方法，比较常见，后一种情况，即由翻译家来评别人的译作，却和读者反应式一样，也比较少见。之所以如此，主要还是由于翻译界对批评主体的一些认识和观念在起作用。这些认识和观念总体上看并非没有道理，但其中也有一些不甚合理，还有一些道理上讲得通，实践中却无法实行。

由于双语专家式的批评是翻译批评的主流，它也可以被称为是翻译批评的一种默认状态。下面首先讨论另外两种类型的批评，即以读者作为批评主体的情况和以翻译家作为批评主体的情况，重点说明三种类型的翻译批评之间的互补关系，然后单辟一节（3.2.5），专门讨论作为双语专家的翻译批评者应该具有什么样的基本素质。

3.2.2 读者作为批评主体的情况

3.2.2.1 读者批评也决定作品的生存

长期以来，翻译界对翻译批评者进行的“资格”的认定的标准是：非双语专家不可。这种标准基于对“翻译”本质的常规认知：既然译文是从属于原文的，不与原文对照，凭什么说译文是“对”的？译文再吸引读者，脱离了原文就不是翻译而是创作了，既然不是翻译，就谈不上译得“好”与“不好”。这可以说是我国翻译界的主流认识，即“没有核对过原文的人，根本无权对译文进行评论”。（黄雨石，1988:192）一些非专业性报刊上散见的翻译评论文章也常谈到，有些译作读起来文字流畅，但一经与原文核对，就发现许多译错的地方，以此说明其翻译质量低劣。据介绍，西方翻译界的情况也差不多，对检验译文的应该是专家还是读者这个问题，认为是前者的有阿诺德（M. Arnold）、波斯特盖特（J. Postgate）、彼得·纽马克等许多人，认为是后者的寥寥无几，仅有纽曼（F. Newman）等人，而认为二者都需要的有苏珊·巴斯奈特（S. Bassnett）等（见廖七一，2001:16—19, 198, 383），即便如此，后两类看法的存在显然与学术界近几十年对接受的重视也是有关系的。

毋庸置疑，双语专家所作的专业化批评理应是翻译批评的主流。然而，在涉及对翻译作品、尤其是文学翻译作品的评价时，我们还常常看到超出这个认定范围的情况，即读者对译作的评价是如何地不以专业批评的意志为转移而直接影响译作实现其价值。翻译批评界对此不能视而不见：如果它合理，就理应使之合法，至少是给它一个适当的位置。

三十多年前，在翻译文学凋零的年代，曾偶然见到一本旧版的高尔基《母亲》中译本，久慕盛名，立即捧读起来，却怎么也读不下去，那生硬古怪的语言，很难让人产生阅读的兴趣，于是有些愕然：这就是名著吗？直到几年后，见到了《母亲》的新译本（人民文学出版社1973年版，南凯译），才终于读完，并且透过语言体会到了一些使这本书成为名著的那种内在的力量。也是在第一次读《母亲》的那个时期，另一件印象深刻的事是读《普希金文集》，译文的流畅优美使我深深陶醉于普希金笔下俄罗斯文学世界的魅力，对我后来的文学审美情趣形成了很大的影响，也多少理解了为什么普希金在俄语文学中有那样崇高的地位。由于眼界所限，当时并没有想到要看看译者的姓名，近年才得知，那是时代出版社1955年的书，译文出自著名的俄罗斯文学翻译家戈宝权先生。

作为一个不懂俄语的读者，这两本书的阅读经验使我深刻地认识到这样一个事实：即便是名著，没有读者的认可也等于零。使名著在公众心目中“恢复”为名著的是译者。译者没有起到这个作用，就等于毁灭了名著，而对此做出“终审判决”的是读者。换句话说，译者自己感觉再好，专家再推崇，读者也可以不买账，这就等于否定了译作作为原作的“替身”所应具有的名著价值，或者说是否定了译作作为名著的生存资格。

我们当然知道，读者在这里实际上是混淆了原作和译作的区别，在下意识中把翻译家手下的文字理所当然地当成了原作者的文字。原作和译作这种奇妙的混合或者替代状态，对翻译理论界来说是研究的课题，对翻译家来说或许是一种追求，对读者来说却很可能是一种有意为之的混淆。无论我们是否喜欢，这种混淆的作用是巨大的。

我们熟知殷夫译裴多菲的诗：“生命诚可贵，爱情价更高；若为自由故，二者皆可抛！”但那是裴多菲的原话吗？一般读者很少会这样去想，但它能引起共鸣，那就行了。

爱尔兰女作家伏尼契的《牛虻》在我国曾经有过很大的影响，“牛虻”成了一种坚忍的象征，鼓舞了很多热血青年。1979年中国青年出版社据1953年版第12次印刷了这本书，封面的木刻人像，甚至有几分美国西部牛仔的硬汉风采。但是设想一下，如果“牛虻”改为“虻虫”，会有什么感觉？书中的“牛虻”亚瑟临刑前给琼玛的那封信里，有一首著名的小诗：

不论我活着，
或是我死掉，

我都是一只

快乐的飞虻！（李俍民译，1953年中国青年出版社出版）

原来看到这里，总有些纳闷：为什么又不是"牛虻"了呢？还有，这几句诗到底是什么意思？是说一种乐观的生活态度，还是无论生死，都要对恶势力予以批判？

这几行诗取自英国诗人William Blake的Songs of Experience — The Fly一诗，原诗共五节，最后两节是：

If thought is life
And strength and breath,
And the want
Of thought is death,

Then am I
A happy fly,
If I live
Or if I die.

伏尼契书中引的是最后四行。最近见到杨苡先生据William Blake原诗译出的以上两节为：

如若思想是生命、
是呼吸也是力量，
思想的贫乏，
便是死亡。

那么，我就是个
快活的虻虫，
无论我是死去，
或是我生存。

一比较就能看出，杨译更贴近原诗，而且有前面几句，意思也清楚多了，大意是说：一个人虽微不足道，但有思想，因而永生，因而快乐。另外，gadfly和即便是作为简称的fly还是有区别的。但是，李俍民译本的影响带上了时代的烙印，无疑还会持续相当长的一段时间，特别是“虻虫”能不能取“飞虻”或“牛虻”而代之，还真的是个问题。

作家刘心武的几段话也可以给我们提供某种参考。他谈到，当代我国大陆作家，特别是年轻一代，在谈及自身创作所受影响时，言必及乔伊斯、卡夫卡、福克纳、马奎斯、博尔赫斯、纳博柯夫等等，但是：

> “……所谓深受启发云云，其实恐怕首先是深受汉译者文风的启发……正因为我不懂外文，所以，我读外国作家作品的译本，等于是读了两个人的著作——外国作家给了我人物、场面、故事、氛围……或许还有思想，翻译家则给了我中文的语感。读译著，可以吸收的营养是很多的，却不大可能吸收到原著在语言上的精华。”（刘心武，1999: 218, 311）

的确如此。原著语言风格的传达一向就是翻译的难题之一。看《青春的舞步》，有时真弄不清是在看村上春树，还是在看林少华（见下节）。特别是对于不以情节取胜，而以语言风格见长的作品，这一点尤为明显。读翻译作品时，一般读者主要看的还是内容，语言成为障碍了才会注意语言，语言优秀时也会注意语言，而译者才更为看重语言。在大多数情况下，读者都是在无意识中吸收着译者提供的语言营养。看名著名言，人们常会记下来，诵读于心，但那所记、所背的，到底是谁的话呢？比如《钢铁是怎样炼成的》一书中的名句：

> “人最宝贵的是生命。生命每个人只有一次。人的一生应当这样度过：回忆往事，他不会因为虚度年华而悔恨，也不会因为卑鄙庸俗而羞愧；……”

很多人把这句署名“奥斯特洛夫斯基”的话抄在本子上以自勉，谁会想到，这是翻译家梅益先生的手笔？我们知道，同一部作品，经不同译者译出的文字不会完全一样，如果这段话成了另外一个样子，尽管意思相同，但是深刻在读者脑海之中、反复吟咏背诵、一个字都不会错的，就不是上面这些文字了。换言之，人们背诵的这段话，“魂”是奥斯特洛夫斯基的，而“形”是梅益先生给的，梅益先生同时赋予这段话以新的生命。这并不是主张对翻译应取一种虚无的态度，而是希望说明：对译者来说，代原作者立言，下笔前三思绝不为过；对研究者来说，读者这种“不分青红皂白”的接受对文学名著生存状况的震撼性作用是不可忽视的。还有另一种情况：如果读者看的是两种以上的译文，措辞都有所不同，语言的模糊和两可又会带来印象的模糊，甚至钝化了一些思想的锋芒，那种阅读的冲击力和记忆还会清晰深刻吗？这就和语言心理又有关系了。

3.2.2.2 读者批评对专家批评有重要的参考意义

那么，如果专家和读者的反应不相符，谁说了算？应该说，这首先与批评的目的和侧重有关：有些批评并不以读者的反应为考察重点，如对汉语古代典籍英译文的很多评论，主要考察的是译得“对不对”；其次，与具体翻译行为的目的也有关：有些译作是可以不考虑一般读者感受的，如译者出于自娱或研究的目的而译出的作品。然而，就绝大多数的、大量出版的、一般的翻译作品而言，对读者的声音听而不闻是不行的，毕竟作品是给他们看的。按照接受美学的观点，读者介入了作品的创作过程，没有读者的接受，作品的价值就无法实现，作品也就没有“完成”。因此，作为翻译“产品”接受者的读者完全有资格说话，专家至少要将其作为一种重要的参考意见来听。

近十几年来，在当代翻译理论的影响下，我国翻译界对读者作用的认识从感性走向理性，有了实质性的提高，有组织的译作读者调查逐渐成为一种有力的论证手段，如金隄对李白诗译文的调查（金隄，1989: 48—56），姜秋霞、张柏然关于文学翻译语言倾向的调查（张柏然、许钧，1997: 155—162），许钧等人对《红与黑》译本的调查（许钧，1996: 79—100）。这些调查的结果都在不同程度上对专家意见有所修正，丰富了对翻译的认识，拓宽了研究的思路。

仍以普希金的作品为例。当年在读《别尔金小说集》中《村姑小姐》这一篇时，女主人公那件“蓝色沙拉方”给我留下了深刻的印象。据注释，“沙拉方”是俄罗斯民间女子穿的一种无袖长裙。回想起来，这个音译名带有一种颇具异国情调的美感，就像印度的“纱丽”。在后来看到的一些译本中，这个词多半被“归化”为“长罩衫”或“无袖长裙”，读起来顿时感觉平淡无奇，好像成了一种中国也有的东西，没有了那种俄罗斯式的美丽。这是一种先入为主的阅读惯性，还是一种阅读需求的失落？文化词语的译法研究或许可以从中得到某种启示。

关于“先入为主”的影响，还有一个例子。我们知道，傅东华1940年译的《飘》在几十年里曾是*Gone with the Wind*唯一的中文译本，熟悉这个译本的人在看了1990年同一年内出版的两个新译本（外国文学出版社的《飘》和上海译文出版社的《乱世佳人》）之后，不少人觉得还是傅译有味道，而一些年轻人是从新译本开始接触这本书的，笔者让他们又看了傅译，问及感受，他们却说还是喜欢新译。除了语言本身的时代性因素以外，“先入”译本对读者认知所起的作用也是值得研究的。

又如译文的语言要不要保留原语特色这个问题。在文学翻译中，一般认为原作者的语言风格是要尽力保留的，但涉及原语语言形式本身的一些特点时，翻译界的看法存在分歧，于是有了上述姜秋霞、张柏然的调查。笔者闲时爱看日本的推理小说，但所看到的译本中，语言多带有日语的痕迹，尤其是句式和惯用语，有时甚至可以凭借自己那一点日语基础想象出原句。看得多了，就以为日译汉要摆脱原文的形式可能是一件很难的事，因为日语和汉语太接近了[1]，现代汉语对生硬句式的宽容度又是如此之高，令人无奈。同时，译者可能也是有意识地不愿做太大的变动。笔者曾就这一问题请教过有关的译者，回答就是：希望尽多地保留日语中那些微妙的表达方式所传达的意思。此外，对于以情节取胜的作品来说，语言上的这种生硬或许也不是个十分关键的问题。在这种阅读心理的预期之下，看到了村上春树《挪威的森林》、《青春的舞步》等几部作品的译本，竟然感到眼前一亮：这些作品的语言流畅自然，毫无生硬之态，娓娓道来的叙述令人只感到作品语言的美和蕴含于其中的精辟哲理。村上春树的作品近年来十分流行，深受我国读者喜爱，译者林少华功不可没。无论事实如何，在一般读者看来，译本中的语言就是村上春树的语言，这正是许多译者所期望达到的效果：译者隐去（至少不要造成障碍），让原作者现身。而这一点也是通过读者的认可实现的。迄今为止，笔者所看到的村上

1　汉诗日译甚至可以基本不动。（增补版注）

春树作品全部都是林少华译的，说明了出版社选择译者时对译文语言把握的取向。由于出版社一向十分重视读者反应，因此这种选择也间接地反映出读者的普遍取向。[1]这些实例对于翻译界探讨文学翻译的创造性和翻译腔等由原语语言特点所形成的问题不无参考价值。

3.2.2.3 读者批评与专家批评有互补关系

对于读者接受，专家当然可以有自己的感受，同时也负有引导的责任，但引导不是越俎代庖，不是代替，不能等同于读者反应，毕竟双方视角不同，思维定势不同，期望不同，阅读目的也不同。有些名著的译本，特别是中国文学作品的英译本，非常明显地出现了专家评价与读者反应相去甚远的现象：翻译界推崇备至，赞赏不绝于耳，然而在这些译本真正所要面对的“英语族”读者群中却没有得到相应的反响。我们可以找到许多理由来解释这种不平衡。这种局面的形成也确实有许多社会、文化、历史、政治方面的原因，但译文不为读者欣赏，哪怕就是反应平平，也足以使作品无法流传，这却是硬碰硬的事实（hard facts），再难咽也得咽下去，强加于人或者自说自话都没有用。

毋庸讳言，以精通双语为资格背景的专家的批评中也不是没有水分的。如《尤利西斯》，两种译本的译者都是名人，名气稍小一些的，译作出来后就比较寂寞，好评的数量和真正的质量之间就像价格和价值一样，关系已经比较模糊了。或者不如说，把“名气”的因素加进来，批评的可信度就不免令人起疑，事实究竟如何，好像已经不是主要的问题了。杨宪益、戴乃迭夫妇对中国文学作品英译所做出的贡献是毋庸置疑的，尤其是现代作品，国外许多人对当代中国的了解是从读他们的译作开始的。但是，我们看看杨先生自己说的一段话：

> 不幸的是，我俩实际上只是受雇的翻译匠而已，该翻译什么不由我们做主，而负责选定的往往是对中国文学所知不多的几位年轻的中国编辑，中选的作品又必须适应当时的政治气候和一时的口味，我们翻译的很多这类作品并不值得我们为它浪费时间。（转引自孔慧怡，2002）

1　关于林少华译村上春树后来发生了一些争议，具体参见本书附录中“翻译批评性质再认识”一文第3节。（增补版注）

杨先生说的是选材问题，但这种无奈的“翻译匠”心态，和那种恨不能把自己变成原作者的翻译热情[1]相比，对翻译质量有什么影响是可想而知的。反观我们大量的译作赏析中对杨氏夫妇那段时间里一些译作的评价，作为翻译批评灵魂的“真实”二字是多么可贵。近日看杨先生接受电视采访，在饱经磨难之后有一副把世事看淡的超然神态，老老实实的大实话也被主持人当成了客气，然而，专业批评毕竟不能以精神品格来论短长，“吾爱吾师，吾尤爱真理”（梁启超语，据称源于亚里士多德），确乎说来容易做来难。

总之，仅有专家是不够的，读者有权说话。在专家“失语”的情况下，读者批评对真实反映作品状况更是具有不可替代的弥补作用。对文学作品来说，如果说专家评论关系到译作作为翻译作品的价值，那么，读者评论所关系到的就是译作作为文学作品的价值。从这个意义上看，读者对译作是操有相当程度的“生杀大权”的。换言之，读者的接受状态可以决定译作作为接受语文化中的一个成员的**生存价值**。另一方面，就翻译过程本身而言，读者的意见又通过译者之手决定着译作作为一种文化产品或文学产品的**生存状态**。正是以这一认识为基础，产生了当代西方翻译理论中翻译文化学派的许多基本思想，如多元系统论对接受语文化影响翻译过程的重视和与此相关的众多研究成果。（详见廖七一，2000: 59—72；Gentzler, 2001: 106—144）

3.2.3 翻译家作为批评主体的情况

无论是在理论上还是在现实中，翻译界对富有经验的译者作为批评主体的资格认定都是最无争议的，不少人明确表示，只有翻译家才有权说话。然而，或许也正是翻译家最不愿意说话。笔者曾当面询问过几位译作颇丰的翻译家，为什么不对其他人的译作发表评论，他们的回答都差不多：我挑别人的毛病，别人挑我的毛病怎么办？看来是只能说好话了。当然这里还有别的因素：同是翻译这条路上走来的，深知其中艰辛，对别人译作中的问题也就比较宽容。我们当然可以说，这表现了宽以待人、严以责己的君子风度，我们还可以说，这样想不对，应该不怕别人挑自己的毛病。但不管对不对，这就是现实，设身处地，不能说他们的谦虚或者顾虑没道理。

于是我们看见的就是这样一种情景：翻译作品大量产生，同时也造就了大

1　见本书3.3.2节末尾引郭沫若语。（增补版注）

量的成熟译者，但即使是在气氛比较宽松的环境下，被认为最有资格进行翻译批评的优秀的翻译家里面，真正愿意并且敢于直言不讳地评论别人的也为数不多。当今依然活跃的翻译家中能这样做的仍旧是寥寥无几。其余的人，即使是有过一些翻译经验，也都被认为缺乏批评的资格。

3.2.4 专家、读者、译者：一个都不能少

不懂原文的读者没资格说，翻译家不愿说，于是就只剩下了专家这一种声音，而按照某种标准，即便是双语专家，能具有这种资格者也是极少的。那么，翻译批评到底还要不要了呢？应该说，作为翻译批评的主体，专家、读者、译者这三类人关注的重点不同，起的作用不同，理论意义也不同：以角色特征而论，专家批评侧重综合性的全面分析和比较深入的理论探讨；读者批评侧重效果检验或称接受状况检验，主要是一种结果分析；译者批评侧重于以经验为基础的过程分析或结果分析。从翻译批评的整体来看，三者的作用是互补的。

重视读者接受已经不是很新鲜的理论潮流了，而它的实践意义却是始终存在的。我国评论界素来缺乏宽松的气氛，以至殃及“诚实”，在这种情况下，把翻译批评锁进清高的象牙塔并无益处，客观上只能起到为渊驱鱼、为丛驱雀的负面作用，不利于推动翻译批评的健康发展。翻译批评的总体目标之一是提高翻译质量，一些野蛮如原始积累的初级商业化社会因素已经对翻译质量从外部形成了不利的制约（如报载有一个星期内凑出十几部世界名著译本的高速“枪手”），如果翻译批评本身不能摆脱一些陈旧片面的观念，那么从翻译界内部对翻译质量进行的监督也就很难正常化了。

3.2.5 翻译批评者应具有的基本素质

前面已经说明，这里指的是作为双语专家的翻译批评者，即专业的翻译批评家。董秋斯于1950年即指出：“正如我们反对翻译工作可以不学而能的说法，我们也反对翻译批评用不着特殊修养的见解。文艺界既然有专业化的文艺批评家，我们翻译界也应当有专业化的翻译批评家。”（中国翻译工作者协会《翻译通讯》编辑部，1984: 29）

对于专业翻译批评者的素养，翻译界一直都很重视，许多人都发表过意

见。如上文所谈到的，笔者不赞成把门槛定得太高，以致于几乎无人可以做此项工作，但认为完全有必要为自律、也为培养合格的专业翻译批评者制定一个较高的标准。在这方面，笔者十分欣赏曹禺先生关于“眼高手低”的一番话，大意是说：眼高可能手低，也可能手高，但眼低肯定手低，因此，我们至少应该眼高（见1999年12月20日《报刊文摘》）。余光中先生也有类似说法，是针对翻译教师这个职业性的翻译批评群体说的。余先生认为，译者应该也是作家兼学者，翻译教师，则应兼有“二高”，即“眼高”加上“手高”，眼高包括有学问、有见解、有理论，为学者之长，手高指自己能翻译，即作家之功；眼高未必手高，而手高往往说明眼高。（余光中，2002: 196）曹、余二位的观点综合起来，可以形成一个完整的“眼手高低观”。概而言之，眼高指要有鉴赏力、有眼光，还要说得出道理，手高指要能写、能译，还要写得好、译得好。无疑，眼低手低即是平庸之源，而眼低到了没有眼光、只知名气的份上，就成了批评的悲剧。

翻译界普遍认为，哪怕只是做一般的语言文字批评，专业的批评者至少也要熟谙双语。其实，这只是一个起码的要求，即所谓“手高”。如果把“眼高”以及其他相关的内容也加进去，大体上可以整理为以下几点。

3.2.5.1 思想道德修养

这方面的要求在第二章“翻译批评的原则”一节里已有涉及，从这一节的角度归纳如下：

1. 实事求是：就是说实话。把这一条列入思想道德修养，而且是第一位，主要是因为要做到这一条不容易，非出以公心不可。

2. 与人为善：对翻译批评而言，就是要尊重译者、体谅译者，以说明问题为要，对事不对人。

3. 严谨：这一是指认真负责，二是指严格准确。严谨而出以公心，才能公正。严谨也是一种科学态度。此处“科学”不一定就是指形式化、数字化，我国国学传统中讲究的“说话要有根据”，就是一种科学态度。

国外的翻译研究中，有一个领域尚未引起我们足够的注意，这就是翻译道德研究。这方面的论题包括：译者应该忠实于谁，是原作者，还是委托人；译者应该如何面对文化和意识形态对自己的影响；对译者的权利和义务有明确规定的行业规范、准则等。（可参见Williams & Chesterman, 2002: 18—20）这些都涉及翻译的职业道德，可称为一种“游戏规则”，做这个工作就必须遵守。翻译批评者也应该有自己的职业道德和为文、为学的品格，以上三条或可作为讨论的基础。

3.2.5.2 语言文学修养

这是一个人人强调却又不太容易说得清楚的方面，这首先是因为语言文学修养往往是一种综合性素质，语言、文学、文字，三者密切相关、相互作用，其次也是因为，这种素质的养成往往是终身的，即所谓学无止境，其具体内容也随着这个过程水涨船高、逐渐丰富，下面只是一个大体的概括：

1. 对语言、文学有敏锐、准确的感受力，有较强的鉴赏能力

也就是说，要能看得出高低优劣，对细微处能体会得出来。批评少不得判断，没有鉴赏力，判断就不准确，这是不言而喻的。事实上，这也是一个合格的译者所必备的素质。

2. 在语言运用方面有较强的动手能力，能写流畅的散文，能灵活运用各种文体

前辈有言，译诗者须能诗，这是理所当然的，之所以把散文提出来，是因为散文（prose，不是“美文”）是最常用的文体，能集中反映一种语言的典型特征。

以上两点都是就翻译所涉及的两种语言而言的。考虑到母语的因素，能真正“精通双语”并非易事，何况对于自己的母语能力本身是否就达到了以上两个要求，也是不能轻易下结论的。

3. 有一定的翻译实践经验积累

这一条争议较多。极端者认为，不是翻译家不能做批评，前文已经谈到，这是不现实的。然而，翻译经验越多，翻译批评越容易说到点子上，这确是事实。因此，不断积累翻译经验，也是从事翻译批评者之必需。套用一句现成的话：要做翻译批评，经验不是万能的，没有经验却是万万不能的。翻译批评者至少应该能做个不错的译者，“译绩”则是多多益善。翻译教学也是一种实践，翻译和批评兼而有之，但要让两者都达到一定水平，还须有意琢磨。

3.2.5.3 理论修养

1. 哲学

哲学解决的是思想方法问题。哲学基本问题就是如何看世界，唯心、唯物、唯理，实证、经验，感性、理性、知性，以这些宏观的观念为基础，会形成一个译者的翻译观，他对理论与实践的关系的认识，以及他解决各种问题的指导原则，就是他心目中的翻译本体论和认识论，也是他的方法论基础。

在哲学范围内，有两个领域对翻译批评者的理论修养具有特别重要的意义。

一是逻辑学。形式逻辑是必须掌握的，辩证逻辑起码要知道一些。与此相关的一些基本知识和能力，比如概念和分类，无论做什么学问都是必须具备的。连基本的分类都分不清楚，什么推论、框架，就全都成了无稽之谈。

第二是思想史。文学、语言学、文化研究等学科理论的发展史，其内核中的共性就是人类思想的发展史。对思想史有所了解，可以从一个比较高的角度加深对这些学科理论发展状况的理解。

2. 相关学科理论

这主要是东西方文论、中外语言理论和社会文化诸学科理论。这么多学科都要熟悉、要掌握，既不现实也不一定必要，但是有一定侧重，同时关注其他学科的动态，不仅可能，而且必要。这既是翻译学这门综合性学科本身的需要，也是当今学术界学科界限日趋模糊、跨学科研究已成潮流后的自然反应。

3. 翻译理论

这大体上分三个方面：翻译史和翻译理论史；中外翻译理论；翻译理论各流派的分野、讨论的焦点。对这些理论和相关知识，不仅要熟知，而且要有自己的见解。

专业的翻译批评者还特别需要有一种能在理论中发现其实践意义、在实际问题中发现其理论意义的悟性。我们知道，翻译批评和翻译教学这两个领域有一点是共同的，这就是：它们都是连接翻译理论和翻译实践的桥梁。能在理论与实践的结合点上有所发掘，就是翻译批评对翻译学发展的一种特殊贡献。

3.2.5.4 知识贮备

翻译是杂学，五花八门的各种知识不知什么时候就会用到，语言作为一种特殊的文化现象，更是随着社会和时代的发展不断变化、不断丰富。以人的认识能力，虽不能穷尽百科，也不可自我封闭，需要的是一种健康、开放的心态和一种积极进取的学习精神。许多资深学者于耄耋之年仍以虚怀若谷的大家风范宽容异见，鼓励探索，这正是人类精神世界生命力的一种象征。

3.2.6 关于翻译批评主体的其他相关问题

由于翻译文化批评学派的兴起，对翻译主体的研究已经成为翻译理论的一个焦点问题。实际上，围绕着翻译批评主体也有一些问题需要探讨。比如，现在人们比较关注意识形态对翻译的影响，而意识形态对翻译批评的影响也是显而易见的。这方面的研究可以解释翻译理论史上的一些现象，比如某些时期翻译批评的焦点及其形成背景，我们也可以通过这些研究，有意识地避免翻译批评中带上过多类似的主观因素色彩。又如，作为不同类型的翻译批评主体，各应遵循什么样的途径，才能使批评更为有效？总之，这个领域内还有不少问题需要弄清楚，这对于提高翻译批评的质量应该是很有意义的。

3.3 翻译批评的客体：批评什么

按一般理解，翻译批评主要是指对翻译作品的评论、评估，那么批评的对象就应该是译作或围绕译作的各种问题。理论研究型的翻译批评还可能以译者为关注的中心，或者范围更广，批评的对象既不是具体译作，也不是具体译者，而是与翻译过程有关的一些比较宽泛的问题。但无论如何，翻译批评总是倾向于面对比较具体的问题，特别是与具体译作有关的问题，这一点是翻译批评与一般的翻译研究有所区别的地方。

3.3.1 译作

以译作为对象的翻译批评最常见的方式是针对某一原作的一种或几种译本，对译文中的问题或全文的质量等展开评论。

此外，还有一些其他的角度，如以某一作家为核心，对其不同作品的译本进行一些总体性的研究，如分析该作家的个人风格在这些译本中的传达是否协调、是否合理，如奥斯丁作品译文风格研究、培根作品译文风格研究等等。这种研究如果只是关于作家及其作品本身，却与翻译无关，那就超出了翻译批评的范围，成为文学研究了。

在批评的内容方面，主要有两种类型：

（1）评判性的。如从意义、结构等方面入手分析译作，考察其是否达到了某种质量标准，并探讨其原因，讨论理论或技巧问题。

（2）说明性的。在现代译学中，对译作的批评也可以不做质量上的评判，只集中于解释或说明某些现象，或通过译作分析进行其他方面的理论探讨，因此具有描写性、开放性。

在评判性批评中，也可以采用描写性方法来分析作品，而在说明性批评中，虽然不对译本质量做出优劣评价，但对所探讨的理论问题必然会做出一定的判断。因此，所谓评判性和说明性，主要是就价值判断而言的，而根据一定标准做出的质量判断就是一种价值判断。

在这两种类型的译作批评里，评判性批评属于比较常规的传统式翻译批评，西方现代译学中，这种批评衍生为翻译质量评估，成为一个专门的研究领域。

在我国的翻译批评里，这种常见的翻译批评方法很容易形成某种固定的“套路”，好像翻译批评就是这么三拳两脚。其实，即便是仅仅围绕着译作所进行的翻译批评，也完全可以有多种角度、多种层次，而且，从多种角度对译作进行多层次的分析、研究，正是深化翻译批评的一个有效途径。

那么，以译作为关注的中心，翻译批评究竟可以从哪些角度入手？

许钧（1992: 44—45）曾以文学批评理论为基础，提出原作与译作之间的三个可比较因素，即可以从三个角度入手进行文学翻译批评，其根据为产生译作所涉及的以下五个方面，以及这五个方面之间的相互作用：

（1）译者（翻译活动的主体）；

（2）译者对原作中反映的主、客观世界的理解和感觉；

（3）译作；

（4）译作读者；

（5）语言（包括文化历史因素）。

这五个方面是从文学批评家叶维廉先生提出的文学作品产生的五个方面脱胎而来的[1]。我们可以从翻译的角度对此作一个较为详细的分析：

依照严格的语言逻辑，“**产生译作的**五个方面”中不会包括“译作”本身，因此，这里指的应该是**翻译活动所涉及的**五个方面，或者说是**翻译过程中的**五个要素。

其中：第一项“**译者**”指的是译者本身的语言文化修养、翻译经验等个人素质（译者的活动在后面几项中）；第二项指向译者背后的**原作**；第四项指译者对**读者**状况的考虑。这三项共同作用于译者这一翻译活动的主体，由此产生第三项：**译作**，即翻译的结果。这四项所涉及的正是一个典型的翻译过程必然包含的四个基本要素，即3.1节图中翻译过程的四个要素，其间关系也正如图中所示。

第五项“语言”的所指较为宽泛，既可以指原文语言，涉及译者的理解，也可以指译文语言，涉及译者对语言的运用和把握，或者二者都包括在内，总之它是个媒介或工具问题，与翻译的整个过程都有关系。

许钧从这五个方面推出的原作与译作之间的三个可比较因素为：

（1）译者从原作中观感的世界与原作者意欲表现的世界是否吻合（即对思想内容等的理解、感受是否准确）——这一点与以上五个方面中的第二项“对原作内容的理解”直接相关；

（2）译者的语言手段与原作者的创作手法是否统一（即语言表现手法是否准确）——这与第五项“语言”直接相关；

（3）译作效果与原作效果是否一致，包括读者的期待及读者反应（即效果是否等同）——这与第四项“读者”相关。

对“译者”这个要素的考察渗透于第一、二两个方面的可比较因素中，而所有这三个方面的比较都是围绕“译作”这一翻译批评的主要客体进行的。

从实质上看，这三个可比较因素可以概括为：内容、语言、效果，总的指向是向原作靠拢。

1　叶先生的这五个方面是：（1）作者，（2）作者观感的世界（物象、人、事件），（3）作品，（4）承受作品的读者，（5）语言（包括文化历史因素）。（见许钧，1992：44）（增补版注）

很明显，前两项是从传统的翻译批评角度而言的，第三项是我国翻译界自20世纪80年代起有关理论意识发展、强化的结果，反映出当时（1992年）我国翻译理论研究的最新状态。

随着翻译研究的深入，以译作为对象的翻译批评逐渐呈现出多角度、多层次的发展态势。传统的批评“套路”仍然在广泛使用，原因或许是它比较直截了当。新角度、新方法的开拓，最大的好处在于可以使我们更为客观、更为全面地了解译作的价值，并进而加深对翻译本质的认识。（可参见本书第七章）

3.3.2 译者

即使是按照传统的“套路”，翻译批评在对译作的考察中也常要涉及译者，虽然在负面批评中往往有意避免直接提及译者的姓名。尽管如此，将译者单独提出作为翻译评论的考察中心却并非传统的主流。对译者作用真正予以理论上的重视只是近二十年来翻译理论研究出现重大转向之后的事（Gentzler, 2001: 70），与接受理论及其背景中的解构主义思潮的发展、与理论界对翻译文化史的重视和对翻译主体的重视都有直接的关系，其社会动因为世界文化交际格局中翻译的活跃及其地位的提升。（可参见廖七一，2001，第六章、第七章）

具体来说，以译者为主要考察对象可以有以下几种形式：

3.3.2.1 某一部作品的多个译者比较

可以比较不同译者在还原原作信息、把握译作语言风格等方面的异同，研究其翻译观，或者从质量评估的角度依据一定的标准指出其高下。由于依据的是同一原作，对比十分鲜明。

如萨克雷名著*Vanity Fair*的杨必译本《名利场》（人民文学出版社1957年第1版），因其流畅、地道的汉语表现和生动幽默的原作语言风格再现，多年来在翻译界大受好评，而近四十年后的彭长江译本《名利场》（湖南文艺出版社1996年版）却是以有意识地贴近原文为特色的。这两个译本典型地体现了向接受倾斜和向原语文本倾斜这样两种不同的翻译观，对此进行研究，不仅能够加深对译者及其翻译观的了解，而且对探讨译者风格及其成因、不同历史时期的总体翻译倾向及其背景等理论问题也很有意义。

又如《红楼梦》的两个著名的英语全译本，即杨宪益、戴乃迭译本*A*

Dream of Red Mansions (Peking: Foreign Languages Press, Vols.I—III, 1978—1980) 和David Hawkes与John Minford的译本*The Story of the Stone* (London: Penguin Books, Vols.I—V, 1973—1986)，如果能对其从译者研究的角度予以考察，或许可以发掘出更多、更深层次的研究课题。香港岭南大学2000年已将大卫·霍克斯（David Hawkes）译此书前八十回的笔记影印出版（Hawkes, 2000），为这方面的研究增添了不可多得的原始材料。

3.3.2.2 某一译者研究

可以通过一部译作来看某一译者的风格、水平等，也可以把某一译者的不同译作放在一起来看。这种类型的翻译批评一般以名家译作研究的形式出现，如鲁迅译作研究、傅雷译作研究、林纾译作研究、张谷若译作研究，等等。袁锦翔（1990）、郭著章（1999）等的研究成果是这方面的代表。

3.3.2.3 对译者群的研究

这是以译者为考察对象的翻译批评中比较少见、因而也是比较薄弱的一类研究。其实，在特定历史条件下出现的一些译者群体，其译作特征及其成因等都有很多可以研究的素材，值得发掘。

比如，我国20世纪70年代由有关部门组织引进，以董乐山、裘克安等老翻译家为首合译了《第三帝国的兴亡》、《尼克松回忆录》、《基辛格》等一批历史、传记作品，以化名或"集体"、"某某翻译组"等名义内部出版了一些资料性作品，如科学出版社1971年出版、署名"翻译组"的赫胥黎作品译本《进化论与伦理学》（严复译本为《天演论》）和《人类在自然界的位置》，还有延续几十年、多次修订的《毛泽东选集》等经典作品的译本，这些作品的译者群中有不少是我国翻译界的名家高手，译文质量很高，语言也很有特色，一些技术性处理（如删简、注释）和一些翻译技巧的应用都依托一定的历史背景，如能深入研究，一方面可以使这一批翻译家的宝贵经验得以保存、继承，不致流失湮灭，同时也可以丰富翻译文化史方面的研究，其价值不言而喻。

3.3.2.4 一般意义上的译者总体研究

以往的这类研究中，比较集中的焦点是译者风格问题，比如译者究竟有没有自己的风格，应不应该保留甚至突出译者的风格，等等。由于有了当代语料库研究方法的支持，关于译者风格的研究近些年又活跃了起来。

在西方当代译论的影响下，近年来译者研究最集中的课题是有关译者主体性的一些问题。综合传统译论的有关论述，这方面的讨论主要分两种类型：

一种是比较内敛的，基于翻译本身的。传统译论中实际上也有一些关于翻译主体的内容，有待进一步挖掘整理。如："我以为翻译的标准（这当然指绝对能了解原书的译者的标准说）只有一端，那就是把原书给我的感应忠实地表现出来。我决不夸张地说，这就是原书，我只说，这是我所见到的原书。"（曾虚白，1929，见罗新璋，1984: 412）最后一句鲜明地体现了译者的"过滤"作用。又如："风不是从天外来的，诗不是从心外来的，不是心坎中流露出的诗，通不是真正的诗。……译雪莱的诗，是要使我成为雪莱，是要使雪莱成为我自己。"（郭沫若，见罗新璋，1984: 334）这是译者与原作者的关系问题。另一方面，当代译论尽管对文化等大环境给予了更多的关注，但就整体来看，紧紧围绕着翻译活动本身来谈译者及其相关问题仍然是主流。

第二种是比较发散的、外向的。这种讨论主要基于当代理论，特别强调译者的主动性，翻译文化批评中甚至把译者的主导作用提到很高的地位，主张译者要从"隐身"状态转向理直气壮的"操控"。从理论发展规律来说，这种现象不啻于对传统译论中译者被动地位的一种着力反拨。

3.3.3 其他

有些翻译批评并不针对或局限于某一具体作品或具体译者，而是就某一类作品的翻译或更为宽泛的一些问题发表意见，比如对翻译选题的评论，对翻译政策的评论。这种评论对译者、对出版界都有参考价值，其中很多内容同时也是翻译文化批评的题材。

比如：

一些技术处理（如删节、改写）是否合理；

某些选题的历史作用、现实意义以及这些因素反过来对翻译策略的影响；

某些作品是否值得译（或复译、重译）；

哪些好作品没有介绍进来，而哪些价值不高的作品又译得过多、过滥；

某类作品是否应作为翻译的重点，如通俗小说、科普作品，哪些作品应该注意译介，如传记、哲学类、科学类作品，有没有“失重”的情况，等等。

显然，这里有些内容与外国文学评论、出版动向研究等有关，有些甚至更接近于文化评论；然而，以现代译论的观念，只要是有可能对翻译作品产生影响的因素，即使是非常宏观的因素，都可以作为翻译批评乃至翻译研究关注的对象，劳伦斯·韦努蒂（Lawrence Venuti）的著作（1995，1998）可称为这方面的代表。

3.4 批评的参照系：根据什么

参照系或参照物原是物理学用语，引申至一般现象，指描述事物时用于比较的另一个事物，或做判断时作为基准的一个标尺，即这些描述或判断是相对于什么而言的。由于同一物体的位置和运动状态从不同的参照系看来是不一样的，因此只有先选定参照系，才可能对物体的状态做出描述或判断。事实上，这也是逻辑本身的需要，很难设想在没有参照的情况下能做出什么令人信服的判断。比如，在分析译本语言相对于原作的“变”与“不变”时（西方译论中与此相关的是对于shifts的研究[1]），如果不说明是相对于什么而言（如：是在哪一级语言层次上的“变”，依据的语言结构分析是基于原语还是基于译语），甚至连分类都无法进行。

物理学对参照系还有一个说明，就是这些参照系和所要描述的物体相比，是相对静止或相对稳定的，这就在一定程度上对使用参照系概念时很容易出现的相对主义有所控制了。

翻译批评少不了描述或者判断，因此也必须有参照，即有所依据。在做具体的比较、分析时，翻译批评需要选择与译本相关的一些横向或纵向因素作为参照，如比较重译、复译本时，要参照前译本、其他译本等等，这是不言而喻的，但这是就操作层面而言的，这种参照，或可称作参照物。参照系则是一个比较宏观、比较抽象的概念，一般指一个综合性的体系，即便是以“物”的形式出现，也表现为由“物”中多种因素形成的某个系统。

1　可参见《翻译研究词典》“Shifts转换”词条（M. Shuttleworth和M. Cowie著，谭载喜主译，北京：外语教学与研究出版社，2005年版，第208—209页）。这个词指翻译中结构性的迁移，也有人把它译成“偏离”或“变易”。（增补版注）

按常规理解，翻译批评最根本的依据是批评的标准。董秋斯就认为，翻译理论问题不解决，批评就没有一个可资依据的标准，翻译质量就无法提高（罗新璋，1984: 540）。我们知道，翻译批评标准不完全等于翻译标准，二者的视角和范围是不一样的，一般来说，前者可以涵盖后者。翻译标准受多种因素制约，但是在翻译过程中，为译者设定标准提供参照的两个基本要素一般是**原作**和（主要是由翻译目的所确定的）**读者**，而翻译批评除了必须考虑译者所要参照的这些因素以外，还要讲道理，这就突出了**理论依据**的作用。这些理论依据可以是综合多种因素形成的翻译批评标准，也可以是服从于特定的批评目的的各种理论。此外，翻译批评还可能需要参照包括译者本身及其所处环境在内的其他因素，这体现了翻译批评毕竟不同于翻译活动的多维视角。

这样，就形成了翻译批评的三个主要的参照系。也就是说，翻译批评考察的是译作、译者等等，依据的是什么？是原作，是读者反应，是理论根据。在这三个参照系中，原作和读者经常作为翻译标准的两极出现（见本书第六章），而理论依据则是内涵比较丰富的一个概念，也是翻译批评所独有的。根据不同的理论依据，翻译批评甚至可以对另外两个参照系，即作为基本要素的原作和读者，作出符合自己要求的解释和体现不同侧重的选择。

在翻译批评中，这三个参照系的资料来源分别是：

1. 原作

批评者的依据主要来自：（1）本人对作品的理解和感受；（2）对相关背景资料的占有；（3）文本分析（包括语料库资料分析）的结果。

2. 读者反应

批评者可以：（1）以自己作为读者的体验为依据；（2）采用设计合理、分析客观的调查结果作为支持或补充；（3）采用其他资料。

3. 理论依据

翻译批评的理论依据主要来自翻译理论研究，尤其是翻译标准研究。广义翻译批评的理论来源可以大大超出翻译理论的范畴，许多其他领域的理论，如文学批评理论、文化研究理论等等，都可以应用于翻译批评，这同样是因为翻译批评和翻译实践活动的视角不同。

参考阅读书目：

许钧主编：《翻译思考录》，武汉：湖北教育出版社1998年版。

回顾与扩展思考：

1. 如何以不同的翻译批评主体、客体和参照系来理解《翻译思考录》一书中收入的文章？
2. 针对同一部译作，如何从不同的角度（译者、读者、双语专家）对译文、译者等予以评论？各自的理论依据是什么？
3. 观察我国自20世纪初以来的翻译批评史，不同时期的翻译批评主体、客体、参照系有什么变化？原因及效果如何？

第四章 翻译批评的层次和方法

4.1 翻译层次说和翻译批评的层次

层次分析是在对事物进行描述的时候经常使用的一种分析方法。在《现代汉语词典》（北京：商务印书馆，1996年修订第3版）对“层次”一词的解释中，“层次”所体现的关系有次序、相属以及“同一事物由于大小、高低等不同而形成的区别”，而大小、高低的内在逻辑关系也是次序或级次。因此，严格地说，用层次分析的方式描述事物时，析出的“层次”应该包含一个次序的概念，也就是说，这些“层次”应该有表里、深浅或上下层级，或相属的关系，并可以按一定的顺序排列。

按照这种理解，翻译研究中出现的一些有关“层次”的讨论，对“层次”这个词的使用就并不是很严格的。在这些讨论中，“层次”主要还是一种分类的概念，体现区别（但不一定是大小、高低的区别），可以理解为视角，也可以理解为方面，即aspects，而不是levels之类。英文中有一个词或许可以表示这种含糊的意思，即dimensions：层面，或维度。

4.1.1 翻译层次说

以下是几种比较有代表性的翻译层次说。为了更清晰地展示其概念上、发展上的内在联系，这里对这几种学说不是完全按照它们出现的时间顺序来排列的，除非具有明显的继承关系。

4.1.1.1 传统的翻译层次说

一种比较传统的、粗线条的划分方法是把翻译分为内容和风格两个层次，这起源于延续数千年的内容与形式这一对令人困惑的哲学范畴。由于对内容与形式二者之间关系认识的不同，文体学因此有了一元论、二元论、多元论之分（Leech & Short, 1981: 12—41；郭鸿，1998）。这种情形直接影响着翻译界对翻译层次的认识。另一方面，翻译实践中出现的具体问题也对这种粗线条的划分方法产生了影响。出于对诗歌、修辞格等特殊情况下语言形式本身的注意，为了讨论的方便，有时会把“形式”单独分出来成为一个层次，而意思比较含糊的“风格”仍然是一个独立的层次，这样就形成了以下的状态：

形式层（主要是词形、句形、字形、语音效果、印刷符号等）
语义层（可以粗略地分为所指义和内涵义两大部分）
风格层（美学、文体、修辞等方面的考虑）

在这三个很难说层次关系究竟如何的层次中，语义层的定义或许是最活泛的，它可以简单到只表示“内容”，也可以复杂到把另外两个层次中所有的内涵都包括进去，即仅仅用“语义”来说明所有的问题，甚至包括语言符号本身的表现形式，因为按照一元论的观点，形式也是有意义的。现代语义学的扩张趋势和语义学中语义分类方法的繁多都说明了这种复杂状况。也正是由于这一点，翻译界普遍认为语义学是翻译研究的语言学基础理论之一。

4.1.1.2 许钧的翻译层次说

在文学翻译批评理论上颇有建树的许钧曾著文详细说明他的翻译层次观，并以此作为认识翻译本质和翻译标准的理论基础（许钧，1992: 1—15）。许钧认为，翻译是多层次的实践活动，其中最主要的是三个层次，即：

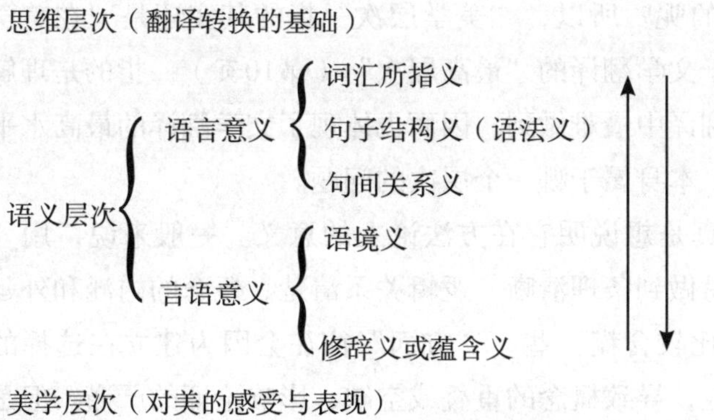

图1 许钧“翻译层次观”的三个层次

许钧在解释为什么思维层次是翻译转换的基础时，主要讲了两点，一是人类思维的共性使得翻译成为可能，二是语言与思维的密切关系。第一点实际上是可译性的理论基础，真正与翻译本身有关的，似指对原文主题、思路、概念、思想、事物等的理解，即事理、语言逻辑分析，对翻译批评而言，即指检验这些方面与原文是否一致。关于第二点，如果从语言与思维的关系这个角度来看翻译中的思维，那么思维恐怕就不是一个层次的问题，它渗透于翻译的整个过程之中，哪一个层次上都有它。至少可以说，思维模式或可作为一个层次来看，而思维活动则是无所不在的。许钧曾以法译《春望》一诗为例对这三个层次做了进一步的解释（见上书第60—64页），其对思维层次的说明很快就进入了语义层次，涉及所指义、语境义以及对思想内容和主题的理解。

语义层次经过两个级次的分析所得出的五种意义中，语言意义下的三种意义之间确实具有层次关系，而言语意义下的两种意义，即语境义和修辞义，事实上也是渗透于各个语言层面的。

美学层次也是同样。如“美”与修辞义的理解和表达关系就是非常密切的，很难分开。又如，在对“美”的各种分解方式中，有的是建立在一定层次关系基础上的，有的就没有什么层次关系，只不过是几个不同的角度而已，如许渊冲先生论译诗的意美、形美、音美这三“美”（“形”、“音”孰为表里？）。无论是哪一种分解法，“美”和“美感”，很难说它们**不属于**哪一个层次。它们是渗透性、弥漫性的，可以附着于任何一个层次。比如，思想、意境、结构这三者之间是有些深浅表里的层次关系的，但是，将“美”分赋于这三个层次上（即“思想美、意境美、结构美”，见上书第11页）时，“美感”究竟是深层的还是表层的呢？所以，“美学层次”指的其实还是“在美学方面”，所谓这一层次属于文学翻译的“最高层次”（第10页），指的是理解和再现这些“美”在文学翻译中最难做到，因而也体现了文学翻译的最高水平、最高要求，而不是“美”本身属于哪一个层次的问题。

对“层次”如此较真是想说明它在方法论上的意义。一般来说，用“层次”分析事物，比较容易做到条理清晰、逻辑关系清楚、概念的内涵和外延明确无疑，而“方面”就比较含糊一些，“方面”往往会因为建立在选择的基础上而导致一定的任意性，导致概念的重叠或空缺，影响论证的严谨。但是，“层次”这个工具如果用得并不准确，也有可能形成研究术语甚至内容的混乱，使研究活动之间无法沟通和接续，造成研究的浪费。

有两点需要说明：其一，翻译中不容易确定的因素很多，各种概念之间的界限往往是模糊的，其内涵也常常是多重的，不大可能精确到数学分析那样的程度，因此，无论何种论证，只能是尽量严谨，至少不发生逻辑错误；其二，美学层次这种提法通常是针对文学翻译的，比较具有一般性的提法是风格层次，可以包含美学层次的内容。近年来，人们的视野逐渐开阔，认识到“美”不一定就是文学的“专利”，优秀的科学类文章也可以有美——简洁美、逻辑美、自然美——主要指此类文体的特点所给予读者的那种得体感、愉悦感。

4.1.1.3 吴新祥、李宏安的翻译层次说

另一种比较有特色的翻译层次观出自《等值翻译论》一书。作者明确表示，他们的等值论是以“立体语言学”为理论基础的（吴新祥、李宏安，1990: 10—32），这是对系统论和普遍语法理论（UG）以及其他一些相关理论综合运用的结果。该理论提出语言三层次假说，认为语言符号系统的构成包含横向的三个基本层次和纵向的五个等级（词、词组、句、超句体、篇章），它们共同形成15个语言平面，对翻译等值状况的检验方法就是：分别测试这15个平面中每一个平面上的等值程度，其结果相加之和即为整部作品的等值度。

这三个层次及其理论含义和相应的语言功能、学科性质等等可以大体综合如下：

> 语符表层（sign：符号）——思维的外在形式——语言的行为功能——对应于符号关系学（syntactics）
>
> 语用修辞层（interpretant：所释）——思维的外层表现形式——语言的表情功能——对应于语用学（pragmatics）
>
> 语义深层（referent：所指）——思维的内在形式 ——语言的表意功能——对应于语义学（semantics）

不难看出，纳入这个系统的东西是很多的，还不止于此。该书作者认为，尽管这一体系很显然是建立在语言学基础上的，但是翻译研究中的许多观点、理论（几乎全部！）都可以化入这个体系，从信达雅、直译意译，到苏联的翻译语言学派和文艺学派，直至文学翻译的艺术审美。

然而，这正是这一体系的问题之一：它过于庞大，包罗万象，好像要一劳永逸地解决所有的问题，确乎有些力不从心。此外，它过于复杂、繁琐，而真正具有普遍意义的理论都应是简洁明了的。这本书出来以后，总的来看比较寂寞，可能就与它的繁琐、机械有关。但是笔者认为，就算是死胡同（这是有待历史检验的），也要有人走过才知道，因此，它在我国翻译研究的探索之路上还是功不可没的。

吴、李等值论在翻译批评方法论上的意义在于：它尽了最大的努力使翻译等值的表述和检验理性化。“立体语言学”尽管繁琐，但大体上可以自圆其说，而且它的整体思路还是很有道理的。由于翻译活动本身的复杂性，怎样使翻译等值的检验方法尽量逻辑化、理性化虽然是个很值得探索的问题，但这种理性化、逻辑化的程度确实也是有限的，该书后面的实例检验中就出现了无法避免的主观判断，形成了这一套方法的内在矛盾。

4.1.1.4 张泽乾的翻译层次说

由于吴、李等值论不乏合理部分，所以其后不久，张泽乾先生取其精华，对他们的翻译层次模式做了改进，形成了一个同样以转换生成语法理论为基础、然而却比较简明的版本（张泽乾，1994: 213—225）：

表层——形式系统——语法信息

浅层（中介层）——修辞系统——语用信息（能指意义：connotation）

深层——内容系统——语义信息（所指意义：denotation）

这个层次体系显然要简洁得多，其中的“语义信息”定义比较窄，因此语义“泛化”而造成的定位不易准确的问题不大会出现。然而还可以看出，这个层次结构很接近4.1.1.1节所说的传统的翻译层次分析，因此也不免带有同样的含糊。

归结起来，有两点似可进一步探讨：

其一，作者认为，修辞系统、语用信息这一层具有主观性，内容系统、语义信息这一层具有客观性。作者用语言符号的性质对此予以说明。但是，我们谈的毕竟是翻译中的问题，主观、客观是相对于谁（什么）而言的？如果说因为是翻译，内容、语义信息已由原文确定，因此具有客观性，那么，修辞、语用信息不也是因原文的存在而具有客观性吗？即便是从语言符号的角度来看，语用信息也是受上下文即语境支配的，因此也具有客观性。另一方面，在翻译活动中，受译者本人因素（无法控制的局限性和有意所为的翻译目的等等）的影响，语义信息的选择有时也并不那么客观，所以各种译本不可能完全一致。总之，在这个问题上，书中的视角似有些简单化了。

其二，如前所述，如果说内容与形式有深浅表里之分，即层次感，那么，风格、美学、修辞、语用等等似不能成为一个独立的层次，因为它们可以表现在语言的各个层次上。正因为如此，才会出现这样的现象：有时它们被附着于“形式”，放在表层，如下图中的“文体”：

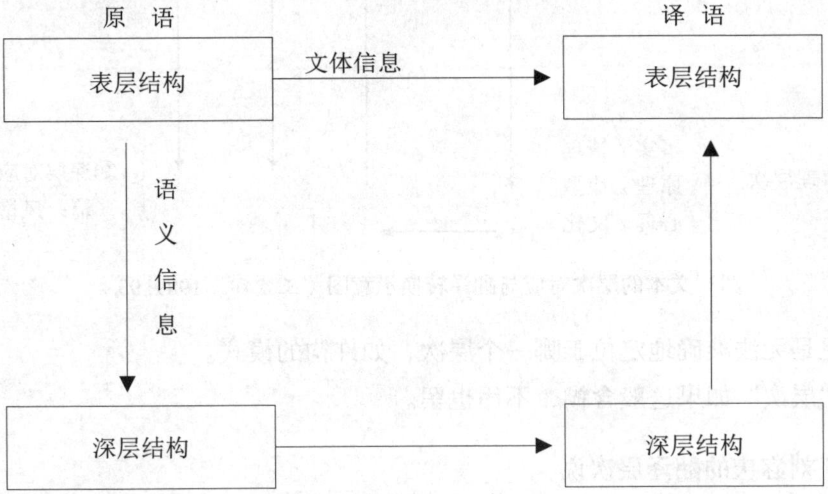

图2 翻译信息传递双轨模式（韩忠华，见杨自俭、刘学云，1994: 410）

有时它们脱离“形式”被放入中介层或浅层，如吴、李、张，有时却被认为是属于深层的，如下图：

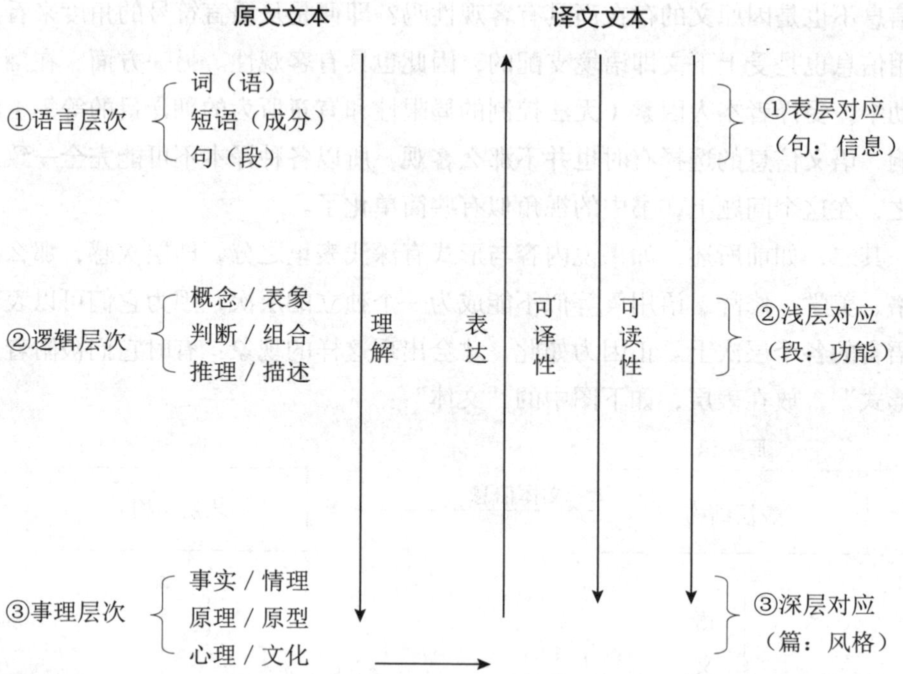

图3 文本的层次对应与翻译转换示意图（王宏印，1989: 93）

有时更是无法准确地定位于哪一个层次，如许钧的模式。

"层次"如果这般含糊，不用也罢。

4.1.1.5 刘宓庆的翻译层次说

在前面介绍的几种翻译层次说里，吴、李、张的模式是建立在语言学基础上的，许钧的模式是依靠将美学和语言学等融合在一起形成的。除此以外，还有一个完全建立在美学基础上的模式，虽然不像前面几种那样被赋予强烈的"层次"色彩，但也与层次有些关系，这就是刘宓庆先生提出的文学翻译中的三类审美再现（刘宓庆，1986）：

模拟式审美再现（低层次）

对应式审美再现（较高层次）

重建式审美再现（高层次）

这个模式得到了袁锦翔先生的响应（1990: 9—10），后来又为张泽乾先生所支持（1994: 356）（张误以为是袁的首创，是一疏忽）。[1]

仔细分析起来，这里说的其实是翻译方法。“层次”在此并不完全是对某种事物或状态的客观描述。就语言结构而言的“浅层、深层”确是有级次关系的，而“高、低”之说就更多地带有价值判断的味道了。“推倒重来式”的重建式审美再现被誉为基本上达到了“化境”，评价是最高的。但是，如果能用模拟式的直译解决问题而不会产生语言或文化上的任何障碍，有什么不好？从语言结构的角度来看，虽然模拟式和对应式之间不存在翻译单位谁大谁小的问题，但重建式既然是“推倒重来”，也就是摆脱原文语言形式的束缚，那么，它的翻译单位应该是扩大了。显然，由“低”到“高”的层次排列里蕴涵着对直译的否定。

以定性为特点的价值判断在翻译研究中难以避免，因为翻译研究的目的之一是指导实践，但价值单一或价值判断泛化，往往就会导致自缚手脚。描写性研究近年来形成了一种潮流，这与价值判断上的多元化发展趋势不无关系。

4.1.2 层次说与翻译研究方法论意识

以上几种翻译层次说无论其理论基础是什么，无论还有什么可以商榷之处，都还是比较有特色的，也是探索的成果，有助于加深对翻译的认识，为翻译批评提供了更为丰富的视角，然而从方法论的角度来看，如果用工具书中定义的逻辑关系来严格分析，有不少“层次”就只能以“汉语的模糊”来解释了。

关于翻译层次的讨论近年来少了一些，原因不外乎：1. 前面提到的几种模式已经基本上涵盖了在这一问题上的主要思路；2. 翻译研究的发展开拓了更多的研究途径，翻译界对一些问题的认识更为准确。这并不表明层次分析已经过时，而是说在使用这一概念时，需要特别注意它的含义，以提高研究的准确性。翻译是一种复杂的语言现象和文化现象，其中的确存在着一些“层次”关系，如果注意把握“层次”的逻辑含义，作为一种分析工具，它也确实能说明问题。以下是两个例子：

吕俊、侯向群（2001: 170—174）：作者根据英伽登（R. Ingarden）的理论，摒弃形式与内容二元对立的文本分析方式，将二者融合起来分为由表及里

1　刘宓庆先生后来的《翻译美学导论（修订本）》（北京：中国对外翻译出版公司，2005年）一书中没有再采用自己早期的这个层次说，而是做了更为精确的翻译审美再现层次描述（见该书第九章）。（增补版注）

的五个层次，作为文学文本层次性分析的基础，具有清晰的理性色彩。这五个层次是：

声音层面：声音无疑是语言的第一要素，于文学文本更具有特殊意义
意义单元的组合：语言符号与意义的联系
再现客体层：从意义到形象
图式化观相层：与人脑中图式化知识库的联系
形而上质层：境界与精神

范东生（2000）：作者提出翻译需注意不同层面上的文化交流，即：

文化表层交流：这是一种横向移植，指符号层面的转换（transfer, rendering）
文化深层蕴含的迻译：指转达内含的文化价值（translation, interpretation）

这两个例子，第一个基于语言的文本分析，第二个是个大体的分类。总的来看，由于“层次”本身所体现的层级性，它用于结构性比较强的分析对象时，更容易用得准确，比如第一个例子。像第二个例子一样使用，作为一个大体的分类也还可以，但也就仅此而已了，因为分析对象的结构性层级并不很明显：符号与内涵有表里之分，而将文化这种弥漫性的软性对象分附于二者，就需要进一步定义，比如：“表层交流”是不是就不涉及“内含的文化价值”？这种分法还有一个附加的问题，就是需要说明里面是否包含价值判断的意思，比如：是不是“深层蕴含的迻译”水平更高或者更为重要？近年西方翻译理论中风靡一时的多元系统论，一些研究者对它的质疑之一，就是认为它所提出的文化系统的“层级性”（hierarchical nature）具有价值判断的含义（Gentzler, 2001: xi）。当然，如果论者正有此意，则另当别论。

总之，“层次”这个概念不是不能用，而是要尽量用得准确。比如，“层次”在此究竟指的是什么？各“层次”之间是否确实有直接关系？如果有，是一种什么样的关系？只是侧重不同，互为制约，还是确实具有上下、内外、表里等包容、层级关系？这都是需要弄清楚的。汉语对“层次”的使用毕竟是模糊的，在很多情况下，“层面”可能更适合这种模糊表述。

概念的清晰和分析方法的严谨对于研究成果的沟通和研究的延续具有重要的意义。对研究的“元语言”有清晰的意识，是确保研究有所成效的一个重要

前提。我国的方法论研究一向薄弱，在一定程度上制约了我们的研究的有效进展，比如只有观点，缺乏严谨的论证过程，又比如由于概念不清楚、不一致，听起来说的是同一个现象，实际上说的却不是一回事，因此无法交流，无法推进研究。这一节讨论的翻译层次问题，也从一个侧面说明了这一点。

4.1.3 翻译批评的层次

根据上面的分析，对翻译批评作层次之分也需要说明这种分法的含义。翻译批评的层次和翻译的层次并不是一回事，对后者，可以做语言结构上的层次分析，可以将围绕翻译的种种因素之间的一些层次关系分析得非常细致。如果翻译批评的层次是在这个意义上说的，那么也可以很细致、很准确，但一般情况下，所谓翻译批评的层次往往只是粗略的分类，用于说明特定的现象，比如翻译批评的水平，它所针对的对象，它涵盖的大体范围，等等。

就这个意义而言，翻译批评可以大体分为表层或浅层批评和深层次批评这两种类型，前者一般指的是技巧性批评，后者是理论性批评。

技巧性批评又可以分为两类：

一类关注的是正误，即**对不对**的问题。如果涉及语言，那么与之相关的是译者的语言能力；如果涉及的是背景知识类问题，与之相关的就是译者的知识面问题；如果涉及的是原作风格转达是否准确之类的问题，与之相关的就有可能是译者的语言感受能力或他的翻译观。

另一类关注的是**好不好**的问题，即在没有技术性错误的情况下，语言质量是否高，与之相关的主要是译者的表达能力。

理论性批评也可以大体分为两类：

一类是基于技巧但不止于技巧，不是简单地对正误好坏一判了之，而是从理论上讲清技巧类问题的来龙去脉及其中蕴含的理论意义。

另一类原本就以理论探索为目标，通过评论译作揭示具有理论意义的规律性的东西，借以深入认识和解释翻译现象或为有关的实践活动提供指导。

对翻译批评作这种表层、深层的区分只是为了说清其性质，二者并无高下之分。笔者曾经认为，语言类、技巧类的微观层次上的批评属于初级批评，而比较宏观的理论性批评应属于高层次的批评，后经反复思考，觉得这种定性很容易引起误导，于提高翻译批评的水平并无益处。事实上，这两种批评翻译界都是需要的，它们各有各的用处。我们提倡多做深层次的批评，不是因为表层批评水平低，而是因为多年来我国翻译批评中深层次的理论探索比较薄弱，需要加强。另外，所谓深层表层也是相对而言的，作为表层批评的技巧性批评完全可以把问题说得深入透彻，以理服人，而理论性批评弄得不好也有可能做得肤浅苍白，失去意义。决定批评水平的不是题材，而是内在的含金量。

4.2 翻译批评的方法

翻译批评方法既可以指具体的操作方法，也可以按哲学方法论的含义，指思想方法、跨学科综合性方法和具体学科方法这三个层次上的理论途径或理论方法。国内近年出版的一些翻译批评和翻译研究专著中对翻译批评方法或多或少都有介绍，只是根据对“方法”的不同理解而有不同的侧重。本书后面几章里，有多处从不同角度谈到翻译批评的一些多学科、跨学科理论途径，因此，这一节主要介绍比较具体的操作方法。前面在讨论翻译批评种类、原则、主体、客体、参照系这些内容的时候，我们已经谈到了一些批评的方法，因此，这一节可以说是顺理成章，也可以和前面这些章节相互参看。

4.2.1 一种归纳

在国内翻译界，较早对翻译批评方法作出全面归纳的是许钧（1992: 51—55），他以文学翻译批评为考察范围，整理出6种基本方法，下面就是对这6种方法的简要评述：

1. 逻辑验证的方法：主要在基础层次（思维层次）和语义层次进行，以逻辑分析的方式，观察上下文的有机联系，以此判断译文理解的准确性。这是翻译批评最常用的方法之一。

2. 定量定性分析方法：由于定量方法和定性方法是可以分开的两种方法，因此严格地说，这里讲的应该是以量定性的方法，或者叫做定量定性相结合的方法。比如对风格等不易把握的要素，可以借助现代语言学的手段进行计量分析，以量定质。直观定性方法一向为我国翻译界所熟悉，自20世纪七八十年代起，定量方法逐渐进入国内翻译批评界的视野。近些年来，由于学术界对文化等宏观因素的重视，体现综合性、主观性的定性方法又有所回归，但加入了一些新的理论元素，同时，定量方法作为一种论证手段，其地位并未被颠覆，因此和传统的直观定性方法还是有区别的。

3. 语义分析的方法：这也是翻译批评常用的方法之一，主要用于评价语义传达的状况。但是在语义分析的具体过程中，也有直观和严格的语义学方法之分。

4. 抽样分析的方法：这原是出版社常用的办法，即抽取译作的局部做分析，为整体质量评价提供参考。

5. 不同翻译版本比较的方法：如复译本、多译本比较。这也是翻译批评常用的方法。

6. 佳译赏析的方法：这种批评也是大量存在的。严格地说，佳译赏析也有不同的方法，传统的、最常见的是直观式、感悟式赏析，重体验，举例方式往往是局部的、典型的，评论目的也比较单纯，虽然也有整体判断，但由于很少作全面分析，所以判断使用的语言通常有一定套路，如“瑕不掩瑜”等。

这6种方法的归纳不是穷尽性的（exhaustive or complete）分类，也不属于同一层次或同一范畴，有些方法是可以共存的，如1和3，4和2。5和其他几种也都可以分别共存，因为那几种都可以作为译本比较的具体方法。从理论性质上看，1属于逻辑方法，2是语言学、统计学方法，3是语义学方法，4是统计学方法，5有可能涉及版本学，6则主要是美学方法。从实际应用情况来看，1、3、5、6是比较常用的，2、4之所以不太常用，就和我国翻译界的治学习惯有关了。

许钧之后，姜治文、文军汇集国内翻译界大量有关论文编纂而成的《翻译批评论》（1999）一书，目录中也体现了对翻译批评方法的一种归纳，编著者将其整理为4种：误译评析、佳译赏析、比较翻译（见下节）、定量分析。从性质上看，这还只是一种大体的分类，除定量分析以外，其他三种都不是具体的操作方法。

后文中有本书提供的另外一种分类，以常用、典型、有一定影响为基本考虑，也尽量避免与其他论著中的此类介绍重复（完全不重复不太可能），所以肯定不是最完整的，而且也不一定是最合理的。正如上文所示，翻译批评中的许多方法是相互交织、综合运用的，很难截然分开，这里之所以要作区分，主要还是为了弄清它们的性质，以便在应用的时候使理论途径更为清晰，借以提高批评的理论品质。基于这种目的，下面几节的讨论除了从操作角度考虑以外，也特别注意到了从这些操作方法中可以提炼出来的一些理论特点。

4.2.2 译本比较的方法

很多翻译论著中都介绍过译本比较这一方法，有论者甚至以译本比较为核心概念，提出要建立“比较翻译学”（姜治文、文军，1999: 77—85）。笔者认为，如同“比较文学”、“比较法学”等学科名称一样，“比较翻译学”应是指不同语言、不同文化或不同国别翻译理论研究之间的比较，而译本比较主要还是一个方法的概念。

“比较”是相对于单独分析一部（篇）译作而言的，一般指同一原作的两部（篇）以上译作之间的比较。这种比较虽然总会涉及译作和原作之间的比较，但两者的性质不同：原作—译作比较从根本上说是两种语言文化系统之间的比较，而不同译本之间的比较除此之外，还有属于同一种语言文化系统内部的比较。另外，由于将译作与原作相比较是译者和批评者必然要做的事，它也称不上是一种批评方法。换言之，它就是“批评”本身，而不是批评的“方法”。

译本比较要有说服力，必须讲究比较的方法，讲究论证的可靠。起码的要求是，无论什么比较或对比，都必须选择适当的对比项，并使之具有可比性。比如，要判断一部汉语作品语言的可读性，如果采用的是基于英语语言的一个可读性级次表（如根据句子长度、连接词的多少、某种等级的常用词使用比例来判断可读性），那么就需要考虑：这种判断方法是否也适用于汉语？由于汉语具有“意合”的特点，连接词的使用能不能用来作为判断可读性的一个指标，是需要对汉语的相关现象作专门研究才能确定的，直接照搬英语的判断方法就不一定合适。这是对比语言学的一个例子，译本比较同样如此，也需要注意可比性的问题。

比如，如果两个译本所依据的原作版本不同，译本中出现了差异，就必须弄清是不是版本差异造成了问题，否则就不能下结论。在条件允许的情况下，应该尽量使用依据同一版本原作的译作来进行比较。

又如，译本比较必须考虑历史因素，以20世纪90年代的译本来批评40年代译本的语言，显然是有失公允的。由此产生横向（共时）比较和纵向（历时）

比较之分。横向比较主要有两种：

（1）以一个译本为主，其他译本为次。这种比较中的其他译本一般是作为参照的，评论的重点是一种译本。如评孙致礼译的《傲慢与偏见》（1990译林版），以张玲、张扬译本（1993人民文学版）和义海译本（1994海峡文艺版）为参照。

（2）两种（或两种以上）译本平行比较。

纵向比较也有两种：

（1）同一译者不同时期的译本比较。如比较刘重德《爱玛》的1949年初译本和1993年的重译本。

（2）不同译者不同时期的译本比较。如将1957年出版的张谷若译《苔丝》（人民文学版）和1994年的孙法理译本（译林版）作比较。

对比项、可比性都是具有方法论色彩的概念，对比语言学正是在这些概念的基础上，建立起了自己的方法论体系，推进了学科建设[1]。在对译本进行比较时，这些概念也可以为我们提供一些方法论方面的依据。

上一节对许钧6种方法的分析中已经说明，从性质上看，作为翻译批评方法的“译本比较”和以下所介绍的三类批评方法并不属于同一个范畴，因为下面这些方法不一定涉及多种译本。

4.2.3 三种主要的翻译批评方法

4.2.3.1 印象式批评方法

顾名思义，这种批评方法主要是基于印象和感觉，具体做法一般是根据整体印象随机举例，文章结构有的比较松散，类似随笔，有的略分几类，多少有些层次。

这些印象或感觉的来源，有些属于审美体验，有些属于翻译经验，有些属于知识积累，有些则属于个人语言修养。不少人认为印象式批评没有什么理论，其实也不尽然，我国传统译论受文论影响很大，而中国传统文论的特点之一就是散论，即将理论线索隐于看似杂乱的议论之内，这与纯粹出于印象的评论还是不一样的。

1　代表作为许余龙《对比语言学概论》，上海外语教育出版社1992年版。

印象式批评多见于文学翻译批评（如佳译赏析），这可能是因为很多印象式批评都是基于审美体验的，关注的是译作中的美学因素。另一方面，这与我国翻译界近代以来以文学翻译为正宗的观念也有关系（孔慧怡，1999），如梁启超、胡适对佛经翻译的评论（罗新璋，1984），就是把它作为文学翻译来看的。其实，今日一些报刊上散见的印象式翻译批评，也有不少针对的是非文学类翻译作品。

本书其他章节中多处谈到这种批评方法的一些特点，并说明印象式批评不见得一无是处，只是对批评者本人的素质要求比较高，很容易流于主观随意，使得批评缺乏说服力。由于我国传统的翻译批评中这类批评的比重较大，为了鼓励批评的多元化，提高翻译批评的整体水平，有必要加强翻译批评的理论内涵，促进翻译批评的理性化，同时，感悟式、印象式批评也自有其价值及适用范围。实际上，高质量的印象式批评并不是人人都能做得出来的，勉为其难，就谈不上什么效果，弄不好还会指鹿为马，或改对为错，或“化神奇为腐朽”，落个贻笑大方不说，还可能会误导初学者。

4.2.3.2 综合性批评方法

由于印象式批评的随意性较大，在对整部（篇）译作进行评论时，一般都至少要拉出一个纲，或选定若干考察要点，以使批评有所依据，并尽量全面、客观。这样就形成了两种综合性批评方法，一是**全面分析**，一是**要点分析**。

综合性批评方法的主要表现形式是，它提供了一个可以填入各种内容的程序。全面分析法的综合性体现在程序中的一些步骤可以根据需要采用多种具体方法，包括翻译学本身及其相关学科的各种方法，如文体分析、文化因素分析等等。要点分析法的综合性体现在对要点的选择可以有多种角度、多种理论途径，而这些角度或途径一经确定，所选择的要点也就体现出相应的理论特征。

彼得·纽马克的翻译批评模式采用的就是一种比较典型的综合性全面分析方法。这个模式提供的程序即翻译批评的步骤是：

第一步：分析原文（包括作者意图，读者对象，原文文本类型、语言特色等）；

第二步：分析译文（重点看译者为什么要这样译）；

第三步：原文与译文的对比分析（无需从头至尾，只选择有代表性的部分）；

第四步：评价译文质量（分别从译者的角度和批评者的角度进行，重点是所指准确性和语用准确性）；

第五步：评价译文在译语文化中的价值。

纽马克认为，这个模式里包含了翻译批评的两种方法：功能的和分析的，前者重印象，不重细节，有主观性，后者是具体的分析，有明显的客观性，两者结合起来，能比较好地体现翻译既有科学性又有艺术性的综合性质。（详见Newmark, 2001: 186—189，可参见廖七一，2001: 199—204）

这是笔者见到的对综合性全面分析方法最完整的归纳之一。事实上，这也是翻译批评实践中应用得非常普遍的一种方法，纽马克说的是"大实话"，很典型地体现了英国人思维方式中重实践理性这一特点，与我国翻译批评的习惯性方法也是吻合的。

我国翻译界也有这种类型的归纳，但完整细致如纽马克者不太多。香港学者张佩瑶提出的一套方法可资参考（见黎翠珍，1996: 151—173）。作者以*Animal Farm*的几个译本为例，说明翻译小说评赏的三个主要步骤：

（1）略读译本一遍，注意文字的可读性及欧化程度。

（2）重点分析。取得译本的初步印象后，转向重点分析，这些重点是：

① 书名的翻译；

② 关键字眼的翻译；

③ 主题披露过程中的翻译问题；

④ 译者处理小说类型和写作风格的情况；

⑤ 因文化差距产生的翻译问题；

⑥ 整体处理（如有无删改）。

（3）下结论。

这套方法中值得注意的有这样两点：其一，这三个步骤其实是通常情况下全面评价一部小说最起码要做的，因此具有普遍性，也属于"大实话"。其二，关键在于第二步，而这一步中值得注意的又有两处，一是肯定了初步印象的作用，二是全文分析要选择重点。根据这一点，我们甚至可以把这套方法称为一种"要素观察"法。至于选择哪些重点或要素，作者认为可以根据作品特点而有所调整。

将张佩瑶模式和纽马克模式作一比较，或可看出两种语言体系背景下解决译作评估这一共同问题时体现出来的某种思维方式或文化方面的共性和个性。

将张佩瑶模式中的第二个步骤独立出来，就是综合性批评方法的第二种：重点分析法。不少论著中在介绍翻译批评方法的时候都提到了重点分析法，但细看起来，说的又并不全是一回事，如吴新祥、李宏安（1990）的"重点分析法"，其中的"重点"是从语篇中分析出的句子或超句体，而以上张佩瑶的"重点"就不是这种性质，其中有一些属于文学作品创作分析中的概念，如主题、写作风格等，这说明"重点"或"要素"主要还是批评者根据特定的理论途径选择确定的，它本身是个方法论概念（下一节中曾利沙和何元建、卫志强的"参数"也是如此），不体现具体的学科色彩，这也正是将这种方法归入综合性方法的原因。

4.2.3.3 文本分析批评方法

文本分析（text analysis）原是语言学的概念，因此，这一类批评方法多具有较强的语言学特征。但是，如果把这个概念的范畴放得稍宽一些，它就可以指围绕译作文本，特别是文本整体所作的各种分析，包括翻译学本体意义上的翻译相关因素分析，文学意义上的创作要素分析等等。由于翻译活动的多面性，在翻译批评实践中，取略为广义的文本分析概念是比较方便的。

和综合性批评方法相比，文本分析批评方法除了提供程序以外，还提供批评的内容，即选择文本中的哪些重点、参数或哪些侧面来对译作做出评论。

在当代西方译论中，紧紧围绕文本展开的、主要是语言学性质的翻译批评，比较集中地体现于翻译质量评估（Translation Quality Assessment / Evaluation）这个领域，其应用范围一是翻译教学，一是翻译出版物。出于其学术传统的影响，西方翻译界对文本分析方法应用得比较普遍，翻译批评方面影响较大的有朱利安·豪斯（Juliane House）模式（1977/1997）和凯瑟琳娜·赖斯（Katharina Reiss）模式（1971/2000）等，详细内容可参见6.3.3.1节，这里我们只讨论国内翻译界出现的两种比较有特色的文本批评方法。

1. 以等值翻译论为基础的译本检验方法

在以文本分析为特征的翻译批评方法中，语言学色彩最浓的、分析最细的、最成体系的，当属吴新祥、李宏安提出的一整套检验译文质量的方法

（吴、李，1990，又见姜治文、文军，1999: 86—106，还可参见本书4.1.1.3节和6.3.2.2节）。作者以15个语言平面的等值度相加这一定量性的思路为基础，综合其他因素，提出一种“以等值概念为核心的定相观察、定量分析和定性判断的对译作的批评方法”（吴、李，1990: 10）。定相观察相当于上一节所说的获取初步印象，单位是整个语篇或超句体，定量分析以句子为基本单位，表现为对若干个对等值的处理，而定性判断又回到超句体和篇章的层次，综合前两种方法对译文的等值状况做出结论，三者以这样的顺序排列，形成了一个完整的分析过程。作者把这种实际上带有综合性的方法统称为定量分析，并在该书第三编介绍了这种分析方法的三种方式，即全面分析法、重点分析法和难点分析法，同时给出了实例予以说明。

从思维方式上来看，定相观察是一种以直观方式把握事物本质的方法，其优点是直截了当，缺点是容易流于主观而出现判断失误，定量分析则体现了一种实证理性精神，优点是客观，根据充分而明确，缺点是比较繁琐，容易钻牛角尖，有时反而在整体上失去了准确。吴、李两位将二者结合起来，这是一种取长补短的积极努力，特别是他们针对我国翻译批评的薄弱之处，尤其强调定量方法的重要，并尽力使之落实为具体的操作方法，这种尝试无论成功与否，都是有价值的。

这套方法的问题，4.1.1.3节已有讨论，这里再补充几点。

（1）如上文所述，这套方法分析过程中的定相、定性这两步，实际上都具有明显的印象化特点，这就使得对文本的三步分析在方法上出现了失调。不一致是难以避免的，因为语言本身就有综合性，主客观两种方法没有得到很好的协调也是导致不一致的原因之一。此外，在选择重点、难点时，这套方法也表现出较强的主观性，量化在此举步维艰，客观性也大打折扣，这也可以解释为什么在全面分析、重点分析、难点分析这三种方法的实例演示中，除了全面分析以外，重点分析和难点分析实际上都没有定量的部分。

（2）15个语言平面的等值度相加之和即为整部作品的等值度，这个思路听上去是很有道理的，但真正操作起来，就显得比较机械而繁琐，翻译批评因此变得乏味，就像教人认识世界的教育落入了分数的黑洞，文化素质和人文精神都被变为多项选择题一样。

（3）由于制约翻译标准的因素非常多，即使是一个简单的语言项目（或语言平面），原、译文之间何谓“等”，“等”到什么程度，也不易用同一种标准准确测定。上述分析过程中以句子为基本单位的定量分析就存在这个问题，比如英汉语的句子切分不可能完全一样，等值度如何得出，的确需要费时间好好琢磨。

2. 以“原则—参数”为框架的译本评析方法

第二种比较有特色的基于文本整体的翻译批评方法是由以下两套方法共同构成的，其共同点为“原则—参数”这一基础框架。“原则—参数”理论原是一种语法理论，翻译学借用其思路来探讨翻译标准问题（参见6.3.1.2节）。

（1）曾利沙（2000）：作者认为，多种译本比较式的翻译批评应具有客观实证性，因此要以完整的语篇（译本）为评析对象，注重整体性和系统性，评析方法是建立一套系统的批评参数，分为两个层次：

① 宏观层次的参数：根据原作题材、文体功能和翻译目的所确定的相应的翻译原则；

② 微观层次的参数：主要是各种意义的传达。

作者举的例子是一篇文学性散文的翻译，系统评析参数因此确定为：

宏观层次的原则参数：信、达、雅；

微观层次的意义参数：情感意义、形象意义、逻辑意义、风格意义。

显然，作者观念中的微观层次，即文本内要素，是以意义理论为基础的，所以对译文的分析、评论主要是观察各种意义的传达情况。

（2）何元建、卫志强（1998b）：作者是最早将“原则—参数”理论引入翻译的研究者，尝试建立一套能够解释和预测翻译现象的原则和参数体系，具体做法是：按照描写译学的经验方法，即观察、描写、解释，对译作篇章中的语言现象进行观察和描写，根据得出的定量信息，推测和假设出译者所遵循的翻译原则和制约翻译过程的参数，通过对大量的翻译实例进行这种描写，积累资料，最终建立起这样一套体系。

也就是说，和曾利沙先设定原则、参数再分析的方法相反，何、卫的方法是从分析中得出原则和参数。

何、卫分析的对象是《源氏物语》的两个译本，所观察的语言现象是句式分布与译本篇章结构的关系，推测出的翻译原则是可以通过控制句式的分布，重复某种篇章结构。

有一点是发人深思的。这两种方法和吴、李模式一样，也是借鉴国外有关理论形成的，这无疑是二十多年来翻译界开拓视野，积极引进当代译论并使之与汉外翻译实践相结合的成果，但另一方面，翻译批评也期待着汉语语言学研究的发展能够提供更多的理论资源，使我们可以拥有更适应汉语特点的文本分析类批评方法。

参考阅读书目：

Reiss, Katharina. *Translation Criticism — The Potentials & Limitations*, tr. by Erroll F. Rhodes, Manchester, UK: St. Jerome Publishing, 2000 (first published in German in 1971)（上海外语教育出版社2004年版：《翻译批评——潜力与制约》），Part B.

Munday, Jeremy: *Introducing Translation Studies: Theories and Applications*, London & New York: Routledge, 2001, Chapters 5 & 6.

回顾与扩展思考：

1. 翻译批评能不能没有方法？——什么叫“没有方法”？
2. 进行各种批评方法实验，比较其优缺点。——不同翻译批评方法的优缺点是相对于什么而言的？

第二编
翻译标准研究

第五章 翻译批评的依据：翻译标准

5.1 引子：翻译标准的是与非

前几年有一篇文章题为“翻译标准多，何以断是非”（彭长江，2000）。如果先不忙着断是非，倒是可以结合文章的内容对下面几个问题作一番思考，将它们作为开始讨论翻译标准问题的一个引子：

（1）这篇文章讲得有没有道理？作者为什么会想起来写这么一篇尖锐激烈的文章？

从鲁迅的多种译本论（罗新璋，1984: 277），到奈达，到德国功能主义目的论，从接受美学、对话理论（同期吕俊文）到解构主义，接受者地位的上升对翻译和翻译批评的标准有什么影响？

（2）该文明确表示“翻译不是创作”，而意大利美学家克罗齐认为“翻译是创作”（张振玉，1992: 3），他们各自想说的究竟是什么意思？各导致什么样的翻译标准？

进一步想：对翻译本质的认识和对翻译标准的认识之间是什么关系？

再进一步：什么叫“翻译观”？（“观”：mentality, outlook, philosophy）

假设谈的都是文学翻译，在这两种看法中，你同意哪一种？如果不是指文学翻译呢？

翻译到底有没有创造性？为什么有或没有？具体是什么意思？

（3）翻译究竟有没有标准？如果有，是什么？如果没有，……？

对这些题目未必都能简单地回答一个是或者非，而现实中在与这些问题有关的情况下译者又必须做出某种选择，既有选择，就有是非，其中道理何在？翻译批评如何做出解释？就一般情况而言，翻译标准问题更像是一个多棱镜，在不同的条件下反映出不同的光芒和色彩。我们不能以非黑即白论天下，但同时翻译标准也并不是虚无得没有了是非。围绕着翻译标准，确实还有很多问题需要弄清楚。这些正是本书作者感兴趣的地方，也希望书中的讨论能提供一些解答这些问题的思路，包括对一些重要观念、概念、方法的了解和理解。讨论的主要方法是：①寻找大体上有共识的部分，然后再在尽量廓清概念的基础上，讨论那些有争议的、不清楚的、待开拓的问题；②对于其他论者已经基本上说清楚了的问题，提出补充意见，或提供一些新的视角。

下一章，即第六章，主要由三个部分组成，这三个部分曾作为三篇有内在逻辑联系、体现专题研究进展的论文发表[1]，这次将其合为一章，形成一个完整的论证过程，为了便于查阅，只作了一些文字衔接上的调整。由于论文写作特点所限，一些问题无法在文中充分展开，特别是对翻译标准研究理论背景的深入讨论。本书第五章因此可以视为在阅读第六章之前的准备，以及对第六章的补充，具体内容是：首先清理讨论的出发点，回顾理论界关于翻译标准的讨论，对一些比较有代表性的翻译标准论作出评述，然后回头来看翻译作为一个行业所实行的职业性标准，以与理论界的讨论形成参照。最后一节集中讨论翻译标准研究中的哲学观念和方法，既是回顾、整理、评述，也是提炼，同时与第六章衔接。

5.2 讨论的出发点

5.2.1 标准问题的重要性

无论是对于传统的经验性的、文学性的翻译研究，还是对于以严格的现代语言学为基础的翻译“科学”研究，翻译标准问题都是一个重要课题。当代译论文化学派或许对翻译标准看得不是那么重，但在实质上，文化学派和其他许多以翻译学作为本体研究的论者，在这个问题上的本意并不是要抛弃翻译标

1 《外国语》1999年第3期；2001年第4期；2004年第6期。

准，而是要抛弃那种对翻译标准一刀切式的刻板认识，建立一种多元的、多维度的、动态的翻译标准观念。

理由很简单：在翻译实践中，翻译标准是首当其冲、必须解决的问题。不管理论界怎么说，做翻译不可能没有标准。

理论界也的确非常重视翻译标准研究。20世纪后期翻译语言学派的代表人物之一沃尔夫拉姆·威尔斯（Wolfram Wilss）曾借用他人的话说："翻译学的一项主要任务就是要制定出一种以经验为依据而又可用作评估翻译等值的标尺。"[1]（沃尔夫拉姆·威尔斯，1988: 140）这个标尺（yardstick），就是标准。

5.2.2 翻译标准讨论的中心问题

以结构主义性质的"对等"（equivalence）为翻译标准核心概念的翻译语言学派的另一位代表人物卡特福特（J. C. Catford）曾说："翻译实践的中心问题是找出目的语中的对等译法。翻译理论的一个中心任务是确定翻译对等的性质和条件。"（Catford, 1965: 21）如果把"对等"从僵硬的理解中解放出来，将其用于指一般意义上的翻译标准，那么，翻译标准的性质（nature）（是什么）和条件（conditions）（在什么情况下）确实是两个最根本的问题。

事实上，翻译界绵延不绝的翻译标准讨论，直至当代最新的译学理论，归纳起来，也无非是以下这几个问题：

第一个也是最核心的问题是：**译文和原文之间究竟应该是什么关系？**是尽量靠近（相似）直至重合（对等，复制），还是有一些联系就行，甚至干脆就是借鸡生蛋，原文只是个引发灵感的来源？

对这个问题，翻译界传统的共识很像是一个三段论：

（1）译文必须忠实于原文（或称为如实地反映出原文的本来面貌），这是翻译与创作的根本区别；

1　这是该书节译本里的译文。根据Wilss德文原作的英译文（Wilss, 2001: 152），这句话里的"以经验为依据"这个译法意思有些含糊，需要作些解释：这里的英文为empirical，指基于实际经验，在方法论上指经验科学、实证方法。与思辨方法相对，这种实证方法主要是调查、实验、试验等重证据、重数据、重科学性的方法，与凭经验办事并不是一个概念。Wilss的翻译理论以语言学为基础，同时处处体现着德国学者一贯的精确和强于逻辑，这本书的书名就是《翻译科学》（*The Science of Translation*），以此来看，这里的empirical理解为以经验科学为依据的实证方法应该更符合他的原意。

（2）由于绝对忠实是不可能的（这的确早已是共识！），

（3）所以，翻译标准就应该是尽可能地忠实于原文，力争在最大程度上再现原文。

在当代译论的影响下，这些共识似乎变得模糊了，部分原因是表述方式的影响（如尽量使用体现描写性、客观性的语言），部分是因为要考虑的相关因素增加了，或者说是对某些相关因素比过去重视了，这种重视甚至发展成为一些颠覆性观念，对传统观念形成冲击，如认为达到特定的翻译目的是最重要的，原文只不过是一个供选择的资源而已。

尽管如此，当代译论在客观上所起到的作用主要还是开阔视野、丰富思想，上述共识仍然比较普遍地存在着。

和第一个问题有密切关系的是：**如果说译文必须忠实于原文，或者说译文和原文之间必须建立某种联系，那么“忠实”或者说这种联系的性质是什么？**也就是说，怎样才算“忠实”：在哪些方面？（“义”还是“意”？）包括哪些要素？以什么为准？（原作本意？译文效果？）或者说“忠实”是相对于什么而言的？

紧随着第二个问题的是：**这种“忠实”或联系的限度是什么？**即到什么程度？为什么？或者说在什么情况下忠实？这也就是它的最大可能性和形成这种可能性的制约因素的问题。

忠实于原文的可能性和可译性有关，而翻译学一个历史悠久的课题就是可译性问题。我国唐代玄奘就有“五不翻”（罗新璋编，1984: 50），至今许多翻译教材里都介绍不可译现象的处理，西方翻译理论中更是把可译性列为核心问题之一（蔡毅，1995）。然而，这个历史性问题在当代却似乎要走向终结了：由于交流的扩大，社会上对译文的宽容度提高，同时翻译界也积极探讨这类问题的处理方法，所以现在究竟还有哪些东西真的“不可译”，也需要重新审视了——就连文字游戏，都可以用加注的办法说明。但是，那还算是翻译吗？这就是限度，最终不得不用放宽翻译的定义来补救。

可译性与可读性也是相关的。可读性既指文字的流利程度、难易程度，也指内容的深浅和趣味性。比如一个“孝”字，说它不可译，是指无法同样用一个字译出，如果加一堆说明或注解，大体意思是可以传达了，但文字增多，就改变了原文表达方式方面的一些特点，包括句子的可读性。或许正因为如此，翻译标准的第二条往往是“忠实于原文的语言风格”，以作约束。如果完全向译文的可读性倾斜，以解释或“稀释”为主要方法，放弃一些别的要求（翻译的确也是一种常因被迫放弃而留下遗憾的艺术），那么，的确就没有什么东西是真的不可译了：只要译者能懂，也能设法让读者看懂，就能译出。电视台采访著名翻译家杨宪益先生，谈到《红楼梦》的英译，主持人问及中国文化中那许多深奥的东西如何译得出，杨宪益先生只是淡淡地说：“译得出的，都能译得出。”这句话令人印象深刻。

以上三个问题，就其性质而言，第一个问题是基础的，总管全局的，第二和第三个问题反映了一个问题的两面，即一种努力和这种努力的限度。卡特福特那两句话，说的也正是这三个问题。

5.2.3 翻译标准和翻译批评标准

出于澄清概念的需要，本书前后有几处都谈到翻译标准和翻译批评标准有所区别，但又经常被当作同一个问题来看。这一节试做一个比较详细的说明。

首先从宏观上看，译者心目中的翻译标准和批评者所持的标准不会完全一样。这至少有两个原因：

其一，译者本身也包括在批评者的观察范围之内。译者大可把标准定得很高，而批评者的标准中既有对译者的要求，也有对译者的理解，和译者对译文的精益求精不是一回事。

其二，译作一旦产生，译者于当时当地的各种理解和思考就都凝结在了作品之中，批评者作为后来的阐释者，自有另一个当时当地的背景和与之相应的批评目的，对译作的观察标准也就建立在了另一个基础之上，这种时空的差异，或者说是一种“场”的差异，使得批评者和译者的标准不可能完全一致。

以上可以说是源自不同视野的差异。在一些具体的特点上，这两种角度观照下的标准也有区别，比如标准的实行过程、实行中的考察单位以及对标准的意识程度等等。

对译者而言，一般的做法是先考虑一个大体的翻译标准或翻译原则，然后在操作过程中逐渐使之具体化。由于语言现象的复杂性，每一处细节都可能涉及许多不同的具体因素，因此译者心目中的翻译标准一般也就是个总的指导原则，处理具体问题的时候再结合具体情况作比较细致的考虑，然后作出选择，即所谓具体问题具体处理。甚而言之，译者有时会“忘了”标准，只是在下意识中以自己的语言能力、文化修养、翻译经验等所形成的直觉去尽力地译，事后回想起来，稍微清晰一点的，也就是那个大体的原则。这个大体原则的考察单位往往是整个语篇，这个大体原则在操作过程中从篇章到句群、到句、到词，逐渐落实，呈现出一个从大到小的观察和落实过程。当然，在这个过程中，译者会反复观察语篇、上下文这些宏观因素和微观的具体语言项目之间的关系，而不是一次性地从大到小解决问题，加之除译者身份外，译者还可以设身为读者、评者或原作者，从不同角度反复看，由此形成“双向或多向对流”的思维特点。尽管如此，从大到小逐渐落实这个总体倾向还是存在的。认知语言学认为，话语的理解过程是由下（较小的语言单位）至上（较大的语言单位）的，而话语的建构过程是由上至下的，即由较大单位到较小单位逐级落实。翻译标准的落实过程也就是译文的建构过程，其特点与认知语言学的这一发现是吻合的。

批评者的情况就有所不同了。面对已经形成的译作，观察角度往往是从结果出发，标准一般也都尽量设定得比较具体、比较清晰，然后我们用这个标准去衡量译作，回溯翻译过程，判断译者的思路。翻译批评标准的考察单位主要是语篇，脱离语篇去检验具体细节的翻译状况是缺乏根据的。就从语篇入手这一点而言，批评者和译者是一样的，只是批评者没有一个从大到小的落实过程。常规意义上的翻译批评都具有较强、较明确的标准意识（否则即无法“批评”），或者说对标准始终是有意识地把握，不会“忘记”，这一点和那些凭直觉和经验出入于“此山中”的译者的行为显然不同。当然，翻译批评并不只限于作出是非好坏的判断，还包括评论、解释、说明，但即使是重描写的现代翻译批评，只要其中包含着判断，就必然有标准意识，否则连如何论证都成问题。说到底，现代翻译批评的特点并不是没有标准，而是说它的标准是多元化、动态化的。

除了以上这些不同之外，翻译标准和翻译批评标准在很多情况下是可以重合的，模糊一些，也可以作为同一个问题来讨论，其中最主要的原因就是：翻译批评者总要站在译者的角度来看翻译。

5.3 翻译标准研究回顾

首先需要说明两点。

其一，翻译理论本身与实践有着密切的联系，关于翻译标准的讨论尤其如此。无论中外，特别是绵延千年的传统译论，有很多都是实践经验的总结。这些总结有些虽然已经提炼到了相当抽象的程度，照现在的眼光来看，仍然是体系不清晰，概念也不很明确的，只包含一些彼此之间隐含着某种联系的观点，然而这是一定历史时期内的学术发展所形成的特点。一些观点至今也还存在着，并不能说它们就不是理论。

其二，翻译理论在起源时无疑吸收了很多其他学科的养分，它的发展也需要多学科理论途径的协助，在这个过程中，翻译学逐渐建立起自己的主体，而翻译标准研究，就是这个主体中的一个主要部分。正因为如此，尽管在这些讨论中不时可以看到其他学科的影子，但无论这些论者是否明确地意识到这一点，讨论的内涵始终是以翻译学这个本体为基础的。

根据侧重、起源、理论特征及影响程度，以往有关翻译标准的各种理论可以归为五种：

（1）源于翻译经验和写作理论的信达雅与三原则；
（2）源于美学思想和文学理论的神似、化境与文学翻译创造性理论；
（3）以语言学等多学科理论为基础的对等论；
（4）以跨学科流派思想为基础的功能主义等翻译标准论；
（5）以哲学观念和哲学方法为基本特征的翻译标准论。

这五种翻译标准论中，对等论和功能主义标准论主要属于西方现代翻译理论这个范畴，本书第六、七两章都会涉及，近年来翻译界谈得也比较多，所以这一部分里只作提示性和补充性的简要评述。对第5种主要是进行整理、归纳和提炼，因为其和第六章有关，而且是本书的重点之一，所以放在5.5节单独讨论。

5.3.1 信达雅与三原则

"信达雅"是严复在"《天演论》译例言"（罗新璋编，1984: 136—

138）中对译事之难的感慨，也是一种经验总结，一百多年来摇而不倒，堪称具有中国特色的翻译标准论。据严复本人解释，这三字源自儒家经典中“修辞立诚”、“辞达而已”、“言之无文，行之不远”这三条“文章正轨，亦即为译事楷模”，所以是可以作为标准看的。

三原则指的是泰特勒（Alexander Fraser Tytler）的翻译三原则，由郑振铎于1921年引入（罗新璋编，1984: 369—382），许多著作和教材中都有介绍。

关于严复的信达雅，翻译界的讨论已经相当多了，近年的专著中有沈苏儒（2000）、王宏印（2003: 97—120），前者是对这三字的专项研究，资料收集得比较全，后者是将其作为中国传统译论的一部分来研究的，分析得合理、清楚，且有新意，可资参考。对这三个字，翻译界的关注和探索主要集中在以下几个方面：它的历史背景、理论渊源，它的确切含义，三项之间的关系，它对于整个中国翻译理论体系的意义，以及随着社会发展这些意义的变化等等。泰特勒的三原则因为与信达雅比较接近，也经常放在一起讨论。有关研究卷帙浩繁，已经比较深透，这里只是补充几点看法。

5.3.1.1 “达”与“信”的关系

严复说：“为达，即所以为信也。”按他的本意，使译文通达，是为了让读者明白原文的意思，因此达是为信服务的，二者不应该矛盾。实际上，翻译实践中还就是在这两个字的关系上很容易出现顾此失彼的现象，似乎忠实了就难以通顺，反之亦然，所以严复才把为文之道的底线“达”也作为三难之一。如果把“达”也理解为“信”的一部分（见5.3.1.6节），即原文本也是通达的，译文不“达”也不能称之为“信”，两者之间可能更容易协调一些。

5.3.1.2 “雅”的“坏”事变好事

三个字中，对“雅”的争议是最大的。三国时就有支谦引老子的“美言不信，信言不美”以支持其直译说，可谓一千多年前为这一争议所作的理论铺垫，由此不难理解20世纪30年代前后陈西滢等人对这个字的直接批评（罗新璋编，1984: 22, 401）。然而，最具争议之处或许也正是最具潜力之处。批评之后，翻译界开始理解其本意，关注其背景，发掘其内涵，引申其意义，并将其置入中国传统美学思想体系中去深入认识。在指导实践这个层面上，主要有三种做法：一是变其意而行之，将它解释为要讲究译文的语言[1]；二是改为别的字，如“贴”或“切”（刘重德，1984: 22），成为“信、达、贴/切”；三是干脆去掉，只留下“信、达”二字，即“信”（忠实）与“顺”（通顺）这两个翻译最基本的标准。总而言之，这个“雅”字为理论开辟了源泉，在实践中人们却无法达成一致，必须做个选择。

5.3.1.3 信达雅与泰特勒三原则的关系

由于时间上的先后（泰特勒：1790年，严复：1898年）以及其他一些因素，许多人推测严复是受了泰特勒的启发，但王宏印（2003: 103）将二者作了比较，发现其基本思想有所不同（的确如此！见下面的分析），因此，认为即便是有受启发这回事，严复也根据中国的情况对其作了改造，融入了自己源于中国文化背景的创见（如以写作看翻译）。这个看法是很有道理的。

其实，笔者宁愿把他们的共同点看成是中外翻译学者在相隔不远的历史时期对翻译中一些共同规律的共同认识，因为如果单从时间上看，泰特勒也曾被坎贝尔（Campbell）指为“剽窃”了自己的三条（1789年），而泰特勒则辩称是巧合（见沈苏儒，2000: 104）。抛开考据性质的问题不谈，从更具有建设性的一个比较宏观的角度来看，从坎贝尔到泰特勒再到严复，应该能反映出一个从模糊到清晰、大浪淘沙、百川归一的认识发展过程。将坎贝尔三条的原文（见下面）和泰特勒的原文比较，后者明确无疑的口吻显而易见，而且坎贝尔讨论的主要是宗教经典翻译，泰特勒针对的面却更广，更为世俗化，适应范围也就更大，自然能得到更多的认同。起于同时（只差一年）而独后者存，不是没有道理的，而行文精炼明确这一点和“信达雅”三个字广为流传的原因也具有共性。

另一条线索是，英国学者凯利（1979）是把坎贝尔和奈达的“动态对等”放在一起评述的，“巧”的是，按凯利的归纳，动态对等对译文的评价也是三条：第一是具有同一意义（shared significatio），第二是社会功能对等（equivalent social functions），第三是情感层次上的对等（equivalence on the

---

1　如林语堂提出的翻译标准为忠实、通顺、美，其中“美”与“雅”不同，指的是要符合原文的风味，而且是专对“艺术文”而言的，但林也认为，就以“信达雅”三字称这三条也是可以的。（见罗新璋编，1984:418）

affective level)(Kelly, 1979: 25),勉强可以与“信、达、雅”对上。奈达自己也曾提出,检验译文首先要看:accuracy of rendering, intelligibility, stylistic equivalence(Nida & Taber, 1969:163),大致相当于刘重德的“信、达、切”,同样是三条!

坎贝尔的三条原文如下:

> The first thing, without doubt, … is to give a just representation of the sense of the original. … The second thing is, to convey into his version, as much as possible, in a consistency with the genius of the language which he writes, the author's spirit and manner, and… the very character of his style. The third and last thing is, to take care, that the version has, at least, so far the quality of an original performance, as to appear natural and easy. … (Kelly, 1979: 210)

张复星撮其要旨,编译为:①正确表达原作的意思;②在不违反语言特点的前提下,尽可能传达原作者的风格;③要使译文具有“至少像原作所表现出来的那种自然、易懂的属性”。(见沈苏儒,2000: 103—104)

将坎贝尔、泰特勒和奈达以及凯利的归纳放在一起,可以比较清楚地看出他们的共同点,即比较全面地向原作倾斜,争取尽量多地保留原作特点,包括与原作同等的效果,这个思想与严复的信达雅的确是有区别的。

5.3.1.4 三项式及其他

从上面的评述中已经可以看出一个有意思的现象,就是一种对“三”的偏爱。当然,这并不是研究的内容本身,但可以反映出某种思维习惯,或许这种习惯也确实有些道理。以“信达雅”三字为例,如果将三者合而为一,翻译标准说到底就是一个“信”字,即忠实于原文(见5.3.1.6节),或许有人会觉得这太简单化了,笼而统之,实践中也不好把握。现在一般翻译教材中通行的翻译的基本标准,就是忠实、通顺,也就是把那个有争议的“雅”去掉,只留“信、达(或顺)”两字。按说这就可以了,但“信达雅”三字仍是风光不减,除了它因特定的历史背景和文化内涵所形成的吸引力以外,还有可能是因为:其一,“雅”或“切”或别的什么字补充强调了对译文语言风格的格外关注；其二，“信、达/顺”或faithfully and smoothly这种两项式容易形成一种非此即彼的二元对立错觉，不利于二者的融合、协调，而三个字即三项式就显得不那么两极化[1]。

对“信达雅”来说还有一个原因，或许不是主要的，但也很难否定它的作用，这就是它的语音和用字特点：平仄有致的三个字朗朗上口，比两个字多一个音节，让人听得清楚、印象深，又不至于字数过多有失简洁，加上三个字平实、典雅，连外行都听得懂（至少是大意）、记得住，甚至以知道这三个字为荣，表示自己也懂点儿翻译理论。这种出于内部却又来自“外围”的印象式知识，作为一种共识性的公众背景，无形中又支持了“信达雅”在翻译界的地位。这成为这三个字摇而不倒的外部因素之一。“信达雅”在这方面的成功，也值得“搞理论的”借鉴。

5.3.1.5 关于泰特勒三原则中的最后一条

为叙述方便，我们把这三条的原文也录在下面：

> I. That the Translation should give a complete transcript of the ideas of the original work.
>
> II. That the style and manner of writing should be of the same character with that of the original.
>
> III. That the Translation should have all the ease of original composition.
>
> (Lefevere [ed.], 1992: 128; Robinson, 1997: 209)

第三条的下划线是笔者加的。为了保证核对无误，引文出处用了两个，都是国外翻译界比较著名的文集。之所以如此，是因为问题就出在第三条的引文上。张鲲（2002）有文对这一条作了专门的辨析，指出国内翻译界在介绍这三条原则时，对这一条的理解比较含糊，由此形成分歧，原因之一即是有人无意中在所引原文的original composition的前面加了一个定冠词the，使意思发生了变化，泛指的本族语写作即原创性写作变成了特指的“原作”，于是第三条和第二条的意思重复。纵观所见到的各种译文，从上下文来看，有些将这一条里的original composition译成“原作”或“原文”的论者，倒也并不是完全误

1　王宏印（2003：199）也谈到了三分法与二分法相比在逻辑形态上的这种优势。

解了原意，而是没有注意到“原作”或“原文”的模糊含义，或是取了“原作”的比喻性意义，即“把译作当作原作来写”（如罗书肆）的意思。然而，无论什么原因，含糊毕竟不是准确，在张鲲所列举的八位译者中，只有彭长江（2000）的引文、理解和译文表述全都是明确无误的。

5.3.1.6 翻译标准，唯“信”一字

持此论者不在少数，如陈西滢（1929）、茅盾（1937）、朱光潜（1944）、赵元任（1967）等皆持此说，此外还有诸多直译论者。但对这一个“信”字，各家所赋予的内涵不尽相同，有的比较简单，“宁信而不顺”，有的比较丰富，如马建忠（1894）以“无毫发出入于其间”为至高标准，但其中包括了“能使阅者所得之益，与观原文无异”的“等效论”内涵（罗新璋编，1984: 126），颇似泰特勒的“I would therefore describe a good translation to be: That, in which the merit of the original work is ...”那段话[1]（可参见王宏印，2003: 102）。其实，只留一“信”字者并不是完全不顾接受者的反应，只是把对接受者的考虑化入了（fused into）[2]这一个“信”字里，以便在两端中突出重点。这种化入的根据正如钱锺书所说的“译事之信，当包达雅”（罗新璋编，1984: 23），也就是说，原文既能为原语接受者所接受，译文也应该能为译语接受者所接受，否则就违背了“信”中原文相对于自己读者的可接受性（效果）这个内涵。当然，这主要是就译文的语言而论，文化差异是另外一回事。

5.3.2 “神似”、“化境”与文学翻译的创造性

5.3.2.1 “神似”、“化境”与传统译论

1981年，三联书店在香港出版了刘靖之主编的《翻译论集》，三年后，

1　这段话的原文及王宏印的译文如下：
I would therefore describe a good translation to be: That, in which the merit of the original work is so completely transfused into another language, as to be distinctly apprehended, and as strongly felt, by a native of the country to which that language belongs, as it is by those who speak the language of the original work.（我想这样描述一下好的翻译：原作的长处应完好无损地移入另一种语言，使译入语所属国的本地人能够明白地领悟，鲜明地感受，如同使用原作语言的人所领悟、所感受的一样。（王宏印，2003:102—103）（增补版注）

2　泰特勒在上引这段话里用了transfused into这个说法。（增补版注）

商务印书馆在北京出版了罗新璋主编的《翻译论集》。由于发行的关系，内地翻译界人士一般都比较熟悉罗新璋为商务版《翻译论集》所写的序“我国自成体系的翻译理论”，特别是其中根据这一体系提炼出的“案本——求信——神似——化境”的观点。刘靖之为三联版《翻译论集》所写的“代序”题为“重神似不重形似：严复以来的翻译理论”，题目本身就说明了这两部集子在收文年代上的不同。至于对我国翻译理论基本思想的提炼，刘靖之序的最后一段是这样总结的：

> 自严复以来，我国的翻译理论经过了几个成长期，从“信、达、雅”开始，经过“字译”和“句译”，直译、硬译、死译和意译，然后抵达“神似”和“化境”，这其中有不少争论和误会，但大方向却是正确的。严复、林语堂、赵元任、胡适、傅雷、林以亮、钱锺书等人的翻译观点固然是一脉相承的，瞿秋白的又何尝不是如此！鲁迅的翻译的确与众不同，但瞿秋白在许多地方指出了鲁迅翻译的“硬”和“讹”。由此可见，在过去八十年里，我国的翻译理论始终是朝着同一个方向，那就是“重神似不重形似”，以便达到翻译上的“化境”。（刘靖之，1981: 13—14）

可以看出，刘、罗的归纳大体上是一致的。就两个序的全文来看，由于所收文献涵盖的历史时期不同，罗新璋用了很多篇幅说明中国翻译理论对“求信”于原作的重视，即便是到了“神似”、“化境”，也还不离这个中心线索，而刘靖之因为着眼于后一阶段，重点则是说明“神似”和“化境”中体现出来的对译文语言的讲究和对接受者感受的重视。[1]

傅雷对“神似”最具代表性的阐释见于其1951年出版的《〈高老头〉重译本序》（罗新璋编，1984: 558），钱锺书的“化境”说出于他著名的翻译评论“林纾的翻译”一文（罗新璋编，1984: 696）。据刘靖之（1981: 9）和孙致礼（1996: 218）的介绍，钱锺书这篇文章写于1963年，发表于1964年，后略作修改，收入1979年上海古籍出版社出版的《旧文四篇》一书。

我们知道，包括“神似”、“化境”在内的传统译论有一个源自中国古典文论的共同特点，就是用字简练，含意丰富，概念界限不清，可以有多重意义，多种理解，这就留下了很大的讨论空间，也不太容易形成比较一致的意

1　这一点点区别，如果确实存在的话，倒是可以提醒我们该讲究讲究汉语语感了！

见。然而，这一特点也的确是根基雄厚。检索文献可以看到，在翻译标准讨论中谈及“神（韵）”者远远不止傅雷，还包括提倡直译的茅盾等人。这本是一个源自中国古典美学的概念，“神、形之论”直接脱胎于东晋顾恺之画论中的“以形写神”，至今我国传统戏曲理论仍然认为，不是一味追求形似而是极力追求神似是我国传统艺术的根本特点之一[1]。在翻译界，近代以来文学翻译逐渐成为我国翻译研究的默认对象（孔慧怡，1999），与之相应的就是，出于同一文化背景的众多学者，在面对翻译标准问题时，不约而同地用上了“神”这个概念，如马建忠（神情）、瞿秋白（精神）、林语堂（传神）、陈西滢（神韵）、曾虚白（神韵）、朱生豪（神韵）、王以铸（神韵）、唐人（神韵），等等，而傅雷关于“神似”的阐述大概是最为完整而直接的，因此被认为是其中的代表。至于各家意见的异同，王宏印（2003：第十章）作了相当清楚的归纳整理，可供参考。

和“信达雅”三字具有一定的体系形态相比，“神似”和“化境”概念更为集中，内涵却更为宽泛、模糊、多义，相关讨论涉及的问题也就更为复杂。就这两个概念所形成的理论的整体而言，赞扬者多以文学翻译为观照背景，称之为翻译的最高境界，质疑者谓其“神（秘）化”了翻译，使之高不可攀，也无益于理论的发展（朱志瑜，2001），以学问观之者则集中发掘其与中国传统文论和传统美学思想的渊源关系。不管怎样，有一点笔者认为是应该明确的，即无论是“信达雅”还是“神似”、“化境”，都只是中国传统译论的一部分。

将“神似”和“化境”这两种距今不过几十年的理论也归入传统译论，主要依据其源于中国传统美学思想这一突出特点。就整个世界而言，差不多就在同一时期（20世纪中期），在相关学科语言学转向的影响下[2]，产生了与传统译学在理论方法上有显著区别的现代翻译理论[3]，随后，学术界的文化关怀和

1　见《中国大百科全书·戏曲曲艺分卷》（1983年版）“中国戏曲”词条。

2　这一转向使得语言学作为一种理论研究途径的方法论性质骤然突出，语言学方法（主要是结构主义方法）渗入哲学、文学等许多研究领域之后，成为这些领域走向现代化的一个标志，翻译研究也是其中之一。

3　据Gentzler (2001: 1-2)，现代翻译理论是在结构主义的影响下产生的，几个重要的流派都起于60年代。现代翻译理论起始的标志为Roman Jakobson 1959年在On Linguistic Aspects of Translation一文中对语内翻译、语际翻译、符际翻译的区分（Schulte & Biguenet [eds.] [1992] 和Venuti [ed.][2000] 都收入了此文），在此之前，整个翻译理论史就是直译意译之争的反复循环（George Steiner语）。

一些社会因素又引发了翻译学从理念到方法的文化转向，在此期间，虽有后现代思潮中一些颇似向传统回归的做法，如解构理论权威、回归本体本原等，但回归毕竟已是螺旋式上升性质的回归，有了新的内涵、新的关注，与传统学术自然沿袭的发展结果已经不是一回事了。

需要特别提到的一点是，人文学科的发展与理工学科的发展相比，有一个重大的不同之处，就是后来者未必居上。“居上”在此不是指占尽时尚，而是指它具有更高的学术含金量。科学进步往往意味着更接近客观真理的正确认识代替了以往的错误认识，如“日心说”代替了“地心说”，对银河系以外的了解又战胜了“日心说”。但是，谁能说古罗马的艺术落后于现代艺术？越是具有美学性质的学科，越是如此。人文学科中的很多思想是古已有之，现代的学科发展的主要任务是使之系统化、明晰化、理性化，同时结合当代现实予以进一步的检验。文科发展中新理论的出现，更大的意义在于其丰富了人们对客观世界（也包括主观世界）的认识，而不在于说明先前的理论肯定就是错的——当然，真正错的自然会被淘汰。正因为如此，文科理论、学派、流派等等经常会出现“N世同堂”[1]的现象，传统学说亦在其中。

5.3.2.2 三种观察角度

近些年来，我国翻译研究的一个热点就是对传统译论的继承和发展，有关“神似”和“化境”也已经有了很多讨论。从观察角度来看，这些讨论大体可以分为三种：第一种是从传统学术思想中去追根溯源、挖掘其内涵，也就是做一种**回溯式的观察**；第二种是将其直接运用于翻译批评实践，从中探索其意义和效能，可称为一种横向的**应用式的观察**；第三种则是从现代译学的角度来看传统译论，对其中的一些理论观点做出新的解释，或者做系统化的整理，以使之获得新的生命。这种研究实际上是在传统译论和现代译学之间所作的一种沟通，在研究方法上有一些跨学科的性质，有点像用西医的物理实验手段来验证中医的经络学说，比如用现代翻译理论中的一些观点来看“神似”和“化境”，看二者之间有哪些契合之处，因此，可以称为一种**开掘式的观察**。

这三种观察角度，第一、二两种比较常见，已经有了不少很有价值的成

1　赵世开先生在青岛的一次研讨会上论及语言学的发展时，曾谈到文科的这个特点，并将自语文学（philology）起语言学发展五个阶段形成的现状称为“五世同堂”。

果，而以第三种角度所做的观察还远未达到充分的状态。不难理解，在我国翻译理论从传统走向现代的发展过程中，这一类研究的意义和潜力都不可忽视。

翻译界有一种看法，认为在传统译论和现代译学之间做沟通工作没有必要，也不可能，因为两者的表述方式是不一样的，体现了思维方式上的不同，不具可比性，也不能硬套。这种看法不无道理，比如传统译论中的一些核心概念，如“神”，其确切的含义很难用西方译论中定义“对等”（equivalence）的那种方式来做明确的限定，这个字所带来的一些模糊联想，如下文中的“感应”，也许和语言本身必然具有的模糊性及其建设性作用有关，勉强使之明确到毫发不差的地步，让那种形式逻辑的刚性破坏了辩证逻辑的柔性，不见得是什么好事。但是，用新的理论武器来剖析过去的东西，并不等于将两者机械对比，或迫使其相互就范，而是要利用其间相对较大的反差开拓思路，取长补短，发掘思想精华。更重要的是，无论是传统译论还是现代译学，无论是东方人看还是西方人看，面对的都是翻译这种跨文化、跨语言的人类活动，这就使存在着共性认识的基础得以具备，将这些共性清理出来，无论是对现代翻译理论中的普通翻译学，还是对更为关注个性的翻译学分支，都具有基本建设的意义。

我们试以曾虚白（1929）的几段话为例：

> 其实，所谓“神韵”者，并不是怎样了不得的东西，只不过是作品给予读者的一种感应。换句话说，是读者心灵的共鸣作用所造成的一种感应。而这种感应，因为读者（当然指能透彻了解的读者）的环境、心情等种种的不同而各异，其深浅色彩因此不同，它就变成了“仁者见仁，智者见智”的一种毫无标准的神秘物。……
>
> 安诺德又主张应该以深通外国文的学者的批评为翻译的标准，我以为这也是“削足就履”的工作，因为我们不应该相信原文在我们内心的弦线上所拨出来的声音会同别人一样的。……
>
> 要言之，批评译本，若以“意似”为绳尺，还可以有绝对的标准，若以“神似”为绳尺，其标准即算有，最多也不过是相对的；那就是看他能否把原书给他的感应，忠实地，丝毫不差地表现出来。
>
> （罗新璋编，1984: 410, 412, 413）

第一段话看起来是对“神韵”说的激烈批评，其实不然，曾虚白自己也是主张翻译要注重传达原文神韵的，只不过在前文论战口气的影响下（批评陈西滢将“神韵”说得过于飘渺），这里无意中也把“神韵”逼到了“神秘”的地步，眼睁睁地走向了无标准。把三段话连起来，应该可以比较清楚地看出他的本意，主要是强调两点：一、“神韵”是作品在读者心中引起的一种感应；二、因各人所得感应不同，“神似”只能是相对的。

用现代翻译理论来看曾虚白对“神韵”和“神似”的认识，至少可以做这样一些解释：

（1）理解是读者与作者之间的交流，是有呼有应的“双向”活动，这正是今日对话理论的基本观点。

（2）译本效果主要看读者反应，这是对接受的重视。

（3）读者反应受多种因素制约，不可能全都一样，这是对等效论的质疑。

（4）对译者心理活动的探讨，和对译者资质的要求，属于现代译学中对翻译主体的研究。

（5）传达信息和传达效果可以作为两种不同的翻译批评标准。

可以这样说，直到20世纪80年代以前，我国的翻译研究还极少具有系统意识，散论仍然占据着主流[1]，除此以外的另一个特点就是核心术语概念不清。这两个特点在客观上形成了我国翻译理论研究难以取得突破性进展的两大症结。如果能对我们在此之前的众多研究成果做一些系统化的整理，包括以清理概念的方式做一些理论提炼，相信会为我国翻译学基础理论的建设提供一个丰富的资源。

5.3.2.3 许渊冲的“竞赛论”

这是我国新时期以来出现的一种颇具争议的翻译标准论，在翻译界内外有一定影响，形成影响的原因主要是两个：（1）论者本人的翻译作品（中诗英译、法译）因由Penguin Books、中国对外翻译出版公司等在国内外出版而享有声誉；（2）1995年，由上海《文汇读书周报》发起关于《红与黑》译文的

1　报载杨振宁先生在北京“2004文化高峰论坛”上谈到，中国传统的思维方式重归纳，不重推演（我们知道，推演是论证的重要手段），主要方法是摆事实，次序没关系，重要的是最后的结论。这就是散论。这是直观式思维的特点之一，也许不能叫缺点，但翻译界许多“炒冷饭”乃至无谓之争都与这种“论证”方式有关，这样，它就成了一种缺点。

讨论，讨论中涉及文学翻译理论中的一些重要问题，翻译界、出版界、文学界许多知名人士都参加了讨论，甚至发生激烈争论，而处于漩涡中心的，就是许渊冲的“竞赛论”。其主要观点为：

文学翻译的最高标准不是钱锺书所说的“化境”，而是“还要更上一层楼”，或者说，“文学翻译的最高标准是‘化’，还有所不足，还要发挥译语优势”。“文学翻译是两种语言文化的竞赛，是一种艺术；而竞赛中取胜的方法是发挥译文优势，或者说再创作。”为什么要竞赛呢？因为“文学翻译的最高目标是成为翻译文学，也就是说，翻译作品本身要是文学作品”。“译作和原作都可以比作绘画，所以译作不能只临摹原作，还要临摹原作所临摹的模特。”“竞赛”也就是看谁的“临摹”更具有艺术价值，这样就有了“译文胜过原文”即译作超越原作的可能，而“竞赛”的目的是将中国文学的精华引入世界文学之中。（以上引文见许钧主编，1996: 282—291, 72—73）

许渊冲的翻译理论其实包含不少内容，可以形成一套翻译标准论，比如他很早就提出来的译诗“三美”说（意美、音美、形美），他对翻译腔的激烈批评也得到了很多共鸣。客观地说，译文可以超越原文的思想并不是自他而起，下引钱锺书的一段话可以证明，但理直气壮地要主动与原作“竞赛”却的确是他提出来的。

钱锺书的这段话是：

> 词章为语言文字之结体赋形，诗歌与语文尤黏合无间。故译诗者而不深解异国原文，或赁目于他人，或红纱笼己眼，势必如《淮南子·主术训》所谓“瞽师有以言白黑，无以知白黑”，勿辨所译诗之原文是佳是恶。译者驱使本国文字，其功夫或非作者驱使原文所能及，故译笔正无妨出原著头地。克洛岱尔之译丁敦龄诗是矣。（钱锺书《谈艺录》372页，转引自许渊冲“答疑·补遗·声明”，《文汇读书周报》2000年1月29日第2版）[1]

1　钱锺书的《谈艺录》写作始于1939年，1941年在上海完成。很多文章也提到，“竞赛论”最早的来源应是古罗马著名教育思想家昆体良。（增补版注）

反对“竞赛论”的主要观点体现于对翻译本质的认识上，即翻译与原创作品在本质上的区别使其不能脱离原作自行其是（如孙致礼，1999: 43—44）。除此以外，还有专门针对“发挥译语优势”的批评，最近的如：“在翻译界有一种高论，叫做‘发挥汉语的优势’。这个高论令人困惑，我觉得每种语言都在非常称职地为操这种语言的人服务，怎能谈优劣？”（陆谷孙，2004: 141）此话不错，正如对各民族文化不能笼而统之地谈优劣一样，但据笔者揣摩，许渊冲的原意倒不是比优劣，而是说要注意汉语（译入语）本身的特点，充分利用这些特点，尽力避免“翻译腔”，使得汉语译文更为地道（许氏的要求比这还高：要精彩，要“胜过原文”），以提高汉语译文的语言质量。

近年来，在翻译文化批评的影响下，翻译史上“不忠实的译作”取得成功的现象得到了越来越多的理解，人们看到，无论译作是否忠实于原作，译作在文学史上的影响超过了原作，总是和译作所处的文化环境有直接关系，这可以用接受理论来解释，也可以用功能主义的翻译目的论来解释，而文学翻译作品必须也具有文学价值（如果译作也希望成为文学作品的话）、文学翻译是一种创造性的活动这些观点本来就是翻译界普遍认可的。在这种情况下，“竞赛论”看上去也不像前几年那样刺眼了。但是，不同意见仍然存在，核心问题就是能不能把它看成一种翻译标准，其内在原因，除了有对翻译本质等理论问题的认识有差异以外，主要就是对翻译质量的担心，对胡译、乱译的警惕。

笔者认为，无论我们是否赞成其中的所有观点，这一“论”还是值得注意的。应该看到，和温文尔雅的“化境”相比，“竞赛论”可能因观点偏激而难以让人接受，但它也有更为丰富的内容（参见许钧主编，1996: 282—291），涉及翻译标准问题的许多方面。多元化的中国翻译界能容得下德里达的解构主义，着力发掘其积极意义，能不在乎韦努蒂的偏激而尊其为大家，能理解西方译论对“译者隐身”的不满，就应该也能宽容作为一家之言的许氏“竞赛论”，也发掘一下其中的积极意义，让墙内的花也香起来。

5.3.2.4 域外话语：文学翻译的创造性

在西方翻译理论史上，早期的翻译研究与我国传统译论有许多共同之处，比如同样重体验、重文学，也讲“神”（spirit），也同样以散论形式出现[1]，如果说有什么区别的话，那就是我国传统译论似乎更重感性，更重实用，更为具体。“神”、“化”之论算是比较抽象的提炼了，同时也引来了各种解释和争论，而西方译论自古代起就一直比较注意吸收哲学、美学、文论等各种学科的理论来说明翻译中的现象。从这一点来看，现代文论、现代语言学和当代文化理论的发展能在不长的时间内催生出西方现代译学的各种新理论，实在也是一种学术传统上的结果。与此同时，以哲学思辨性为主要特点的讨论至今也仍然作为西方译论中的一个部分存在着（可参见Munday，2001：第十章）。

细分析起来，追求“神似”以达“化境”的过程涉及译者心理、审美、创作等许多翻译和文学理论问题，其中一个比较突出的问题就是文学翻译的创造性，“创造性”在此既可以作为过程特点来理解，也可以作为对结果的衡量来理解，它关系到译者对翻译怎么看，也就自然关系到对翻译标准如何把握。

这一章“引子”里提到的意大利美学家克罗齐关于“翻译是创作”的观点，在从事文学翻译的中外译者中都有许多支持者，只是具体解释和考虑的角度有所不同罢了。比如上文谈到许渊冲就认为文学翻译是一种创作，其根据是译作也必须是艺术品，这一点甚至可以战胜它与原作的联系。翻译界熟知的庞德（Ezra Pound）通过懂汉语者的译文转译中国古诗就是一个典型的例子。乔治·斯坦纳（George Steiner）曾给予高度赞扬，说它“竟能比直接从原文翻的译本更能反映原作的面貌”[2]，他译的李白诗“比威利的译文更接近李白

1 可参见Munday (2001)第二章的介绍，Venuti (ed.)(2000) 所编文集中前两个时期的文章，以及Robinson (ed.)(1997)所编文集。Robinson这本文集选的全都是20世纪以前的文章，编者说这主要是为了补以往几部译学文选之不足，但这实际上也反映了编者自己的某种偏好和看法，比如他说看来看去，这些人无非是你读我的、我读你的，互相争论、彼此误读，都是为了解释自己的做法，而我们看了这些文章，也不过就是做同样的事罢了（见该书“编者序”）。把两千多年的讨论（书中最早的论文出自公元前五世纪中期）归为这么一回事，怎么看也像是有点玩世不恭，但另一方面，从这里也能看出现代翻译理论产生之前翻译研究在方法上存在的问题及其形成的结果。

2 这句话的原文是：Paradoxically, scandalously perhaps, these constitute an ensemble of peculiar coherence and they are, in one or two cases, superior in depth of recapture to translations based on actual knowledge of the original. The notorious challenge is, of course, that of *Cathay* (1915). (George Steiner, 2001:376) 从文中所用的词语来看，斯坦纳也认为这是翻译界中少见的情况，只有如庞德这样有“特殊能力”的译者才能做到。注意到这一点，有利于比较冷静地看“译作胜过原作”这种现象，从中领会积极的意义，而不是消极的放任。

的原作”，因为“他有一种特殊的能力”，能实现从原作者到自身的“由此及彼的演变”，而这“乃是翻译这门艺术最重要的诀窍”（This insinuation of self into otherness is the final secret of the translator’s craft）。（George Steiner, 1987: 100—106；2001: 375—378）斯坦纳的角度是对译者心理和读者接受心理进行分析[1]，属于当代译论文化学派的多元系统论则从接受环境这个宏观角度对这种现象作了很有说服力的解释和理论上的支持。西方译论中至今也还有许多人在关注文学翻译中的创造性问题，研究的方法、角度各不相同，总的特点还是如前文所说，比较注意运用相关学科的理论新成果来说明问题。（可参见Beylard-Ozeroff etc. [eds.], 1998；Bush和Malmkjær [eds.], 1998；Boase-Beier和Holman [eds.], 1999）

谈到文学翻译的创造性，不能不提及苏联翻译理论的文艺学派。[2]这个学派最具代表性的口号就是“为翻译艺术中的创造性原则而斗争”，提倡的是“现实主义翻译”方法。这里的“现实主义”一词借自文学理论，指的是译者要如实反映原作的艺术现实，即有别于第一性的生活现实的“第二性的特定的现实”。总之，要忠于原著，并使之成为艺术品。这一学派的代表人物是加切奇拉泽，从他的著作里看，他的理论视野并不狭窄，有别林斯基、列宁，也有西塞罗、奈达，但理论基础主要还是来自文学创作理论。出于和苏联翻译理论语言学派论战的背景，也出于特定年代里某种思维方式的影响，书中语言火药味比较浓，斩钉截铁，不容置疑，还带有一定的意识形态色彩。排除这些因素来看，这个理论最突出的特点就是观点鲜明，强调文学翻译是艺术因此具有创造性，反对机械复制。

翻译中的创造性的确是一个值得探讨的问题，比如它究竟指什么，可以到什么分寸。下面只就“原创性”这一点谈谈看法。

文学翻译的特点包括：原创性（original）、主体性、直觉性、富于想象

1　斯坦纳谈到，人们喜欢庞德的译诗是由于译作意境符合人们头脑中对中国的印象，即一种Western invention of China，换言之，庞德和他的读者都喜欢这种译诗不是因为他们对中国知之甚多，而是因为他们知之甚少，这种情况对译者来说甚至是件好事（a paradoxical advantage）。（George Steiner, 2001: 378, 380）

2　有关这个学派的情况可参见中国对外翻译出版公司编《外国翻译理论评介文集》（1983）一书中蔡毅的介绍文章和加切奇拉泽的《文艺翻译与文学交流》（1987）（编译本）。

力，以及需要智慧（Baker [ed.], 1998: 127）。原创性的本意应该是指一种积极意义上的独创，一方面，它是建设性的，即争取把事情做好的（反之则是破坏性的）；另一方面，在它之前，没有出现过同样的东西，它只属于创造者自己（即所谓“只有他能拿得出来”）。对文学创作而言，这种独创性体现为独树一帜的原发性创作，是一种个性，有可能离经叛道，但对翻译而言，笔者认为，这种独创性并不离经叛道，而是恰好中规中矩——翻译标准的“规矩”可不是那么好“中”的！换句话说，文学创作的创造性既可以表现在手段上，比如以语言风格取胜，也可以表现在内容上，比如以主题的惊世骇俗取胜，而翻译的创造性主要是表现在手段上，比如语言的精彩运用，比如以什么方式（包括对内容的删减调整）比别人更加完美地达到翻译标准的要求，以满足特定的翻译目的。甚至可以说，和创作相比，翻译难就难在要“中”翻译标准这个规矩，高手佳译妙也就妙在这里。翻译是选择的过程，要在翻译中达到既准确又传神的效果，或者要通过翻译达到劝诱或宣传的目的。别人说不出来、做不到，某个译者说出来了、做到了，就是因为他独具慧眼的选择形成了创造性的语言运用，使得译文同时满足了多种要求。平庸的译文往往只是大体意思不错——“过得去”，有创造性的译文则让你觉得精彩——“非这样说不可”，没有创造性就达不到那种效果。以翻译标准为界，如果“创造”得过了头，“过犹不及”，同样是没有达到要求，自然也不能得到认可。这种创造性，是译者对翻译原则的准确把握和他自己丰厚的语言积累、炉火纯青的语言运用能力等几个方面相结合的产物。从这个意义上说，翻译也具有原创性，只不过与原作的原创性相比，应用的范围和性质不同罢了。

这样来看翻译的创造性问题，创造性也就并不仅限于文学翻译，尽管文学翻译中创造性可能体现得更为充分。南京的古南都饭店，“古南都”三字的英文是Grand；卖电脑的商场，名为“百脑汇”，让人想起“百老汇”，一看英文，却是Buy Now！谐音、意义，还有对南京人“脑”、“老”不分的故作糊涂，令人无话可说、只有称绝：亏他想得出！这就是创造性。

在为人称道的佳译中，有些是只要稍加注意就可以达到的，比如下例（出处为1.3.2节提到的Dreams Do Come True的回译例子）：

英语原文：I was short, shorter than my younger brother John, and I had black hair and slit eyes. (Jim Bishop: Dreams Do Come True)

汉语译文：我黑发细眼，长得矮，矮到比不上弟弟约翰。

英语译文：As for me, I had black hair and a rather unremarkable pair of eyes. I was short then, even shorter than my younger brother, John.

比较三句中划线的部分，可以看到结构惊人地相似，两种英文的措辞几乎完全一样，而汉、英两种译文又分明是地道的汉语、地道的英语，让人佩服译者的语言功力。尽管如此，这类处理方法见得多了，在实践中注意学习运用，还是可以掌握的。然而还有一些令人称绝的佳译，唯有多年的文化修养和相当的语言功力可以成就，那种对语言的创造性运用更是独具一格，堪为后人开某一类翻译方法的先河。典型者如王佐良译培根散文的那种“信”，不仅在内容上，而且在文风上，同一篇*Of Studies*，前后数种译文，难有在这一点上可以与之媲美的。以下是其中最为人熟知的几句，包括王译在内，共有九种。细细比较可以看出，好的译文自有其独特之处，后来者有取长补短自成一路的，模仿者却也有弄巧成拙的，而王佐良的译文独树一帜，可以说让培根那种警句式的语言在汉语中也获得了警句式的生命，这或许就是培根散文的“神”吧。

Of Studies

Studies serve for delight, for ornament, and for ability. Their chief use for delight, is in privateness and retiring; for ornament, is in discourse; and for ability, is in the judgement and disposition of business…To spend too much time in studies is sloth; to use them too much for ornament, is affectation; to make judgement wholly by their rules, is the humour of a scholar.

Francis Bacon (1561—1626)

论学问

读书为学底用途是娱乐、装饰和增长才识。在娱乐上学问底主要的用途是幽居养静；在装饰上学问底用处是辞令；在长才上学问底用处是对于事物的判断和处理。……在学问上费时过多是偷懒；把学问过于用作装饰是虚假；完全依学问上的规则而断事是书生底怪癖。

（水天同译，1939）

谈读书

读书足以怡情，足以傅彩，足以长才。其怡情也，最见于独处幽居之时；其傅彩也，最见于高谈阔论之中；其长才也，最见于处世判事之际。……读书费时过多易惰，文采藻饰太盛则矫，全凭条文断事乃学究故态。（王佐良译，1980）

说学

学之为用有三：充娱乐、供装饰、长才干也。

充娱乐主要见之于退居独处之时，供装饰于谈吐之顷，而长才干则于事务之判断处理。

……

以过多之时日耽溺于学便是怠惰；以其所学悉供装饰便成虚矫；断事以书中之规律绳之，便又是文人学士难改之积习。（高健译，1983）

论求知

求知可以作为消遣，可以作为装饰，也可以增长才干。

当孤独寂寞时，阅读可以消遣。当高谈阔论时，知识可供装饰。当处世行事时，知识能增进才干。……

读书太慢会弛惰，为装潢而读书是自欺欺人，只按照书本办事是呆子。（何新译，1985）

论读书

读书可供消遣，可供装饰，也可以增长才干。为消遣而读书，常见于独处退居之时；为装饰而读书多用于高谈阔论之中；为增长才干而读书，主要在于对事物的判断和处理。……读书费时太多是怠惰；过分的藻饰装璜是矫情；全按书本条文而断事是十足的学究气。（黄宏煦译，1993）

论学问

读书是为了娱乐、装饰和增长才能。其娱乐方面的主要用途在于独处和隐退之时；其装饰方面的主要用途在于言谈之中；其增长才能方面的主要用途在于对事务的判断和处理。……把时间过多地花费在学问上，是怠惰；把学问过多地用作装饰，是虚伪；完全按学问的规则来判断，则是书呆子的嗜好。（东旭译，1995）

谈读书

读书能给人乐趣、文雅和能力。人们独居或退隐的时候，最能体会到读书的乐趣；谈话的时候，最能表现出读书的文雅；判断和处理事务的时候，最能发挥由读书而获得的能力。……耗费过多的时间去读书便是迟滞，过分用学问自炫便是矫揉造作，而全凭学理判断一切，则是书呆子的癖好。（廖运范译）

谈读书

读书可以怡情养性，可以摭拾文采，可以增长才干。在幽居独处时，最能体现其怡情养性的作用；在友朋交谈中，最能体现其摭拾文采的作用；在处世论事之际，最能体现其增长才干的作用。……读书费时过多则懒散；过于追求文采显得矫揉造作；全凭书中条条框框论事，未免书生气过重。（王楫译）

论学习

学习可以作为消遣，作为装点，也可以增进才能。其为消遣之用，主在独处、归休之时；为装点，则在高谈阔论之中；为才能，则在明辨是非、深谋远虑之间；……过度沉湎于学习是怠惰；过度炫耀学问是华而不实；食书不化乃书生之大疾。（孙有中译，2003）

5.3.3 对等论

这是一个总称，指所有以“对等（equivalence）”为核心概念的翻译标准论，包括等值论和等效论，可称为“信”字论的现代发展。

关于equivalence在西方译论中的起源及沿革，可参见方梦之主编（2004）和Baker（ed.）（1998/2001）中的有关词条，以及Munday（2001）第三章的有关介绍。

“等值”这个概念开始进入我国并发生影响是在20世纪80年代初，中国对外翻译出版公司编辑出版的《外国翻译理论评介文集》（1983）汇集了当时已发表的主要评介文章，其中所介绍的罗曼·雅各布森（Roman Jakobson, 1959）是西方现代翻译理论的开创者，卡特福特（J. C. Catford, 1965）是现代译论中等值论的奠基者，除此以外，巴尔胡达罗夫（1975）是苏联翻译语言学派的代表人物，奈达（Eugene A. Nida, 1964）则可以说是美国语言学派翻译理论家的杰出代表。这四位的共同之处是他们的语言学背景，而语言学正是等值论的理论基础，也是现代翻译理论的起始标志。

equivalence这个词刚进入我国时，译法不一，很多人把它译为“等值”，也有人译为“对等、对应”，随着研究的深入，目前翻译界对这个词的译法已经有所讲究，这无疑是件好事。仔细体会即可发现，“等值”的字面意义是向原作倾斜的，容易被简单地理解为“等（原作中全部的）值”，而且对“值”的含义也可以做多种理解，如果要“等”的是原作的效果，那就应该是“等效”才对，而“等效”却是“对等论”家族中的另外一支。为了准确地表达这个词在不同语境中的意思，在比较中性、没有附加含义、体现各种对等理论共性的情况下，equivalence应译为“对等”；如果是指Catford等人以结构主义语言学为基础的对等理论，即是“等值”。

等值论在我国最典型的代表是吴新祥、李宏安的《等值翻译论》（1990），等效论的代表是金隄（1989/1998）。

吴、李的等值论认为，等效与等值并不矛盾，因为前者已经包含在后者之中。但是，为达到同等效果而需要改变原文中其他“值”（如表层语义）的情况在翻译实践中是很常见的，这时二者就可能发生冲突。按等效论的观点，在这种情况下，应该把效果放在第一位。显然，这是向接受方倾斜的，由此形成等效论和等值论的区别。

等效论的思想其实在古代翻译理论中就已经存在[1]，近代讲究“神”、“化”之论的很多人也都非常强调译文的效果（如前引曾虚白语）。现代翻译理论中的等效论以奈达的同等反应论最为人熟知，据奈达介绍，等效原则（the principle of equivalent effect）是Rieu和Phillips在1954年提出的，奈达在此基础上创立了著名的“动态对等”（dynamic equivalence）翻译标准论（Nida, 1964: 159），后来（1986）为了避免被误解为过于虚无，又改为“功能对等”（functional equivalence），1993年，奈达再次对这一改动作了解释（Nida, 1993: 117）。现代等效论的理论渊源比较复杂，主要有信息论、交际理论、社会符号学、社会语言学、功能主义语言理论等，与接受美学中的读者反应论以及后来的一些文化理论相呼应。

对等理论遭遇到的最大挑战是绝对对等之不可能。事实上，提出以等值或等效为翻译标准的人没有一个认为可以达到绝对的对等，因此笔者认为，这种对绝对对等的一般性质疑可算得一个“伪问题”，没有实际意义。有意义的是对对等之限度的具体讨论。我国翻译界对等效论的质疑相对较多，原因不难理解，主要是中外（英）语言文化之间的巨大差异所致。与对等理论以语言共性为思想基础不同，对对等的质疑是以强调语言（文化）个性为基本特点的。我国学者中比较系统地提出这种质疑者，在国内有刘英凯（1997）等，在国外有钱沪，他在加拿大出版的国际译联会刊*Meta*上连载五期长文“On the Implausibility of Equivalent Response”（Qian, 1992—1994[2]）。

5.3.4 功能主义翻译标准论

上文谈到，“功能对等”是奈达作为对“动态对等”的修正提出来的，实际上，以“功能”作为翻译标准的“终极关怀”主要还是出于一种功能主义翻译观念，从注重效果的等效论，到近年为人熟知的德国功能主义目的论，其思

1　鸠摩罗什领导的佛经翻译是很注意效果的，如他手下的译员僧睿说：“梵文委曲，皆如初品。法师以秦人好简，故裁而略之。”又僧肇：“……使质而不野，简而必诣。”（罗新璋编，1984: 38, 39）

2　这五个部分的全文可以从*Meta*的网页www.erudit.org/revue/meta上找到。

想基础都属于这一类。我们知道，和结构主义、解构主义一样，功能主义也主要是作为学术思想史上的一种思潮、一种观念出现的，它并不只限于语言学范畴，而是渗透于许多学科的研究方法之中，由此产生这些学科里的众多流派。这些“主义”反映在翻译学这个领域里，就形成了与翻译有关的各种观念，随之产生与之相应的翻译标准[1]。仔细想来，信息论、系统论、控制论这三大论，同样可以形成相应的翻译观以及从中衍生出来的翻译标准。在从这个角度来看似乎是众说纷纭的各种翻译标准论中，或许可以找到更为清晰的内在线索，再把产生这些标准论的社会历史因素考虑进去，对翻译标准的认识可能就会更为完整、更为准确了。

泛泛而言，以作品的功能作为翻译标准的参照框架是广为接受的一种翻译标准观念，争议在于如何定义“功能”：

（1）重点在于原文的功能还是译文的功能?

（2）要考虑的功能包含哪些内容?

以奈达为代表的功能对等论，其基本思想是：翻译标准只能是功能对等的，因为翻译是语言活动，而语言作为一种交际工具和文化承载工具的本质决定了语言的各种功能，如罗曼·雅各布森就指出了语言的6种功能（特伦斯·霍克斯，1987: 85），这些功能受使用语言时的语境制约，因此在特定的具体翻译行为中，最重要的是考察（1）具体的语境（包括目的、对象等）是什么，（2）受这些语境制约，哪些功能为主，哪些功能为次，以此确定对等的具体内涵。比如单就需要考虑的修辞功能而言，Nida就举出了8种：整体性，美感，印象，恰当，连贯，衔接，焦点，强调*（wholeness, aesthetic appeal, impact, appropriateness, coherence, cohesion, focus, emphasis）（Waard & Nida, 1986: 78—85）。

看得出来，在讲“功能”的时候，奈达说的主要是原文的功能，而起于20世纪70年代，以赖斯、费美尔（H. Vermeer）、克里斯蒂安·诺德（C. Nord）等人为代表的德国功能主义目的论（the Skopos Theory）则是着眼于译文功能的。他们认为，译者在整个翻译过程中的参照系不应是对等理论所注重的原文

1　近年国外有一本畅销书名为*You Are What You Eat*，有人套用名言译为“我吃故我在”，按字面意思，这句话应该是“你吃什么，就是什么”，意为人的身体状况与所吃的东西直接有关。翻译观念与翻译标准的关系何尝不是如此！

及其功能，而应是译文在译语文化环境中预期达到的功能，这些功能决定着处于特定语境的原文中哪些成分可以保留，哪些成分可以或者必须根据译语语境进行“改写”。（陈小慰编著，1998: 9, 10）尽管奈达也很注意读者反应，功能对等论也不反对翻译中的“改写”，但相比之下，目的论显然为翻译实践中这些必要的调整提供了更为坚实的理论基础。

为翻译学勾勒出全景框架的霍姆斯把描述性翻译研究（Descriptive Translation Studies，即DTS）分为侧重于结果的、侧重于功能的和侧重于过程的三类，即：

（1）product-oriented translation studies

（2）function-oriented translation studies

（3）process-oriented translation studies

其中，侧重于功能指的是注重分析翻译在译入语社会文化环境中的功能，重点是观察这种文化对所译文本的选择及这种选择所造成的影响，从这个意义上来说，“与其说它研究的是文本，不如说它研究的是语境”*（Holmes, 1988:72）。描述性翻译研究是以解释、说明为主的，如果以这种角度来看翻译标准，自然就会以译作是否达到了某种社会文化功能来衡量翻译的质量，由此产生比注重语言功能更为宏观的文化功能主义翻译标准，国外如翻译文化批评理论中所隐含的一些与翻译标准有关的观点（这类理论以安德烈·勒菲弗尔（André Lefevere）等人的多元系统论为代表），国内如一些论者强调的文化交际效果的对等（如范东生，2000），以及译介学（谢天振，1999）之注重文化环境中的文学功能等。

需要注意的有两点：

（1）功能主义标准的相对性。如目的论提出的adequacy，我国论者把它译成充分性、恰当、适当性等等（这个词乔治·斯坦纳也曾用过），其含义的外延具有明显的相对性（即所谓充分、适当等是相对于什么而言的），需要根据具体环境、要求而确定（功能主义认为这些环境、要求主要基于功能），因此是有条件的。这不是别出心裁的新论，而是翻译的正常现象，反映了由翻译活动的本质所形成的各种因素对翻译标准的制约，以及译者应对这些复杂因素的理性对策。但是，如果以钻牛角尖的方式来看相对性，就有可能诱发其负面作用，如“极端功能主义”（陈小慰编著，1998: 10）的翻译标准观可以把译文与原文的联系降到最无关紧要的微弱程度，又如主要用于解释性翻译批评的一些理论如果无限扩展，也会使人对翻译标准本身是否应该存在陷入一般性怀疑，这就违背了以翻译实践的常态为基础所形成的翻译的基本规律，不能解释翻译活动中的事实，也使得理论只能以清谈结束而变得毫无价值。其实，即便是从抽象概念的角度来看，如果承认相对性本身也是相对的，那就说明它也是有限度、受制约的。

（2）从对等理论，到功能对等，到功能主义目的论，到文化功能主义，翻译标准的着眼点显然有一个从原文语言文化向译文语言文化转移的趋势，这无疑反映出在社会现实的激发下认识的提升和深入。在注意其中积极意义的同时，对翻译标准的观察和探索也还是需要紧贴翻译本身来进行，要围绕翻译的性质来看问题，不管这种性质会带来什么样的边缘性课题，这样才能解决翻译界自己的问题。

5.4 翻译的行业标准

在回顾了理论之后，再来看一看实际应用的翻译标准，两相对照，或许会引发一些思考。

由于资料所限，这里只举两个方面的情况作为例子：一是我国目前在翻译基础教育中通行的原则性、指导性标准；一是一些正式文件中反映出来的具体的行业性标准。

在我国高校翻译教材中，目前比较通行的原则性标准是“忠实、通顺”（faithfulness, smoothness），这是为翻译初学者制定的对翻译标准的一个认知基础，翻译教学界普遍认为，这是从事翻译者最起码要做到的一个“底线”。由于“忠实”可以有多种理解，第一个原则也可以表述为“准确”（accuracy）。第二个原则的其他表述有“流畅”（fluency）和“可读”（readability）[1]。除了这两个原则以外，肖君石（Xiao, 1982: 179）还认为，翻译的最低标准是make sense（说得通，能让人看懂）。

1　“可读”可以作为一个要求，而“可读性”严格地说则应是一个空“项”，对一个指标或参数，需要“填入”判断性内容，如“可读性很高（低）”。“没有可读性”相当于“可读性很低”或者“不可读”。

“忠实、通顺”作为一个基础标准，优点是简明扼要，可以使人很快地建立起基本概念，缺点是内涵难以确定，尤其是“忠实”，必须根据要译的具体材料进一步明确具体要求，否则很难将其付诸实施，因此，最大的问题是难以把握。

国外的行业性标准有（据斯蒂芬·康格拉特–巴特勒编，1986）：

美国翻译工作者协会（American Translators Association，即ATA）在“译员职责”中规定：“译文应尽量**忠诚**和**准确**、力图使读者和听众有如直接阅读或直接听讲。”（第90页）（粗体着重为笔者所加，下同）

ATA制定的“译文标准”（第96—97页）是：

(1) 译文之文体及版式应与原文之性质及要求一致，并符合委托人的具体要求（例如：整洁、准确等）。

(2) 非科技原著应按**译语的规范**、以**受过教育的人士通常使用的文体**译出，应当是他们为表达同样的意思而会自然而然地使用的语言，从而使一般读者读来**并不觉得这是翻译文字**。

(3) 科技译文要求各个方面都**明晰准确**，任何词语均不得使专业方面的内行觉得有**错误、前后不一或不自然**的地方。高度专门的术语或委托人自选的术语，如委托人向译者提供，则应纳入译文；如委托人未向译者提供，则译文的优劣便唯有从译文本身来判断：所表达的意思是否确切？是否借译文之助便可妥善地操作和调整有关的设备？

(4) 一切译文，特别是推销广告和其他宣传品时，主要标准都是**毫不歪曲地确切传达出原意**，同时还要心中有读者，有听众，也就是要考虑到他们的文化背景和心理状态。要做到这一点，有时还要**修改原文**，以便按译语的规范传达出最接近原文的信息。总之，应了解到各种翻译都是**创造性的精神活动**的过程，而不仅仅是文字的一种机械性的变换。

(5) 直到译者被告知译文是否已符合上述标准及委托人的具体要求，对译文的评价才算告一结束。在当前的世界上，科技和语言变化迅速，译者要想及时掌握最新专名术语，最好的办法就是要了解**阅读和评价译文的人们的反馈**。

翻译理论研究者看到这五条要求应该是欣慰的，因为这里除了准确、自然等一般性标准以外，还涉及许多理论界关注的内容，比如翻译的目的、效果、接受者反应，其中包括语言规范、逻辑、改写、创造性等。此外还可以看出，ATA标准的着眼点显然侧重于non-fiction（非虚构类作品），即非文学作品，因此其非常强调接受，其中第二点所说的文体即是一般情况下使用最多的通用文体（the general style of a language）。

对文学翻译的要求可以在美国笔会中心的一些文件中反映出来，如它的"权利法案"中说：

> 文学作品的翻译按其任务性质，**就是创作一部新作**。为此，必须把译者看成是译作的所有者。译者的主要任务，是以一种新的语言创造这部作品，与原著共鸣，对原著做出最大的反应。翻译以原著作为一个单元来进行，翻译的创造性首先在于**保持原著的整体性**。（第146页）

除此以外，国际会议笔译工作者协会（International Association of Conference Translators）在对译员的要求中反复强调的是"清楚确切"、"准确无误"、"一定不能出错"、"必须绝对精确"（第112—113页），加拿大文学翻译工作者联合会（LTAC）提出的译者义务是提供"忠实而严谨的译本"（第137页）。

我国的翻译行业性标准意识是近些年才形成的。由国家质量监督检验检疫总局于2003年11月27日发布、2004年6月1日开始实施的《中华人民共和国国家标准（GB/T19363.1-2003）：翻译服务规范 第1部分：笔译》中4.4.2.3节规定：

> 译文应完整，其内容和术语应当基本准确。原件的脚注、附件、表格、清单、报表和图表以及相应的文字都应翻译并完整地反映在译文中。不得误译、缺译、漏译、跳译，对经识别翻译准确度把握不大的个别部分应加以注明。顾客特别约定的除外。（第18页）

综合以上这些形成文字的翻译标准、原则、要求等，至少可以看到这样几点：

1. 文学翻译和非文学翻译之间是有界限的，这不仅表现在对标准、对翻译本身的认识上，也表现在对各自身份的认识上。比如，文学翻译者由于享有较大幅度的创作自由，就不一定认为自己属于什么“行业”，也不认同什么非要执行不可的“行业标准”，于是各种行业标准中也就难见其踪影。从工作性质、人员构成等方面看，我国的翻译及相关工作大体上可以分为下列几个领域：翻译教学、翻译服务、翻译出版、官方文献翻译。这些领域对翻译标准的把握都有各自的特点。文学翻译者本人的职业往往分散于以上各类之中，而工作性质又独立于其之外，在社会文化意义上的确是自成一派的，只不过这个“行业”的标准问题也实在是比较特殊而复杂罢了。

2. 可以总称为“翻译服务”的行业性翻译，面对的主要是非文学类实用性作品，即便把文学翻译的复杂情况也考虑进去，“准确”也仍然是翻译界内外对翻译质量最核心、最基本的要求，只是解释不同罢了。无论如何，从接受者口里说出某译本译得“根本不是那么回事”，对译者总归不是赞扬，从中可以折射出翻译的本质。翻译理论界讨论得很多的“改写”、“变译”都有各自的意图和关心范围，事实上也都出于各自的行业要求。

5.5 翻译标准的哲学观

本书各章多处谈到，翻译标准问题说到底是一个观念问题，翻译观决定翻译标准，这就与哲学有了关联。事实上，具体学科的深层观念和方法论都可以纳入哲学的范畴，翻译研究同样有着自己的哲学基础。多年来，翻译研究领域内已经开始有了这种意识，并有论者尝试以跨学科的视野直接从哲学的角度来研究一些很难用单一具体学科理论解决的问题，特别是翻译标准问题，由此形成翻译标准研究中的哲学途径。在这一节里，笔者尝试将近年来我国翻译界此类研究中有代表性的论述予以归纳整理，同时在后面的第六章以比较完整的形式从这一途径对翻译标准作出自己的探索。以下提出的各“论”即是在这一整理的基础上加以补充所形成的，只为清理思路，以便于今后进一步研究。

5.5.1 翻译标准的中和之论

这一论的核心思想是：翻译标准应是在各种相关因素之间的一种协调和平

衡状态。持此论者主要有笔者（见第六章，相关论文先后发表于1999年，2001年，2004年）和郑海凌（1999）等[1]。如第六章所说，和谐、协调、适当、适中的思想在翻译标准的讨论中早就存在，缺的是整理、论证以及使之具体化。郑海凌提出的以“和谐”为标准主要是就文学翻译而言，而且也相应地带有文论的色彩，笔者则试图将这一古老而现实的原则推及适用于各种翻译实践的高度，并予以多方论证及补充，以使之不仅在理论上站得住脚，而且具有可操作性。另外，提出此论还有一个直接动机，就是希望在翻译标准研究中多少能够排除一些极端、片面的思维方式[2]。

“中和”之论是以我国古代哲学思想为基础的，体现了东方辩证法重和谐、重动态协调的特点。和谐并不是否认运动变化、否认矛盾的存在，而是强调如何解决矛盾，即便是暂时性地解决。和谐也不是抹稀泥，将各种因素平均对待，因为在动态的协调过程中是有重点、有基本性质判断的，只不过这些性质是有变化的、非静止的。从实践的角度看，如果不做性质判断，不承认重点，那就解决不了问题，遑论和谐。笔者在这一论中特别强调“协调”，就是因为“协调”与“和谐”相比，更具有动态性，因此，可以更多地体现事物的变化和人的主观能动性。

“中和”之论作为翻译标准，与5.3.4节谈到的adequacy相似，都具有相对性，而笔者在第六章提出的重视翻译标准的相关因素，即重视“条件”，或可作为对这种相对性的一种约束。

5.5.2 翻译标准的辩证之论

翻译是一种受多方因素牵制的活动，这些因素有时会显得相互冲突，因此需要“协调”。“协调”既可以作为状态指标准本身，也可以指达到这种状态的手段，如以手段观之，则指处理好翻译过程中的各种矛盾关系，而以辩证的观念来处理这些关系，则体现了翻译的辩证之论。这类论述有些虽然没有直接提出翻译标准，但其作为一种观念明显地反映出对协调、适当的追求，况且中和之论本身就包含着辩证法，因此两者是相通的，就其性质而言，辩证之论主要还是一种方法论。

1　以下辩证之论所隐含的翻译标准也是如此，只是着眼点更侧重于过程和方法罢了。

2　蔡新乐、郁东占《文学翻译的释义学原理》（开封：河南大学出版社，1997年版）一书中有一节专论“中庸之道与和的理想”（第78—81页），可参看。（增补版注）

在这个方面，最具有代表性的论者是孙致礼和方梦之。自1992年起，孙致礼即开始比较全面地考虑如何以辩证的眼光处理好翻译中的各种关系（如翻译的“十大关系”），直至将其上升为一种翻译观，并形成相应的翻译标准观和认识论。（参见孙致礼，1996：代前言，1999b: 3—52）。方梦之则是特别注重从哲学角度入手建立翻译研究的方法论，并提出了综合性、系统性等主要的方法论原则（方梦之，1996, 1997, 1999）。翻译界还有不少论者也谈到要用辩证的观点来看翻译标准及其相关问题，这反映出一种越来越清晰的哲学意识和方法论意识。

辩证论遇到的最大问题是对“辩证”这个词本身的认识。由于历史形成的某种话语惯性，有时人们在用这个词的时候是带有一点盲目性的，也由此产生了一些对它的怀疑。其实，哲学中的辩证法研究对与之相关的一些疑问（如相对主义，如诡辩）已经有了比较充分的讨论，当代哲学研究中一些新的思想（如我国哲学家庞朴的三分法）也在不断丰富着它的内容，辩证法自己也在发展，对这方面的动向予以关注，于翻译学形成自己的哲学方法论思想基础应不无益处。

5.5.3 翻译标准的多维动态之论

这主要指的是辜正坤的翻译标准多元互补论（1989/1994）。这一理论对新时期之初的我国翻译界产生了较大影响，它最大的贡献是冲击了我国翻译标准研究中多年的单向度静态思维模式，代之以多维度的视角和动态的观念。虽然同一时期内国外翻译理论如Nida的“动态对等”论在我国也有很大影响，对翻译标准动态观念的广为接受也产生了很大的作用，但辜氏此论主要还是在我国多元化社会变革这个大背景下产生的，其理论基础也直接来源于哲学性的逻辑思维，因此是自成一家、“具有中国特色”的。这一理论也存在一些内在的矛盾，具体介绍和评述参见6.1.4节、6.2.1节、7.4.1节。

5.5.4 翻译标准的实践之论

提出此论主要基于对辩证逻辑思维规律的一点认识。辩证思维基本规律有四条：对立统一思维律、质量互变思维律、否定之否定思维律、辩证的充足理由律，其中第四条，即辩证的充足理由律，是辩证思维所特有的规律，主要内容是：

（1）具体真理必须被其理论**整体**所证明，二者应保持逻辑上的一致，前者能由后者用逻辑推理推导出来，无逻辑矛盾；

（2）具体真理必须被相应的**全部**实践**不断**证实。

这两条里，第一条的逻辑要求是**全面**论证性，反对的是片面性；第二条的逻辑要求是客观真理性，反对的是缺乏实践证实[1]，但如果仅仅停留于用实践证实这一观念，还只是逻辑实证主义，因此它同时还反对缺乏**发展的实践**证实，即不能仅靠一两次证实就完成论证。

莱布尼茨也说，真理分为两类，一类是逻辑真理，可以用不矛盾律证明，即用形式逻辑证明，另一类是事实真理，不仅要靠不矛盾律，而且要靠充足理由律才能证明，即用辩证逻辑证明。（以上据赵总宽等，1986）

辩证思维充足理由律的这两项内容对翻译标准研究很有启发作用。

如第一条：如果整个体系的基本论点是主张多元、多角度，那么在整个论证过程中都应坚持到底，而不是在谈到具体问题时又回到了一元，即具体真理无法被理论整体所证明。这其实也是一个理论的彻底性问题。

第二条更为重要，因为它把实践验证即是否符合事实纳入了逻辑证明体系。我们在这里看到了“实践是检验真理的标准”，而且是不断发展的实践，即一次检验还不行，还要随着实践的发展不断检验，不断修正。理论因此而摆脱了逻辑游戏式的臆想，也摆脱了神圣的终极化静止。这一点对于翻译标准研究的意义是不言而喻的。

比如主要基于经验总结的一些翻译标准论，经验（实践基础）变了，这些标准也就不得不发生变化：要么重新解释，要么干脆另起炉灶。做口译的人都知道，就口译的标准而言，直接用“信达雅”是不能反映实际情况的，有人把这三个字改为“信、达、速”，也有人另外归纳了三个字“准、顺、快”（见冯建忠，1997: 370）[2]，显然后一种更能反映口译的特点。又如中国典籍

1　“实践”包含“事实”和“有意识地付诸实施”等多重含义，这里侧重于指“事实”。作为得出真理的证明方法，“证实”和“证伪”可以形成一对概念，此处“证实”主要指“验证”。

2　这是口译界前辈李越然先生在“建议开展口译工作的研究”（《翻译通讯》1983年第1期第36—38页）一文中总结的，笔者主编的《二元·多元·综合：翻译本质与标准研究》

英译，有译者在“信达雅”的基础上，提出了“明白、通畅、简洁”三个标准（见上海古籍出版社编著出版[1998]，潘文国主持翻译的汉英对照《二千年前的哲言》第7页编者说明）。这些都说明实践验证对这一类翻译标准论的控制。另一方面，至少从理论上讲，体现为实际经验的个案可以是无穷多的，因此认识需要深入，经验需要提炼升华，而一旦形成了有一定抽象性的翻译标准论，也必须考虑辩证思维充足理由律的逻辑要求，使它经得起实践的反复验证，否则终究不免因不符合事实而失之脆弱直至坍塌。

回顾与扩展思考：

1. 本章5.3节讨论的四种翻译标准论和5.4节介绍的翻译行业标准有什么联系？
2. 回头来看，翻译批评标准和翻译标准是一回事吗？为什么？
3. 翻译批评本身质量如何是不是也有个标准？

收录了此文（上海外语教育出版社2012年版，第218—222页）。（增补版注）

第六章 翻译标准探索

6.1 第三种状态：多元之间的协调

翻译标准问题无论是对于翻译实践还是对于翻译批评（对翻译的检验或反思）都具有重要的意义，因此，自有翻译活动以来，就有了这方面的讨论。有些相关问题，虽然争来辩去，好像总也谈不清楚，可是从事翻译者人人心中似乎又都很明白该怎么做。看来，的确需要换一个角度看问题。

6.1.1 翻译研究的理论基础：哲学

没有理论基础的理论总让人觉得不像是理论，那么翻译研究的理论基础或理论依托是什么？执语言学观点的人有理，因为翻译毕竟是一种语言活动，有关翻译的各种讨论都会落实到语言处理上，语言学的很多理论都可以用于解决翻译实际问题，比如翻译的转换单位、语义分析等，又如，语篇分析的一些基本概念，如信息结构、主述位理论、互文性等显然比传统的上下文等说法具有更强的解释力，也比对应句型转换等较为机械的经验归纳更为合理。然而，执文学观点的人也有理，因为我们面对的原文很多是具经典性的文学作品，即便是一般的作品，至少也有个行文修辞问题，缺乏文学素养、不讲美学，就无法做好这项工作，那些褫夺了原作文学价值、化神奇为腐朽的“白开水”译作就是例子。然而，执其他一些观点的人同样有理：讨论翻译问题能脱离文化吗？中国文学作品得不了诺贝尔奖，当真完全是因为语言转换机制有问题，或译文不够美、不够雅吗？五四时期大批译介俄苏文学作品，主要是因为这些作品的语言最美吗？当然不是。一些国家的人表示遗憾要耸耸肩，这种细节在翻译中保留与否，是不是要换成摇头之类的动作，仅用语言学或美学理论来解释大概就不容易讲得清。

由此看来，翻译理论的一个基本特点就是它的综合性。无论哪一种观点，都只能是就翻译活动的某些方面而言的，而语言学、文学、文化研究代表的是其中三个主要侧面：翻译要技巧，要艺术，也要文化眼光。这三者的共同基础，是对翻译基本问题的认识，以及获得这些认识的方法，这就是体现为某种观念或思想方法的哲学，它潜在于具体学科的理论思想之内，站得更高，看得更透，具有全局性、普遍性、本质性的特点。语言哲学和艺术哲学所探讨的一些基本问题，如意义的本质、语言与思维的关系、美的本质、艺术美的构成等等，实际上也都体现了在一个更高或更深的层次上观察语言和艺术现象中具普遍性和实质性的一些问题，不同的观点反映出不同的认识方法以及由此形成的不同观念，这些观念指导着实践的过程，考察实践的结果。

近年来，翻译界对"翻译观"的关注越来越多。人们注意到，不管译者本人是否有所意识，经过长期的翻译实践，成熟的译者必然会对翻译究竟是怎么一回事形成自己的一套认识，并有意无意地用这些认识来指导自己解决翻译中遇到的种种问题。比如说，某译者的翻译大体上是偏于活还是偏于死，偏于达意、偏于神采还是偏于细节等，都反映出该译者某种倾向性的选择，这种选择当然与许多因素有关，如所译材料的性质、时代语言的共同特点等等，但就译者个人而言，主要还是与他对翻译的认识有关，这就是他的翻译观。成熟的翻译观很难说是纯语言学的或纯美学的。我们相信，执语言学观点者在处理译作艺术风格时自有一套至少自己认为符合艺术规律的认识和基于此种认识的翻译方法，而执文艺学观点者在面对语言转换的具体问题时也有以自己的艺术观念为基础的具体的语言处理技巧。这就是说，译者的翻译观往往也是综合性的，而且是一种宏观上的把握。由于它反映了译者对翻译的认识，是一种可以指导实践活动的带根本性的观念，因此它更具有哲学意义。

我们还可以从语言学史和文论史的共同特征来看这个问题。

如果以结构主义为轴心，从19世纪至今，语言学的发展大体上可以分为结构主义之前的传统语言学或历史比较语言学、结构主义语言学和结构主义后期各流派三个阶段。虽然人文学科理论研究的分期从来都不是泾渭分明的，各种流派总是同时存在，但一个时期内显现出来的主要倾向还是可以判断的，而且和文论相比，语言学的发展脉络似乎更为清晰。文论的情况比较复杂，多种流派共存的现象更为突出，但结构主义批评方法的盛行仍然是20世纪西方文论的一个显著特点。近些年来，与存在主义、现象学有密切联系的阐释学、接受美学等理论形成了强大的后结构主义思潮，而解构主义这个名称本身就表示出了与结构主义的历史联系。

将语言学和文论的发展过程相比较，可以很清楚地看出二者之间的共同之处。这种共同并非巧合，它只能说明一个问题，那就是：它们的共同基础是人类思想发展史。不管是语言学理论还是文学理论，都是人类对自身所处的社会中一些现象的观察与思考，因此，在认识的形成上也必然具有共同的规律。结构主义的兴起和发达就反映出20世纪的人们对世界秩序的一种看法。在索绪尔的结构主义在语言学史上的重要地位确立之后不久，哲学研究中出现了与此相应的语言学转向，语言分析也随之成为文论中一种重要的研究方法。从实质上看，哲学中的语言学转向是主体研究对象的转移：从心理领域（观念、思想）转到了语言领域（语句和意义）。需要说明的是，哲学研究中所说的语言是“最广义的”（徐友渔，1997: 30），哲学家对语言的兴趣仅在于“通过研究语言来研究哲学”，而不是转而去夺语言学家的饭碗，他们也以具体的语言分析为己任。翻译界从中看到的应是语言学和文论与哲学之间的密切联系，以及这种联系对翻译理论建设所具有的意义。

实际上，翻译理论如果没有真正意义上的思想方法作为基础，一些问题的头绪也很难理清。比如，关于文学翻译的创造性问题始终存在争议，争议的焦点主要是创造性的“度”如何把握才不至于给借题发挥的胡译留下借口，这其实也是个哲学问题。又如，对解构主义翻译观的介绍已经有一段时间了，依解构主义的观点，翻译活动中译者的地位提高了，由被动的“隐身”状态（invisible）转为积极的“可见”状态（visible），这是不是说，译者可以扔掉“镣铐”，随心所欲地大跳其舞了呢？在这个问题上“多走一步”，也会给胡译者留下可钻的空子，这里同样需要正确认识翻译主体及其地位。

总之，具备了正确的哲学观念，才能理解翻译这门“协调的艺术”。翻译语言学派和文艺学派原本就有各自的位置，其共性就是都体现了人类认识世界时的思想精华。

勾勒出哲学意义上的翻译理论框架，非笔者力所能及，但我想它至少应具有以下特点：

（1）术语概念明确；

（2）有高度的概括力，并有可预测性；

（3）可以验证（证实或通过证伪予以否定），而不是无法落实的空论；

（4）有较强的解释力；

（5）简明，不繁琐、不堆砌。

6.1.2 二元：常规标准的两端

关于翻译标准，以下两点看法基本上已经是共识：

（1）翻译标准是翻译研究的中心问题之一；

（2）绝对的对等或忠实是不可能的[1]。

在很长的一个时期内，关于翻译标准的讨论实际上谈的都不是要不要忠实的问题，这个问题的答案似乎是不言而喻的：不忠实还叫翻译吗？因此，好像也有了共识。然而近年来，由于对话理论、接受理论和解构主义思潮的影响，读者以及作为特殊读者的译者的地位上升，人们对庞德译中国诗现象有了更为积极的、更具文化意义的解释，这个问题的答案似乎又有些模糊了。尽管如此，以忠实作为翻译标准第一要义的主流思想，迄今为止其地位还是相当稳固的，对读者接受的考虑作为传统标准中早已包含的内容（不信可重温一下20世纪30年代的那场大讨论），并没有对"忠实"这个标准产生新的冲击（接受理论只是把原来没有说清楚的原理说清楚了）。译者地位的提升至今还只停留在书斋里，翻译界对这一观点的理解也比较积极、冷静，不负责任的胡译仍然是翻译界主流舆论谴责的对象。

那么，除去以上内容，有关翻译标准的讨论究竟集中在什么问题上呢？就其实质而言，这些讨论大体上是围绕以下两个问题展开的：

（1）到底怎样才算忠实（即忠实的内涵：忠实是相对于什么而言的，在哪些方面，包括哪些要素）；

（2）这种忠实的限度（即可译性问题，而这个问题又与可读性或通顺、流畅、明白可解等行文方面的要求有关：可译性是相对的，往往以可读性为界限）。

1　早在20世纪30年代前后的大讨论中就有许多人对此作了阐述，可参见罗新璋编（1984）。

可以看出，这里存在着一个二元现象，就像是一条线段的两个端点，在一头是原作，另一头是接受者，翻译标准就在这两端之间游移：是倾向于此，还是倾向于彼，或者说，是author-oriented，还是receptor-oriented[1]。仔细分析一下众多论者对翻译标准的表述，不难发现这种二元的存在，尽管这些论者的实际取向往往并不是将二元对立起来，而是二者兼顾，即使有倾向也只是为了强调某一个侧面而已。

东晋道安："遂案本而传，不令有损言游字；时改倒句，余尽实录也。"——这显然是强调尽量向原作靠拢。

曾虚白（1929）："我以为翻译的标准……只有一端，那就是把原书给我的感应忠实地表现出来。我决不夸张地说，这就是原书，我只说，这是我所见到的原书。"这基本上也是author-oriented，只不过加了译者的中介或"过滤"而已。（以上见罗新璋编，1984）

奈达对翻译标准的典型表述是：the closest natural equivalent (of the source language message) (Nida & Taber，1969: 12)。分解来看：closest是指向原文的倾斜；natural是指可读性问题，其中不乏以原文为依据的意思（一般来说原文也是natural的），但主要还是强调为读者理解提供方便，因此可看作是向接受者的倾斜；equivalent又是指以原文为基准。

一般认为fidelity当然是指忠实于原文，尽管这里也有为读者着想的成分——读者有权了解原作的真实面貌。此外还有别的角度，如泰特勒针对文化冲突对翻译的影响谈到fidelity的时候，就认为文化上的忠实应考虑读者的接受问题："亚历山大·泰特勒的讨论说明：忠实与否不能根据词语是否在形式上与原文排列一致来判断，而只能从功能上看译文是否为预期的读者所接受。"(Alexander Tytler's discussion makes it clear that fidelity is not to be positionally judged by formally matching words and expressions, but by the functional approach of whether the translation is acceptable to the public to which it is directed.) (Kelly，1979:209) 这里体现了来自另一端的对忠实的限定，即它的终点。

我们来分析一下严复的"信达雅"。"信"的取向是原文；"达"，如前面对natural的分析，主要是针对接受者需求的；问题出在"雅"字上：严复当初的"雅"是为读者考虑的（马祖毅，1984: 261—262），而后人的批评却是

1 辜正坤"多元互补论"中的"多元"（见杨自俭、刘学云编，1994）指的是多种标准。

出自另一个方向的考虑：原文不雅，何以雅之！双方的出发点是不一样的。又陵先生的“翻译观”颇符合当代的接受理论，与奈达译《圣经》重视与读者的沟通和鲁迅赞成为适应不同读者而应有不同译本的观点十分接近，倒是对“雅”的上述批评更具有经典的学院派味道，代表的是另一种翻译观，如彼得·纽马克所说的semantic translation（语义型翻译）。

所谓翻译的常规标准，指的是现在通用的一个原则性的最低标准，即“忠实、通顺”。这个标准非常典型地体现了翻译标准上的二元观念。等值论或等效论看起来似乎只有一元，即向原作的倾斜，但实际上仍隐含着对接受的考虑，这就体现了等值或等效的限度，即客观上的可能性和主观上对对等度的控制。

6.1.3 二元对立

二元观念的产生可能与判断事物时需在“是或不是”之间选择有关，这样形成的二元观念有对立的性质。这种思维方式具有区别功能，语言学的一些分析方法就是以此为基础的，典型的有语义分析中的“二元属性描写法”（Binary Feature System），以正负号表示某种性质的是与否（如男孩：+人类+男性－成人）。后来，人们在归纳、解释一些现象时，也用这种二分法，把观察对象按性质分成两方，二元形成，但其间关系远比“是或不是”要复杂，有的符合排中律的对立，如生与死、真与假（也是有条件的），更多的却并没有水火不容的对立，有的仅表示差异（差异也是一种对立，但性质不同），有的只是两个比较重要的侧面，并没有涵盖全部，还有一些则是为了说明问题而刻意极端化，使之对立，如老子的“信言不美，美言不信”。对立概念之间总有着千丝万缕的联系，互相依存、互相转化，辩证法的对立统一规律对此已有详尽的研究。

二元对立是一种很有用的思维方式，它可以通过对比、比较来说明事物性质，解释很多现象，因此应用很广，如语言学中的能指/所指、语言/言语，汉语研究中的平/仄、文/质，文论中的内容/形式，哲学中的理论/实践、主观/客观，中国哲学中的阴/阳、天/人、虚/实、祸/福，等等。尤其是阴/阳这一对概念，把天地万物统统包括了进去，成为中国人思维方式的一个重要组成部分，汉语中协调音韵、组词结句时，喜欢用双音、四字、成对的概念，这些习惯里，无不映射着这种二元观念。

然而，或许是“对立”这个词给人某种错觉，或许是某种思想方法的流弊未清，人们对二元之间关系的理解往往容易极端化。翻译界过去的直译意译之争，其起因一是对当时翻译界的一些现象的纠正（但“矫枉过正”），二是究竟何为直译何为意译定义不明，结果形成看上去意见相差很大的两个阵营，但实际上，主张直译者未必不采用意译的方法，主张意译者也并没有去胡译。又如对“翻译是艺术还是科学”这个问题，如果一定要二者取其一，且不说是否符合事实，仅就思维方式而言，就体现了一种单向度和绝对化的倾向。在翻译标准问题的讨论中，强调某一个侧面（如读者反应），有时会招来一种批评，说你抛弃了其他侧面，其实，“将对方的论点极端化然后加以批评”这种方式本身就带有极端化的色彩。把一个概念推至纯粹，如果用来作理论上的深究，不失为一种方法，如乔姆斯基早期的纯形式研究，但如果用来解决实践性比较强的问题就不大合适。非此即彼，好像二者不能共存，讨论就很难有什么结果，原因很简单：事物本来并非如此纯粹，任何一种反面的意见都可以找到论据使自己成立。

解构主义的代表人物德里达认为：“在一组经典哲学对立范畴中，我们遇到的并非对立双方的和平共处，而是一种强制性等级制。对立双方中一方总是统治另一方（价值论意义上的、逻辑意义上的等），或握有主动权”[1]（见王一川，1994: 222—223），而解构主义就是要颠覆这种二元对立，办法是强调对立双方中占统治地位的这个中心本身的不确定性，将其消解，即消解其本体，使之不存在，这样一来，二元对立也就不存在了，剩下的就只有“怎么都行”的相对主义结论。在翻译标准问题上，如果说在忠实与通顺这个二元对立中，“忠实”作为以原作为参照的基本出发点以及翻译的基本特征（与写作区别）居于统治地位，是“矛盾的主要方面”，那么，对“忠实”的消解，也就是怀疑究竟有没有什么忠实，甚至原作究竟是不是一般认为的那个原作，也成了问题。在这种情况下，讨论什么翻译标准也就没有多大意义了：既然对忠实、对原作怎么理解都行，没有共同的认识基础，那么翻译标准也就只能是“怎么译都行”。显然，解构主义的办法行不通。[2]

1　这个认识和我们并不生疏的一句话很相似：矛盾双方总有一方是矛盾的主要方面，它决定着矛盾的性质。

2　这里对解构主义的理解过于简单了。解构主义的出现有其历史原因，它的理论目的是消解迷信，消解之后如何不是它关注的中心，假如结果是“走向虚无”，那或许是理解者将之极端化而出现的问题。（增补版注）

对于翻译标准问题上的这个二元对立，极端化不行，消解其本体、走向虚无也不行。当然，可以用对立统一规律中矛盾双方的互相依存、互相转化去理解它，解决在实践中遇到的问题。但是，互相依存也罢，互相转化也罢，前提仍是二元，仍然有发生冲突的可能。为此，笔者提出不妨将注意力置于二元之间的某种状态上，来探讨一下这种状态的性质。

6.1.4 第三种状态

我们熟悉“一分为二”。“一分为二”的潜台词是：要看到事物的另一面。这是二元观念的一种应用。强调“一分为二”的时候，往往是针对某种现象，提醒人们注意A里包含着B的因素，不要把A绝对化了。根据不同的具体情况，很可能今天的“一分为二”是强调B的重要，而明天的“一分为二”是强调A的重要。日前看到一则报道，说：人们会以为南沙守礁战士的生活是很枯燥的，其实不然，战士们热爱生活，想方设法建起了小花园；但是，如果你认为他们的生活很浪漫，那又不对了，他们的生活条件其实是很艰苦的。这种在二元之间翻来覆去的论证方法，其困惑是显而易见的：反正你怎么说都不对。这里提出“第三种状态”这一概念，就是试图摆脱这种定势，看到底怎样描写这种关系更为合理。

唯物辩证法的二分法实际上是说，事物总是多方面的，多种因素（如二元）同时存在，你中有我，我中有你。如果换一个角度看，也可以说，事物此时的位置是在二元之间的某处，它有一定的倾向性，但兼顾二元，本身又处于一种相对稳定的状态[1]。笔者在此想特别强调的，就是这种状态的相对稳定性。之所以给它一个体现其相对独立存在的名称“第三种状态”，正是为此。

简而言之，这是一种以协调、平衡为基础的大体上符合各方要求的相对稳定的状态。协调、平衡是达到这种状态的手段，也是这种状态的基本性质，因此，在这种状态下，各种相关因素之间的关系是和谐的。可以说，事物以常态或相对静止的面目呈现于世时，就处于这种状态。

这种看法并不排斥被称为矛盾的运动和变化。运动和变化始终是存在的，

1　这一句后半部分的措辞有所调整，初版是：“……，它的倾向性是兼顾二元的，但本身又处于一种相对稳定的状态。”改动是为了更清楚地说明它具备为特定条件所制约的侧重，而不是两可。（增补版注）

不管是在事物内部（本身性质）还是在事物外部（客观环境）。但是，这种运动和变化只有达到了一定的“度”，才会导致事物性质的改变。在此之前，方的就是方的，圆的就是圆的。

就自然事物而言，如果其平衡被打破，就会有一些因素上升或出现来起调整作用，使之达到新的平衡。对我们所谈的翻译标准来说，译者眼中的不协调、不平衡就是那些有毛病的、不满意的译文。经过推敲、修改后译者认为可以了，也就相当于达到了译者心目中的某种协调或平衡，而控制译者的，就是他的“翻译观”以及其他的制约因素。

“第三种状态”体现了一种“执中”的哲学观念。所“执”之“中”并非各打五十大板的“正中”，而是“适中”，即两个极端之间的一个最合适的位置。我国儒家思想中的“中庸”也称“中道”，即为“无过无不及之道”，反对的是“过”和“不及”。古希腊亚里士多德也认为，人的一切行为都有过度、不及和适中三种状态，前两者是恶行的特征，只有第三种才是美德的特征、道德的标准，如勇敢位于怯懦和鲁莽之间，因此是美德[1]。在翻译中，如果既不是借原作者之名以营私的胡译，又不是拼凑字典的死译，信息含量乃至轻重、色彩、分寸等都很妥贴，合乎具体翻译目的的要求，那么，这种状态不是“中道”是什么？

“第三种状态”既不是A，也不是B，因为它不纯粹；但它又兼有二者的性质，因此，又可以说它既是A，也是B。在我国，对这种状态的重视起于1982年华中理工大学邓聚龙教授创立的“灰色系统理论”。1991年至今，另一位学者孙云鹏先生在这方面作了大量研究，著有《灰色价值学》、《第三种科学》等书，许多报刊都有介绍。“灰色”的概念起于系统论和控制论对信息量的表示：信息充足、确定（已知）的是白色，信息缺乏、不确定（未知）的是黑色，处于中间状态的是灰色。这一理论的基本思路对我们正确认识翻译标准问题不无启发。与此相关的还有模糊理论。在翻译标准的设定和译文评价方面，模糊理论可以找到用武之地，但它注意的主要是符合与不符合标准的“边缘地带”或“临界状态”，而“灰色理论”如果用于翻译标准研究，其关注对

1　亚里士多德《尼各马可伦理学》（北京：商务印书馆，2003年版，廖申白译注）第53—55页“适度同过度与不及的关系”一节不仅谈了适度在两个极端之间的位置，而且谈到了三者之间的比较关系。（增补版注）

象则是标准本身的性质，或者可以说是“直取中心”的。

本书采用“第三种状态”这个名称而不是“中间状态”，是因为后者易使人联想到不偏不倚的正中间，似乎与二元是等距离的，尽管“中间状态”并不一定是这个意思。

“第三种状态”作为翻译标准也不是“多元互补”（辜正坤，1989/1994）。辜氏此论的积极意义在于打破了翻译标准问题上的僵化观念，提出了一种多角度的、立体的思维方式。该论认为具体的翻译标准不可能只有一个，而应根据具体条件设置，这个思路是对的。但，成也“多元”，败也“多元”——或许是对多元的着意强调以及对规定情景的限制性阐发不足，加上论者对“忠实”作为一个基本标准提出的质疑，使人有一种标准把握上的虚无感。其实，“最佳近似度”仍有个与谁“近似”的问题，“忠实”并未消失，只是加了一个“度”的限定而已。另外，“互补”之说似也消极了一些。翻译标准的最佳状态完全可以用一种能够界定其性质的、区别于两个极端的概念来表示。

翻译标准上的“第三种状态”在理论上和实践上都是有根据的。可以想一想，翻译大家的过人之处究竟在什么地方？笔者认为不外乎以下两条：一是语言功底好，二是翻译原则掌握得好。第一条是“笔随人意”或称“言随意遣”（陈望道语）的基本保障，而这第二条，就体现了一个掌握“分寸”的功夫。王佐良先生译的培根散文，杨必先生译的《名利场》，都是把翻译中的各种因素协调得恰到好处的上乘之作。不止是翻译，文学作品中“增之一分则太长，减之一分则太短；着粉则太白，施朱则太赤”也是一种为文者孜孜以求的境界，而和谐、得体、适度自古以来就是修辞学的核心概念。

将“第三种状态”作为区别于两端的一种性质提出，主要是因为想从一个更为积极的角度来认识它。不管是“过”与“不及”，还是“太白”、“太赤”，都是用否定式作出的陈述，而“第三种状态”是值得用肯定式为其正名的。摆脱两极纠缠以后，关于翻译标准的讨论似应更多地注意与协调、平衡有关的内容，比如：在什么情况下达到怎样的平衡，即平衡的条件和内涵。

6.1.5 结语：宏观与实质

这一部分的讨论比较宏观、比较抽象，它涉及的主要是观念问题，即以什么样的思维方式来看翻译标准。这种宏观的思考也许反而更有利于排除枝节、走出偏见、接触实质性的东西，特别是对协调、适中这样一种“第三种状态”的关注，相信无论是对于翻译实践（寻找合适的“度”），还是对于翻译理论研究（探讨翻译的性质以及与翻译标准有关的各种问题），都会具有积极的意义。

6.2 翻译标准的依据：条件

6.2.1 翻译标准：无条件即无法确定标准

在翻译标准的探讨上，人们反对以一个标准一统天下的做法，因为它行不通，许多情况下，一些被奉为圭臬的标准无法实行。于是就有了“多元”。问题是，“多元”是受什么控制的？没有控制，岂不是成了任意？提出多元互补论的辜正坤先生在提出翻译的最高标准或绝对标准之后，介绍了在许多不同情况下应取的具体标准。这种种具体的“情况”是无穷无尽的。这里的要素究竟是什么？似乎有一个“缺失的环”（a missing link）。是文体吗？许多人是从此入手的，如辜先生本人以及刘宓庆先生的开山之作《文体与翻译》还有后来的许多其他教材，因为文体对翻译确实是一个重要的控制因素。是社会文化因素吗？也有许多人是这样认识的，由此产生了相应的教材。这些角度都有道理，但它们都有比较具体的所指，而不是一个概括性较强的概念。“语境”这个词的内涵现在发展得相当丰富，几乎可以囊括所有相关现象，但它有强烈的语言学色彩，尽管“非语言语境”已经具有了跨学科的性质（见6.2.3节）。

那么，这个“缺失的环”到底是什么？抽象一些说，就是条件。老翻译常说，具体情况具体分析，说的就是具体条件。张三提出某某标准，李四认为不行，于是提出自己的一套，又遭张三甚至王五的批驳，如此反复，无以为然，这里的问题常常就出在没有给定条件上，即没有给自己的标准限定范围，具体来说就是：是指一般情况下的标准还是适用于某个领域的标准？对翻译而言，“无条件就无法确定标准”这种说法并不夸张，我们可以从很多实例中看到这一点。

比如，翻译教材中使用例句时，一般都会给出参考译文，有时会指出某种译法的错误或不妥，然后给出正确的或更好的译法。这些做法无可非议，问题在于，这种推荐或指正有时是在没有给定条件的情况下做出的。比如“这里有人吗？”这个句子，在没有上下文的情况下，某教材只给了一种译法以说明“活译”：Is this seat taken? 显然，只有在影剧院或会议厅等场所才这么说，如果换一种场景，很可能就是 (Is there) anybody here? 之类的说法了。又如下面这个句子：

慧贞小姐是她的朋友，慧贞有七尺高。

为了说明不要滥用and并列句，编著者指出下面这种译法不好：

a. Miss Huizhen is her friend, and she is seven feet tall.

并建议改为：

b. Miss Huizhen, her friend, is seven feet tall.

原译确实有问题，没有上下文，看不出来想说什么，但改译之后，句子的重心放在了“七尺高”上，在特定的上下文里，“是她的朋友”才是句子重心，那么下面两种译法或许才更应该推荐：

c. Miss Huizhen, who is seven feet tall, is her friend.

d. Miss Huizhen is her friend, who is seven feet tall.

在成语翻译的讨论中也有这种现象。如下面一个脱离语篇的单句：

Don't lock the stable door after the horse has been stolen.

编著者给了直译和意译两种译法：

a. 不要等马被盗后，才去锁厩门。

b. 不要贼走关门。

然后明确地说这个例子意译（b）比直译（a）好。何以见得？如果是在文学作品中的像这样的生动形象又不会造成什么理解困难的语言，或许直译才能更好地体现民族风情、地方色彩和人物说话的特色。

翻译教材在介绍翻译技巧的时候不可忽视条件的重要性，这并非苛求，编著者只要改变一下思路就可以解决这个问题，至少不必把话说死。近几年翻译教材中的例句和练习多取自篇章、少用单句，就反映了这方面的改进，而如果不注意这一点，学生就很可能会感到：教材里说的都不错，给的译文也很好，有的甚至令人叫绝，可就是一做练习就不知道用哪个好了，好不容易用了一个，还用得不是地方。所以，“翻译教育的要务之一是训练学生如何就原作的特色、翻译的功用及译作读者的背景，选择适当的处理方法”。（范文美，1995）而“……探讨翻译技巧的使用条件，也是今后翻译学理论体系建设的重要课题之一”。（林璋，1999）

在翻译批评中，不讲条件地指某种译法“好”或“不好”也是缺乏说服力的。“无论是补偿翻译还是其他翻译手段，只要是有人用过的或者可能有用的，理论家都可以而且应该介绍，但如果还要分析其利弊，就必须说明在什么具体情况下、就何种目的而言才会出现这些利弊。”（张南峰，1999）（着重线为笔者所加）又如对《红与黑》卷首一句若干种译法的争论（许钧，1996: 221—228），争的其实是批评的前提或条件，即各人所持标准的理论依据，有无结论要看论者对其是否有共识，如对文学翻译再创造的“度”的把握、对译作应取的语言风格的看法是否一致等等，症结倒不是那个简单的句子本身。在这些问题上缺乏共识，或根本就不认为有达成共识的必要，就难免会形成“鸡同鸭讲”的局面，除非争论的本意在于过程而非结果。

在翻译实践中更是如此。一个句子、一个词怎么译才“好”，一定要看原文是什么性质的文章，是作什么用的，上下文是什么，等等。没有条件限定，很难说哪一种译法是对的或好的，加上译者本身的因素各不相同，就形成了所谓的“译无定译”。不少人从这句话里得出的是颇具虚无色彩的结论，认为翻译标准是个说不清的事情，特别是教学，只能把握对错，很难把握好与不好。解构主义说的“作者死了”，积极的意义是打破迷信，消解永恒，传播和阐释作品价值，如果消极理解，沉醉于“译者活了”，译者却“活”得没有了法度，翻译标准也就似乎更加遥远、更加不可捉摸了，翻译市场并不会因此而繁荣起来，只能日益陷入劣质译本泛滥的泥淖，最终使读者失去对翻译的信任。正视“译无定译”时，我们看到的应是条件对确定标准的重要性，而不是翻译的无标准。古人说：不审势，即宽严皆误[1]。不了解清楚情况，不看条件，就

1　出自清人赵藩为成都武侯祠写的“攻心联”：“能攻心，则反侧自消，从古知兵非好战；不审势，即宽严皆误，后来治蜀要深思”。

很难不“误”。但是，古人此话是叫我们注意“审势”，而不是叫我们放下工作、从此不再作判断，这一点是明确无疑的。

6.2.2 “条件”对翻译标准的实践意义

6.2.2.1 有条件即有标准

没有条件即无法确定标准，反过来，有了条件的限定，标准也就可以明确了。而且，条件越明确，标准越清楚。由于没有任何条件限定的翻译活动是不存在的，因此，任何一个具体的翻译活动只要一出现，与它相关的各种条件也必然同时出现，标准即据此产生。这个标准可以有一定的活动幅度（“无定译”的外围界限），但它毕竟是可以产生了。

条件是确定翻译标准的要素。我们这里所说的“条件”，是指**随个案而明确的能对翻译标准形成不同程度的制约的一系列相关因素**，其中包括原作性质、翻译目的、对读者的考虑、译者状况以及由翻译活动发生的时代、地域等因素所形成的各种具体限制。对这一要素及其作用的充分认识有助于解释翻译标准的确定性和不确定性，并在此基础上建立符合实际的翻译标准理论系统。可以说，只要给定条件，就可以确定相应范围内的基本标准。这些标准有时甚至可以非常具体。在标准的一般性探讨中，讨论者可以预设条件以使所探讨的标准具有意义。

6.2.2.2 条件明确则标准明确

拿到原文后，一般的做法是根据翻译目的、原文性质等先定一个大体的标准，这个标准通常是几条基本的原则，起控制全局的作用。比如原文是一篇谈话，就需要在口气、情绪、语体等方面多加注意，等等。在翻译过程中遇到一些具体问题的时候，这几条原则很可能就不够用，还要看其他方面的一些因素，即特定性更为明确的一些限定条件，才能在若干种译法中作出最合适的选择。

一位在出版界工作的老翻译审读译稿时曾看到这么一个句子：

So for now the effective political discourse reaching the mass public is mostly the shrinking soundbite, a medium that reduces political debate to messages worthy of <u>bumper</u> <u>stickers</u> or <u>fortune cookies</u>.

这个句子的背景和大意是：在美国总统竞选期间，电台、电视台为竞选者公开辩论提供的播出时间越来越短，使得这种辩论的实际价值越来越低。

句中出现了两样东西：bumper stickers 和fortune cookies。前者是汽车保险杠上贴的花花绿绿的小广告，后者是华人开的餐馆里赠给客人的一种小点心，里面常夹有写着吉利话的小纸条。这是一种招徕生意的手段，这种点心叫“签饼”（“求签”意），也叫“福饼”、“幸运饼”。这些东西对中国大陆的读者来说还是比较陌生的。

此句后半部分可供选择的句式至少有这么几种：

a. 使……成了一种招徕生意的广告。（不保留形象，译意）

b. 使……成了一种像……一样的广告。（保留形象，加译意）

c. 使……成了一种招徕生意的广告，就像……一样。（保留形象，加译意）

d. 使……成了一种……之类的东西。（只保留形象，期待读者自己领会意义）

原译者取的是最后一种译法：

……变成不过是如同招贴广告或运程签语的玩艺儿。

相信大陆读者看到这句话多半会有点糊涂，特别是“运程签语”，查《现代汉语词典》也查不出来。原来这是生活在香港地区的一位译者译的。在这里起很大作用的一个具体因素就是译者的文化背景。而作为译者，除了译文的准确流畅等以外，他还必须考虑的一个因素是：书出版之后是给谁看的？这一点必然地决定了对这个细节的处理：如果译本要在中国大陆发行，以上译法恐怕就有问题，需加注或在前三种译法中选择才行。

6.2.3 “条件”的语言学理据：“语境”对翻译产出（表达）的制约作用

在翻译的理解与表达这两个主要方面，语境对理解的重要作用已广受重视，且就这一点，已经有了不少非常细致的分析和论证，但语境对表达所起的作用却未引起足够的注意，而这一作用事实上是存在的，久已有之的注重把握译文的“分寸”就体现了语境对表达的控制。需要厘清的有两个问题，一是“语境”到底指什么，二是为什么翻译的表达也在它的控制之下。

“语境”思想在东西方都出现很早，context作为一个概念被提出起于马林诺夫斯基（B. Malinowski），但最初的涵盖范围较窄，后经多年研究，现在的范围已经相当大了，有人把它定义为“一种自然语言的语言表达式所依赖的语言知识及蕴含的非语言知识的总和”（牛强、陈林华，1999），几乎是包罗万象了，这就使这个概念具有了超出语言学范畴的跨学科性质。在上面这个定义中还有一点我们需要注意：原来这些“总和”是服务于“表达”的。在以往对翻译过程的研究中，我们只注意了从原作语言中去发掘原作者赖以“表达”的语言知识和非语言知识的“总和”，却没有注意到作为译文的“表达”者，我们也有我们自己的“总和”，它在控制着我们的“表达”。我们的“总和”包括我们从原文中获取的原作者的“总和”（当然不可能一样多），还包括我们在“产出”译文时为适应译入语的语言和非语言方面的各种要求而考虑到的其他因素。所有这些都是控制译文产出或“表达”的语境，具体化为种种起限定作用的相关因素。

前几年笔者的几位学生译了一本小说中的一段，其中一个很简单的词“girl”，三个人竟译了三种：姑娘、女孩、女郎。书中的这位girl是一个黑社会头目的情人，但很善良。这三种译法颇耐人寻味。我们可以看到三位译者对原文中这个形象的体会有所不同，或者说对原文语境（情景、情感色彩等）的理解有细微的差别，也可以看到译者作如此选择的其他一些根据：首先是自己对汉语中有关的几个词的理解和感情，其次是自己希望的通过所选的这个词在读者心目中引起的或美丽、或天真、或浪漫的联想。指挥着译者手中那支笔的，除了他对原作的体味[1]以外，还有他及他的读者所生存于其中的语境。

也就是说，控制译作产出的，有译者从原作中发掘出来的原作者的、译者本人的和译者心目中的读者的共三重语境。

需要说明的是，进入译者语境的原作者语境和读者语境都不是完整的，尽

1　指译者作为翻译主体的各种反应，以及他本人性格、心理等方面的个性特征。当然，这些个性特征也与他成长的环境密切相关。（增补版注）

管译者可能很希望它们完整。[1]

6.2.4 “条件”的理论意义

6.2.4.1 正解奎因：翻译不确定性的理性疆界

郭建中先生曾在一篇文章中评述了奎因关于翻译不确定性的思想，与本文所谈的问题直接相关。奎因的这一思想基于他的自然主义、行为主义语言观，其来源是语言意义的不确定性。他认为：“在习得语言时，关于说什么和何时说，我们必须完全依赖于主体间可资利用的参照物。因此，只有根据人们对社会可观察的刺激所作出的明显的反应的倾向，才能核实语言的意义，除此之外，其他确定语言意义的方法都是毫无道理的。”（见郭建中，1999）这就是整体主义思想的体现，和我们常说的意义取决于语境的思想是一致的。奎因认为，翻译作为语际转换，同样为不确定原则所制约。他的这一思想遭到了很多批评，甚至被认为是“奎因船上一块腐烂的木板”（Kirk，见郭文）。郭先生在肯定了奎因这一思想的启发性作用之后，也对它可能为劣译泛滥提供理论庇护表示了忧虑，并提出了自己解决这一矛盾的思路：“这里的问题，不是翻译没有客观标准可循，而是首先确立什么规范的问题。”笔者倒是认为，这个规范很难确立，“公认的翻译手册”也只能是暂时的、区域性的，即有条件的。如果换一个角度看奎因，或许可以找到更具积极意义的东西。在同一篇文章里，郭先生对奎因的翻译不确定性原则所作的解释是：“句子翻译可以有不同的规范，翻译对等永远是一个相对的概念，两种或两种以上的译文，都可以被看作在某个层次上与原文对等。”显然，“规范”不是关键所在，使“不确定性”有所确定的只能是给定的条件，或限定因素，如此句中的“在某个层次上”。[2]

1　这当然和译者本人的知识结构、认知能力及感受能力等有关系，但同时也和语言理解乃至思维本身的选择性有关，因此是难以强求于译者的。（增补版注）

2　后来又看了一些文献，发现翻译界对奎因的这一思想或许理解得有些狭窄。奎因意不在翻译，而在于语言，他关注的中心是语言意义的确定与否，而且他其实非常重视语境对意义的限定作用。可参看他的《语言学中的意义问题》一文（涂纪亮主编：《语言哲学名著选辑·英美部分》，北京：三联书店，1988年版，第321—336页，作者译名为蒯因）。（增补版注）

我们来看几个例子。

《红楼梦》第七十一回里，宝玉对探春说："谁都象三妹妹多心多事？……"这里的"三妹妹"，杨宪益译本里是完全的中国方式：

"Other people don't worry as much as you, <u>third sister</u>," said Pao-yu. (Vol II, p.537)

而Hawkes译本里是按英语方式处理的：

'You're much too thin-skinned, <u>Tan</u>,' said Bao-yu. (Vol II, p.413)

两种处理方式反映了两种规范，都符合事实（文学作品中的"真"），因此可以说都是对的。但是，译者毕竟作了一个选择，选了这一种规范而不是那一种，这体现出译者在文化等方面的考虑或差异。

这种差异有时甚至影响到对作品中"真"的认定，如下例中泰戈尔诗集*Stray Birds*第6首的两种译文里对miss一词的理解：

If you shed tears when you miss the sun, you also miss the stars.

a. 如果你怀念太阳时便流泪，你也就怀念星星。（周策纵译）

b. 如果错过了太阳时你流了泪，那么你也要错过群星了。（郑振铎译）

这是个没有语篇内上下文（或称语言语境）的句子，本身就具有文学阐释的开放性。就符合逻辑和体现文学价值而言，上述两种译文都讲得通，不确定性来自miss的多义，而决定因素则是译者的心境："周氏当时是去国离乡之人，怀念故土，怀念亲人，……而郑译则更多的从一个哲人的角度说出了生活中的道理。"（朱肖晶，1998）

总之，奎因的翻译不确定性概念给我们留下的也不应是无标准的梦魇，而应是条件对确定性的催生意义。

6.2.4.2 "第三种状态"的生存基础

在6.1节里，笔者提出对翻译标准的探讨应跳出二元对立的思维模式，集中关注处于二元之间的一种与各种相关因素都平衡、协调得恰到好处的状态，即“第三种状态”[1]。这是一个比较抽象的说法，但实际上正是古往今来无数翻译实践者上下求索的理想目标。那么，“第三种状态”何以存在，又是如何确定的呢？在这里起决定作用的就是那些相关因素，即起限定作用的具体条件。像生存于宇宙各种引力之间的地球一样，“第三种状态”在这诸多条件之间保持着一种张力，随它们的变化而改变着自己的形态和位置，使自己得到一种有条件的确定性。在宇宙间，无条件存在的物体是没有的，正如没有“度”的规定和相关条件的限定，任何定理都站不住脚一样，然而，再缺乏确定性的东西在一定的条件下也会以某种相对稳定的状态呈现出来。这就是“条件”的哲学意义：它是确定性之母。

很多情况下，使意义明确的条件是隐形的，意义在一种公认的、默契的基础上存在着。如果话语违反了常识，公认的基础不存在了，“条件”的作用就突显了。如语言学中著名的歧义句“鸡不吃了”，没有条件，什么结论也作不出来，有了条件，其义自明。

逻辑学对条件一向十分重视，辩证逻辑基本规律中尤其强调各种转化、变化都是在一定条件下发生的，而且特别重视质和量的规定性。“从质到量再到度的逻辑推演过程揭示了人类逐步深入地完整地认识客观存在具体规定性的过程。它和人类认识史和实践史是一致的。人们总是先认识事物的质，然后才认识事物的量，最后才达到对事物的质和量统一的度的认识。”（赵总宽等，1986: 183）检视我们对翻译标准的认识过程后可知，确实如此。

翻译的确有着很强的不确定性，但这并不是因为翻译本身有什么玄妙，而是因为与翻译相关的那些条件太复杂了，它反映的是社会的多样性，是世界的千变万化。但这是宏观的，不针对具体对象的。事实是：在气象万千的世界里，每一种物体都有自己的形态，体现其所在空间、时间的相对确定性。无条件地讲翻译标准，给人的感觉就是好像怎么说都有道理，也都不完全对，但是，只要对某一特定的翻译活动的需求一出现，翻译这个概念就由抽象化为了具体，各种相关因素因而产生（包括译者的翻译观），翻译标准也就明确了。从这个意义上说，牵动着“第三种状态”的条件正是它赖以存在的基础。

1　如何定名始终是个问题。和谐、平衡甚至中庸等都是这个意思，但有的说法带有文论的色彩，不易准确。“第三”只是相对于二元的。也许可以称为多元协调，只是“多元”并非辜氏的多个标准，而是指多种限定因素。无论如何，“实”是基础，随着探讨的深入，或许“名”也就清晰了。

常见的翻译标准多是就一般情况而言的通用性标准，如“忠实，通顺”等等，它们的内涵只有在限定适用范围、明确翻译的具体条件的情况下才能确定。还有不少广为人知的翻译标准其实具有很强的针对性，如“化”、“神”等多针对文学性作品，“雅”也有其特定的涵义，我们不必人人都入“太虚幻境”去惊叹一回，再留下一句“没用”走开。

6.2.5 结语：翻译标准探讨的内敛状态与开放状态

翻译研究中有一些焦点性的论题，如对等问题、文化特色问题、译者风格问题、翻译单位问题、可译性问题等等，其中有些分化出成对的概念，如异化/归化、直译/意译等，孙致礼先生就曾归纳出十几对这样的概念。对这些题目的讨论是不是就只能围绕着这二元打转转呢？还存在不少分不出成对概念而且有远不止两三种可能性的论题，如翻译单位，如对等。如果以“条件”作为一个切入点，也许有些问题的答案会清晰得多。比如许渊冲先生“译作可以超越原作”的“竞赛论”，似乎让人觉得不可思议：译作怎么可以脱离原作？那还是翻译吗？然而“竞赛论”是有条件、有范围的，并非处处可以“竞赛”。（试想本科翻译教学中若提倡此说会怎么样！）如果把“翻译”的概念放宽，并且置于文学翻译乃至翻译文学的范畴之内，“竞赛说”就不见得有什么荒唐了。译作影响超过原作的情况在翻译史上并不鲜见，原因很多，有的是特定的历史条件所致，有的是因为译作的语言或译者的改写确实非常出色，提高了作品的文学价值，也有的是受众的猎奇心理造成的。无论出于什么原因，这种现象丰富了译入语的文学，促进了文化间的交流，理论界只能去设法发掘它的积极意义。

在翻译标准的探讨上，我们有很丰富的积累，对其发掘、整理，使之线索更为清楚、内涵更为明确，这是一种内敛的功夫。调整思路，开阔眼界，广收海内外各家能为我所用之论，使翻译标准的探讨更为深化，可称为一种开放的状态。翻译佛经时期强调直译，是因为面对的是佛祖经典；“神”、“化”之论，体现了长时期内我国翻译理论以文学为重的传统。笔者提出重视条件对确定翻译标准的重要意义，这一方面出自对以往有关讨论的观察，另一方面也是希望能反映出当代社会翻译实践的多样性对理论的需求。此外，近年逐渐介绍进来的一些国外新理论，特别是描写译学对语法理论中“原则—参数”理论的运用，基于文化视野的多元系统理论，以及德国功能主义的“目的论”，都对笔者有很大的启发。尤其是“目的论”，虽然与以上关于条件的讨论的理论基础不同，概念范畴也不同，但在思路上有很多共同之处，说明翻译及其研究确有规律可循。对翻译界来说，练内功重要，开放也同样重要。

6.3 翻译标准制约因素分析

这一章的前两个部分说明，翻译标准应是在诸多相关因素之间寻求的一种协调和平衡的状态，这些相关因素都对翻译标准的形成和实现起着或大或小、有意无意的限定或制约作用，翻译标准也正是产生于这些相关因素或具体“条件”的共同作用之中的。

那么，翻译过程究竟会涉及哪些相关因素呢？这些因素在什么情况下、在多大程度上、以何种方式对翻译标准的形成和实现起作用呢？所起的又是怎样的作用呢？个案研究当然可以对特定情况下的某一批制约因素做比较细致的考察，但是，有没有可能对影响到翻译标准的相关因素做一个具有一般意义的、比较全面的说明呢？考虑到翻译活动本身牵扯到的方方面面几乎是无限开放性的，要全面说明这些相关因素简直就是一项“不可能完成的任务”。笔者在此卡了几年壳，观察与思考的结果是，要弄清这个问题看来只有两种途径：

（1）像许多人已经做过的那样，以**个案分析**的形式，考察在某一种情况下具体的相关因素及其作用方式；

（2）对有可能相关的因素做**框架式分析**，即将其归类，并纳入某种模式，以展示一般而言在翻译活动中通常会涉及到的各种因素。

据所见到的资料，按照这后一种途径所做的框架式分析，大部分都是根据不同的研究目的而各有侧重的（见6.3.2、6.3.3节）。在这一部分，我们就以后一种方式对翻译标准相关因素做一番探讨，首先是梳理和评析在国内外翻译界近几十年来出现的比较有代表性的翻译相关因素分析结果及分析模式，然后在此基础上，提出一个综合性的翻译相关因素分析模式，以期为译者和研究者理清这些似乎是千头万绪的相关因素提供些许帮助，并为进一步的研究提供一个理论平台。

6.3.1 概念清理

6.3.1.1 翻译标准和译作实际形成状况

我们知道，无论是就某一次具体的翻译活动而言，还是就整体状况而言，译者为自己设定的翻译标准和译作形成后的实际情况一般不会完全一致。这首先是因为观察主体不同：设定的标准是从译者的角度去看的，虽然其中包含了对他人看法的判断，而译作实际情况如何是从译者之外的其他人的角度去看的，人与人之间对语言、对翻译状态的感受不可能完全一样。其次，就译者个人而言，即使最客观地看，希望达到的和实际达到的这两者之间也不可能完全一致，这既是出于理想和现实之间必然的差距，也因为人的认识范围和能力毕竟是有限的，所以负责任的译者才总会在译本前后的序跋中表示自己的谦虚或遗憾。

提出注意译者设定标准和译本实际情况之间的区别，主要是为了说明：

（1）前者即是一般所说的用于指导翻译实践的翻译标准，而对后者的判断所用的是翻译批评标准。前面曾几次谈到，翻译批评标准和翻译标准有所不同，它的视野更广，角度更多，因此更为宽泛灵活，而且它主要还是用于对翻译成品的考察，实施特点是判断和说明，而不是权衡和控制，尽管如此，二者也经常处于重合状态，因为说到底，翻译批评标准主要还是以翻译标准为基础的。

（2）译者设定标准是一种过程，实施标准（包括不断调整标准）直至译作完成又是一种过程，另外，“译本实际情况”这一概念本身还包含着从译作诞生到接受者（不断）产生反应这样一种过程。所有这些过程中都会涉及许多因素，它们或轻或重、或直接或间接地都可能对翻译标准起作用。总之，探讨翻译标准相关因素的着眼点并不以标准本身为界，而是涉及翻译活动的整个过程，因此也可将这些因素统称为翻译的相关因素。

（3）一般来说，这些相关因素起作用的途径主要是译者，而起作用的方式则是主观控制和客观制约并存。就客观制约而言，有一些因素译者意识到了，也有一些因素译者可能并没有意识到。由此形成的翻译标准和翻译标准的实施过程，都既体现了翻译主体的主观能动性，也体现了这种主观能动性的限度。

6.3.1.2 制约因素、相关因素、条件、参数

制约因素和相关因素："相关"听上去更为客观，具静态描述性，而"制约"体现了一定的压力或作用力。我们对这两个术语不做区分，因为"相关"是这些因素共同的特征，同时也意味存在作用关系。国外这方面的研究中与此对应的常用词有constraints, (relevant or influencing) factors, conditions，在使用中未见明显区别。

条件：据2002年外研社汉英双语版《现代汉语词典》，"条件"的第一义即是："影响事物发生、存在或发展的因素"，本文即取此义。和较为静态的"相关"相比，"条件"更具有一种施加影响力的意思，因此，其义有时引申为"前提"。该版《现代汉语词典》为这一基本义提供的英文为condition, term, factor，可见与以上两个术语的意义也没有根本性的区别。

参数：即parametres。这是一个比较特殊的词，原意指可以在一定范围内变化的数，或具有可变量的项，语法理论中有"原则—参数"理论（见梅德明，1995）。我国曾有论者尝试将"原则—参数"理论应用于翻译理论（何元建，1999；参见4.2.3.3节），笔者也认为这一理论中原则与参数之间的关系与翻译的原则性标准和具体条件之间的关系十分相像，可以借鉴其思路，用于创建某种翻译标准体系。就"参数"这个词在当代翻译理论中的准确意义而言，仔细研读有关文献之后发现，当代译论中的parametres通常用于文本比较中的一种描写手段，指预设的比较点，因此常见于一些比较模式，特别是一些翻译质量评估模式（如Al-Qinai, 2000; Gerzymisch-Arbogast, 2001）。比如，在将译作与原作比较时，可以对所设的一组参数中的每一参数作两个文本对等状况的考察，看是否出现mismatch（不对等或不对应），然后将考察所得的所有参数的对等情况汇总，得出译本与原作在整体上的对等程度。如果真的将"参数"用于翻译标准体系，可以把它定义为设定标准时需要考虑的若干要素，或检验译本时的若干考察点（即4.2.3.3节介绍的方法之一）。这种意义上的"参数"，有些可以视为相关因素，如Al-Qinai文中的parametres，但就这个词在使用中的多数情况来看，它突出的是论者的预设，而不是客观存在，因此，与以上三个术语的意义是有区别的。

6.3.2 体现不同研究侧重的相关因素分析

6.3.2.1 语境

如6.2.3节所谈到的，语境这个词可以作含义极广的理解，这里所说的翻译标准相关因素大部分都可以归入这种广义语境的范围。由于语言学对语境的研究已经有了比较丰厚的积累，从这一概念入手去分析翻译的相关因素应该是很有效的。语境对翻译的制约是明显的，翻译界在这方面的研究由来已久，近些年以此为专题的著作就有朱文振（1987）、包惠南（2001）、郑诗鼎（1997）等，其中对语境讲得比较细的是郑诗鼎，他借用了语言学和社会学的研究成果，包括海姆斯、韩礼德、詹斯·奥尔伍德（第5—7页）等人的观点，对语境因素做了大体分类。相比之下，一些翻译教材中对语境的分析更为详细，比如陈小慰（1998）就列出了上下文、题材、源出者（作者）、接受者等9种译者必须把握的主要的语境因素。

出于其强劲的分析型学术传统，西方翻译界对语言学有关语境的定义和分析模式接受、应用得比较普遍。比如哈蒂姆与梅森（Hatim & Mason）（2001）和朱利安·豪斯（1997）的分析模式就都是以韩礼德（M. A. K. Halliday）的系统功能语法为理论基础的，而这一理论的来源之一即是马林诺夫斯基和费斯（Firth）关于语境的基本思想。

哈蒂姆与梅森把以文本为中心的语境分为三个层面：交际层面、语用层面和符号层面（第57—58页，第237页），并对这三个层面都作了进一步的分析。比如对符号层面，他们认为，如果把翻译活动看作不同符号系统间的转换，那么语言符号的这种转换要受到以下三个层次相关因素的制约：

（1）generic constraints：体裁因素，与规范有关

（2）discoursal constraints：话语因素，与内容、题材有关

（3）textual constraints：语篇因素，与修辞、连贯等有关

（Hatim和Mason, 2001:69—75；可参见廖七一等，2001，第六章）

而朱利安·豪斯在分析语境因素时，把克里斯托和大卫（Crystal & Davy）的三类9种“情景制约因素”（situational constraints）按韩礼德对语言

变异的分类重组为两类8种，即：

（1）语言使用者方面：① 来源地；② 社会阶层；③ 时代

（2）语言使用方面：① 媒介；② 参与方式；③ 社会角色关系；④ 社会观念；⑤ 领域

（House, 1997: 38—39）

此外，豪斯还按照系统功能语法体系建立了一个文本分析模式，用于对翻译质量作出描述性评估（见6.3.3.1节）。

可以看出，以上的这些因素都可能影响翻译标准的设定和实现。与漫天撒网式的列举的方式相比，这种类型的语境分析由于一般都有一个明确的理论框架作为基础，因此，至少就某一个侧面或某一个点来说，比较容易深入下去，做到相对彻底、相对完整，即理论所需要的exhaustive and complete。

如前所述，语境中包含了对翻译标准产生制约作用的大部分因素。但是，也还有一些甚至是很重要的因素很难归入语境的范围，比如与译者个人有关的一些制约因素。

6.3.2.2 对等

如果把“对等”理解为等值（相对于等效），那么，持此论及类似观念者在分析翻译标准相关因素时，一般都是紧紧围绕着原作文本进行的。传统的翻译观念[1]就是这样：分析原作的里里外外、方方面面，力求在译作中使之尽量完整、逼真地再现出来。需要在原作中发掘、体会出来的这种种要素，在我国许多论著和教材中都有介绍。

当代西方翻译理论开始影响我国以来，这种对原作的分析更多地借用了语言学的方法，因此更为细致、更为条理化。比较典型的是本书前面已有介绍的吴新祥、李宏安（1990），他们以转换生成语法为理论基础，把对原作文本的分析整理成为15个语言层级（见该书第25页），其作用类似于上文所说的参数，检验对等程度时，与译作文本中相应的15个层级逐个对照，形成数据，汇总得出结论。这种方法和6.3.3.1节介绍的House（1977/1997）的模式非常相

1　传统不是指已经消亡的东西，而是指世代相传、至今仍然存在的社会现象。传统如已经消亡，就应归入历史。

似，尽管两者的语言学理论基础并不一样。相比之下，吴、李似乎更偏重于静态的语言因素分析，这可能和上世纪80年代该书写作时我国翻译界对外界的了解的局限性有关。

国外以类似方式分析翻译相关因素者主要见于翻译质量评估这一领域，较有代表性的除豪斯以外，还有赖斯（2000）等（见6.3.3.1节）。

6.3.2.3 接受、目的与文化

阐释学、接受美学、信息论、交际理论、对话理论这一类重视接受者感受、重视双向交流的理论对翻译标准的影响是巨大的，解构主义甚至整个儿调转了翻译标准倚重的方向，认为原文是依赖译文而存活的（廖七一，2000: 80）。以这些理论和功能主义语言观以及后殖民文化理论为背景的等效论、目的论和当代译论中的文化学派诸理论，其研究重点，正是在翻译接受方的译入语文化环境中对翻译活动产生制约作用的各种相关因素及其作用方式。

翻译研究对译作读者的重视并非自今日始，但对"接受者"作比较清楚的解释的主要还是一些强调译作效果，或持等效论及类似观点的论者，如国外的奈达和国内的金隄（1998:16, 40）。基于文本分析的一些论者比较常见的做法是，在分析原作文本要素的基础上，向接受方辐射，对接受方的一些相关因素作对应的分析，如6.3.3节介绍的几种模式。目的论者（Skopos theorists）基于其功能主义背景，关心的是译作能否在译入语环境中实现其预期的功能，因此，虽然其同样以文本分析为基本方法之一，但对接受方所做的考察更多地集中于某一具体翻译行为的特定目的。为便于操作，目的论者把这种具体的"目的"分解为：翻译功能（指这次翻译是做什么用的）、译文（文本）功能、翻译类型、翻译方式、翻译目的（指翻译中具体要做到什么）和翻译过程中的注意焦点（Nord, 1997/2001: 48, 51）。

在文化方面，对目的语文化因素的重视过去也是有的，主要体现为研究一些语言中包含的文化内涵如何传达、在译入语文化中是否可以接受。当代译论中的"文化转向"使得翻译界对译入语文化因素的重视达到了空前的地步，和传统的思路相比，关注的重点倾向于比较宏观的一些方面。比如，多元系统论以最大的努力设法说明文学翻译是如何受制于译入语文化系统和文学系统的，并试图找出其中的规律，一些论者特别关注译者主体性的提高，译者出于其

背后的文化制约因素，对翻译过程的操控（manipulation）得到了理论上的支持；意识形态和文学观（poetics，又译诗学观念[1]）对翻译的影响成了讨论热点；女权主义理论则强调权力关系对翻译的影响；等等。

翻译文化学派的奠基人之一安德烈·勒菲弗尔（1992）对制约译者操控翻译过程的文化因素（constraints）所作的论述相对来说是最为系统的，当代译论家安德鲁·切斯特曼（Andrew Chesterman）择其要者，归纳为以下5种因素：

（1）patronage：赞助人（通过权力方式发生影响）

（2）poetics：文学观（体现时代和社会特征）

（3）the universe of discourse：论域（原作题材、内容等，有时会涉及删简调整问题）

（4）the source and target languages：语言本身的特点以及两种语言之间的差异

（5）the translator's ideology：译者的意识形态，主要指他的价值观，以及他如何看待其他相关因素

切斯特曼将这5种因素与翻译规范（见下节）一一对应起来，认为真正与翻译直接相关[2]的只有第4种，即语言因素（The only constraint that seems exclusive to translation is the language constraint, the differences between the source and target languages.）（Chesterman, 1997: 78—79）。

切斯特曼的观点也许过于狭隘，结论也许过于简单，但如果从译者的角度来看，事实就是：这些宏观的文化因素虽然确实对翻译过程和翻译标准产生了重要的制约作用，但它们起作用的方式主要还是通过译者：有些是译者已经具有、自然会起作用的，有些是译者需要考虑、以便主动地使之起作用的。还有一些宏观因素，无论译者本人是否意识到了，他都无法控制，比如特定时代大环境下"赞助人"（或目的论者所说的翻译"发起人"——initiator）对原作的选择和出于某些需要对一些内容的删简，比如译者本人的意识形态和文学观念对他的翻译的影响。因此，有关这些宏观因素的研究，或许对翻译批评的意义更为直接。

1　当代翻译理论中的这个词，国内在使用时多直接译为"诗学"。将其理解为文学观的依据可参见Lefevere（1992:14）。也可以把它理解为美学观，指某种文学审美标准或文学观念。（增补版注）

2　或称为翻译所独有的，因其他几个因素不仅适用于翻译，也适用于创作。（增补版注）

6.3.2.4 规范论

在当代译学所关注的众多课题中，翻译规范（norms）与翻译标准制约因素的关系最为直接。在这方面开展研究最早的是吉迪恩·图里（Gideon Toury），其研究始于20世纪70年代，后来引起了特奥·赫曼斯（Theo Hermans）等其他学者的关注，逐渐积累起了一批研究成果，其中比较突出的就是切斯特曼（1997）。在分析了图里（1995/2001）提出的翻译规范体系存在的问题之后，他基于对有关理论的深入研究，融会贯通，结合实际，又提出了一个更为细致明确的翻译规范体系。此后，赫曼斯（1999）对这两种规范体系做了详细的评述，又有更多的学者围绕翻译规范问题进行了更为深入的讨论（见Schäffner，1999）。

翻译规范研究从一开始就有大量的篇幅是关于"规范"本身的性质的，比如它与规则（rules）、常规（conventions）、法则（laws）等相近概念的关系，即它的约束力程度。这里只取其中与规范（norms）和制约因素（constraints）直接相关的内容作为参考，特别是翻译规范的种类。对于图里的翻译规范研究，国内已经有了一些评介（廖七一，2001: 307—321；陈德鸿、张南峰：2000: 125—138；赵宁，2001），但在图里所提的规范种类上似乎理解得不太一致，同时，切斯特曼的后续研究其实在重要性上不次于前者（详见李德超、邓静，2004），考虑到这些因素，下面对这两种翻译规范体系提出的规范种类做一个简要的比较。

图里认为，对翻译发生制约作用的社会文化因素，依照其约束力（potency）的大小形成一个级次序列（scale），由强到弱大体可分为三类：规则、规范、个人特点（idiosyncrasies）（Toury, 2001: 54）。不难看出，这个序列同样反映出这些因素从共性到个性的渐变。在这个序列涵盖的范围内，图里甚至还提到了译者个人认知机制（cognitive apparatus）的作用，认为这很可能是在同样环境条件下形成不同译本的原因所在，这一点也是很有意义的。图里把翻译规范分为三类：

（1）preliminary norms（预备规范）：它由文本外的大环境所决定，主要包含两个因素：一是翻译政策（translation policy），涉及原作的选择；二是翻译的直接性（directness of translation），即是从原作语言直接译出还是经过另一种语言转译。

（2）initial norm（初始规范）：它体现了在译本“充分性”（adequacy）和“可接受性”（acceptability）之间所做的一个大体的选择，即是倾向于服从原语规范还是倾向于服从译语规范。

（3）operational norms（操作规范）：它制约具体的翻译决策，主要包括两种规范，一种是结构规范（matricial norms），涉及内容的安排取舍，一种是篇章语言规范（textual-linguistic norms），涉及译本最终的语言形式。

图里认为，正是这些翻译规范决定着翻译标准的实现。（以上见Toury, 2001: 58-61）

和图里的规范相比，切斯特曼整理出来的各种规范一是分类更为细致，二是所用术语更为明晰，三是更贴近翻译本身。他是从三个层次来谈对翻译产生制约作用的各种规范的（以下分别见Chesterman, 1997: 55—58; 64—69; 81—84）：

第一个层次从宏观上看，主要综合了社会学和语言学的有关理论。切斯特曼评述了巴尔奇（Bartsch）等人关于规范的各种观点，认为他们谈到的社会规范、道德规范和技术规范，翻译界都需对其进行考虑，其中技术规范又可以分为与产品有关的规范和与过程有关的规范，而后者又可以分出两种规范，这样就是：

- social norms
- ethical norms
- technical norms
  - product norms：涉及语言的正确性，与语言学有关
  - process norms
    - communicative norms：交际规范，与语用学有关
    - norm of honesty or sincerity：诚信规范，与道德有关

第二个层次是就翻译本身而言的。切斯特曼认为，按上述思路，翻译规范主要有两种：

（1）expectancy norms：预期规范，属于与产品有关的规范，受制于译入语文化中的翻译传统、对应的文本形式以及政治经济权力关

系等因素。

（2）professional norms：专业规范，属于与过程有关的规范，受预期规范制约，并可再分为以下三种：

① accountability norm：可靠性规范[1]，属于道德范畴

② communication norm：交际规范，属于社会范畴

③ relation norm：关系规范，指的是译文和原文之间的相似程度，属于语言范畴

切斯特曼的这两种翻译规范都很有理论潜力。比如第一种，预期规范：切斯特曼谈到了预期规范的动态性，即译入语读者有可能对翻译作品的语言产生不同于对原创作品语言规范的预期。有论者指出，这正是译者主体性、创造性得以发挥的空间，也蕴含了新的译入语规范产生的可能（孙艺风，2003；李德超、邓静，2004），这个意思其实也是切斯特曼（1997: 67）只差一层纸没有捅破的，可谓顺理成章。

第三个层次是语言。切斯特曼以英语为例，说明了对语言的预期规范，即expectancy norms for English。他认为最严格的语言规范应该是语法规则，但语法却并不是译者关注的中心，因为众所周知那是不能违反的。在实际工作中，译者的注意力主要集中于另一类规范，即用法规范（norms of usage），这类规范把握的焦点是可接受性和适当性（acceptability and appropriateness），可分为以下两类：

（1）qualitative expectancy norms：质量预期规范，指利用各种语言手段（如尾重、衔接等）把译文写得文从字顺，通达连贯

（2）quantitative expectancy norms：数量预期规范，指语言要具备相应的文体特征（因使用了文体标记分布、频度等概念，故有“数量”之说）

显而易见，切斯特曼的这一套翻译规范要具体得多。

图里和切斯特曼两人列出的所有的规范，确实可以涵盖翻译标准制约因素中相当大的一部分，因此完全可以借鉴这两个体系，作为考虑翻译标准问题时

1　李、邓（2004）译为“义务规范”。

一个很有用的参照。从翻译操作过程的角度来看，规范论的主要问题在于对原作因素强调得不够，只有“可靠性”、“相似度”等一些比较模糊的指标与原作有关。当然，这也是它的研究侧重所决定的，无需求全。

6.3.3 四种主要类型的分析模式

上一节主要是从研究侧重的角度来看翻译学各种理论对翻译标准相关因素的分析的。从分析方法的特征或分析模式上看，这方面的分析大体可以分为四种：基于文本、基于外部因素、基于过程、基于问题。

6.3.3.1 以文本为分析基础

这种分析方法的主要特点是从分析文本出发，向文本外辐射，来考察相关的内、外部因素。

这类分析，其对象一般首先是原作文本，然后将析出的各点投射至译作文本，因此常反映出对原作的侧重，体现“对等”的意识，但在现代翻译理论中，这种对照性分析的侧重也有可能最后落到译作一方，重点分析译作的文本功能，或者从文本分析出发，落到整个翻译过程上，以广义语境为观照视野。也有个别模式，看上去也是以文本为中心的，出发点却不是原作，比如纽马克为说明翻译的动态性（dynamics of translation）所作的图示（Newmark, 2001: 4），就是以译作文本为中心的，但实际上，这个模式并没有对文本本身做分析，只是以它为出发点，来说明影响译作形成的多种相关因素罢了。

对文本所作的分析包括文本语言分析、文本要素分析和文本类型分析。这些分析都可以各分为两类：一类是基于翻译经验或基于传统文体学或文学理论的，一类是基于现代语言学理论框架的。属于前一种类型的分析我们比较熟悉，在许多翻译教程和论著中都可以见到，比如很常见的从文体角度来分析原作实际上也属于一种文本类型分析。相比之下，对后一类文本分析方法的了解和应用就比较有限了。所以，这一节我们重点讨论后一类，即以现代语言学理论为基础的文本分析。

当代西方翻译理论中，基于语言学理论的文本分析以及由此形成的翻译相关因素分析是比较常见的，以下只是国内已有介绍并有一定代表性的三种：

（1）哈蒂姆与梅森（1990/2001）和朱利安·豪斯（1977/1997）：这两

种模式都是以系统功能语法为基础、从文本和语言功能出发来分析相关因素的，比较相像，因此归为一种。两者的不同处在于研究侧重：前者范围比较大，关注的是译者在跨文化交际中的作用，而豪斯关注的是翻译质量评估，她的研究目的就是要建立一套完整的文本分析模式，因此她在文本分析方面做得更为细致，也更为注意这种分析的可操作性。基于其功能主义语言观，豪斯的分析虽然也是从原作文本出发的，但最后的落脚点是译文能否成功地服务于特定的文本功能。从这一模式中分析出来的文本要素是：

① genre：体裁[1]

② register：语域，其中包括：

语场：题材及社会行为领域

语旨：参与者关系，包括作者的来源地和他的立场、社会角色关系、社会观念

语式：媒介、参与方式

（House, 1997: 108）

除此以外，豪斯还建立了一套基于翻译目的的译作文本类型系统，她根据翻译的要求将译作分为隐性翻译（covert translation）和显性翻译（overt translation）两类，在每一类中又根据和原文的对应程度大小将翻译成品分为“译文”（translation）和“版本”（version）（即编译）两种，这显然清楚地体现了翻译目的对译文最终形式的制约。（可参见屠国元、王飞虹，2003）

（2）赖斯（1971/2000）：赖斯的研究目的是为翻译批评提供可行的模式和标准，其入手处即是文本类型分析。赖斯根据语言功能将文本主要分为注重内容的（以传达信息为主）、注重形式的（以表达感情为主）和注重吁请的（以劝诱效果为主）三类（Reiss, 2000: 26），分别提出相应的翻译和评判标准。这种做法和我国翻译界一向就有的按不同文体制定翻译标准的做法颇为一致，只是理论基础不同。赖斯还提出，在对这些不同类型的译文进行评判时，还必须考虑对译本形成具有制约作用的语言内、外两大类因素，即：

① linguistic elements：语言因素，包括语义、词汇、语法、风

1　或译“文类”。（增补版注）

格，属于语言学范畴

② extra-linguistic determinants：语言外决定性因素，包括直接情景、题材、时间因素、地域因素、接受者因素、发话人因素、情感内涵，属于语用学范畴（Reiss, 2000: 48—87）（可参见张春柏，2001）

（3）克里斯蒂安·诺德（1991）：诺德在文本分析方面所做的和赖斯类似，也可以分为文本类型分析和文本因素分析两个部分。不同处在于，诺德是按照文学/非文学这样的常规概念来分析文本类型的，而且以翻译过程为着眼点，重点阐述文本在这个过程中的功能。诺德也详细地分析了文本内外的各种因素，即：

① extratextual factors：文本外因素，包括发送者、发送者意图、接受者、媒介/渠道、交际地点、交际时间、交际动机、文本功能

② intratextual factors：文本内因素，包括题材、内容、预设（即被发话人假设为已知的语用信息）、文本构成、非语言成分（non-verbal elements）（图表、字号等）、语汇、句子结构、超音段特征（suprasegmental features）（与语音效果有关的特征）

值得一提的是，诺德还注意到了这些因素彼此之间的关系，并做了专门论述。（以上见Nord, 1991）

讨论：

（1）诺德和赖斯两人在作上述文本类型分析和制约因素分析时，基本上都是从原作出发向译作辐射的，落脚点都是译作文本功能的实现。从赖斯（1971）到包括豪斯和诺德等在内的德国翻译理论家们所具有的共性，一是对文本分析的热衷，二是功能主义语言观，三是对翻译作为一种人类行为所具有的目的性的重视，这体现了一种一脉相承的学术个性，从中亦可看出德国功能主义目的论的理论背景。

（2）韩礼德的系统功能语法理论在西方译论中有比较大的影响，应用这一体系的除了哈蒂姆与梅森以及豪斯以外，还有罗杰·贝尔（Roger T. Bell）（1991, Ch.5）等不少人。但在我国，翻译研究者很少使用这一模式来作具体

的应用性分析。其中原因，或许是东西方语言系统之间的差异使得这种分析比较麻烦，也有可能是翻译界出于多年形成的治学习惯，还不太适应那种概念体系。又如，文体分类在我国古已有之，西方国家传统上也有类似分法，在当代却是语言学性质的文本类型分析在正规的研究中比较普及，这体现了中西学术传统近代以来不同的发展方向，尤其是在理论方法和概念特征上的区别比较明显。但是，如本书第五章在评述传统的翻译标准论时所谈到的，人文学科与理工类学科在发展上有一个不同之处，就是后来者未必一定是最好的，因此也未必一定要取先来者而代之。在许多文科领域内，层出不穷的新理论的实质性的意义是提供了更为多元的视角、更为丰富的认识和更多的探索方法。翻译界亦是如此。

6.3.3.2 以外部因素为分析基础

所谓外部，是相对于文本内、语言内而言的。由于翻译这种语言活动和文化、社会等林林总总的外部因素天生就难以分割清爽，前面评述的不少方法所分析出来的翻译标准相关因素中事实上是内外部因素都有的，但分析的角度、切入点、侧重确有不同。如果说基于文本分析的方法是由内向外看，那么基于外部因素的分析方法应该就是由外向内看。规范论、文化研究、接受理论等就具有这种特点，因为它们都是首先着眼于来自外部的因素，看这些因素如何对翻译标准和翻译成品产生制约、控制或“塑造”作用。语境研究和目的论观察的重点也是外部，但从分析方法上看，似乎主要还是先从内部看起的。当然，这并不是一个关键的问题，在此提出只是为了分类的清楚罢了。

6.3.3.3 以过程为分析基础

重视过程的做法来源于语言学、社会学等人文学科对人类行为交际性质的关注。从这个角度入手来分析翻译相关因素，体现了围绕翻译活动观察问题的动态观念，分析出的既有内部因素，也有外部因素。这种分析的一般做法是：首先描述翻译过程，其通常体现为若干要素形成的流程，然后逐一分析各要素所包含的或与各要素有关的各种因素。

国内外翻译界都有很多人对翻译过程作过描述，或以语言陈述，或以图示描述。以图示为例，有的非常简单，只有三四个要素（原作、译者、译作等）

和两三条流程线，有的相当复杂，流程细，头绪多，有各种各样的符号代号，一下子还不容易看明白（如Bell的许多图示）。这些过程描述服务于不同的研究目的，其成功与否与简单复杂没有直接关系，主要看其能不能以最精炼的方式说明最具有普遍性即最典型的道理和现象。

对翻译过程进行描述的人虽然不少，但是对过程中各个要素都作比较细致的分析的人却不多，原因不难理解：其中涉及的因素的确太多了，很不容易做到全面。笔者见到的资料里，大部分从翻译过程入手的分析都是有所侧重的，最后形成局部分析，当然这种局部分析有许多都是做得比较细的，可以为全局提供参考。比如文本分析就是一种局部分析。6.3.3.1节提到的诺德（1991）也是从描述翻译过程入手的，她关注的主要是两点，一是其中两个要素即翻译发起人（initiator）和译者的作用，再就是对原语文本的详细分析。又如Bell对翻译过程有非常详细的描述，描述主要集中于翻译的文本处理过程、意义转换过程等心理、思维方面，在考察译者这一要素时，他析出了一些很有参考价值的具体因素，如译者的知识面、技巧、双语能力、专业技能（expertise）、交际能力。其中，"交际能力"包括语法能力、社会语言学能力（与语言使用场合有关）、话语能力（与意义有关）和交际策略能力。（Bell, 1991: 35—42）

国内翻译界以"全局"方式从翻译过程入手来考察翻译相关因素的，自20世纪80年代起就一直都有，但出现于各种专著中的此类分析多是点到为止，要么不全，要么不具体，反倒是一些理论性较强的教程中有比较详细的论述，近作中有吕俊、侯向群（2001）。作者将分析建立于传播学原理的基础上，首先根据翻译的"跨文化、跨语际的信息传播"性质描述了翻译中信息的语际传播过程（第3页），然后结合翻译的具体情况为这一过程涉及的传播学七要素赋予了相应的意义，并对每一个要素及各要素之间的互动关系作了说明。这七个要素是：传播主体、传播内容、传播渠道、传播受众、传播目的、传播场合、传播效果（第4—9页）。此外，作者还对翻译的客观控制因素（第五章：翻译的环境研究）和主观控制因素（第七章：翻译的控制研究）分别予以详细论述，这是迄今为止笔者见到的国内对翻译制约因素最直接、最全面的分析。

6.3.3.4 以问题为分析基础

在做得比较具体细致的此类分析中，还有一些论者采用的方法很难归入以上三类，他们的分析既不属于6.3.2节中那些以理论建构为目的的研究，也不属于个案研究，或许可以称为以所研究的问题为中心展开的分析。以下即是三例：

（1）王东风、申丹（Wong & Shen, 1999）：这篇文章是专门谈影响翻译过程的因素的，包括语言内外的各种因素，但文章的主题却不在这些因素本身，而是说明英汉互译之困难，因此作者着意强调的是具有语言和文化个性特征的相关因素对翻译造成的障碍。作者列出的这些因素是：

① 语言因素：语音、词汇、句法、语篇手段

② 文化因素：a. 文化间：文化词语、审美差异、政治影响、道德观影响

b. 文化内：翻译策略倾向、写作的时代风格

③ 个人因素：a. 能力

b. 观念：美学观念、对接受的态度、翻译观、政治与道德观、职业观

（2）Shakir（1995）：这项研究的主题是广告翻译中来自语域和心理图式方面的制约因素。作者认为，广告翻译的目标是要达到"话语对等"（discoursal equivalence），这种对等受制于以下三种因素：

① registeral features：语域特征

② schematic knowledge：图式知识（文化背景），由社会、心理、认知三个方面构成

③ awareness of target audience's expectations：对接受者期望的了解

（3）Al-Qinai（2000）：文中根据纽马克、哈蒂姆与梅森、豪斯、斯坦纳等人的观点提出了一套翻译质量评估模式，由7项文本方面的指标（parametres）构成，外加符合译入语规范（conventions）这一条。关于影响译文质量的译者个人因素，作者认为这里面包括译者的能力、决策、理解、价值观、个人风格以及他的感情因素。

以上三例都有比较明确的要解决的问题。还有一些对翻译相关因素的讨论

显然是综合性的，不针对具体问题，也不明确地以哪个方面为中心。这种类型的分析有一定影响的有Neubert和Shreve（见廖七一，2000: 292），他们列出了①至⑨项的对翻译产生影响的因素，其中：

1项与原作有关：⑧ 原语的信息内容。

3项与译语有关：③ 译语文本的情境、意图、目的和需求；⑦ 读者对文本的期望；⑨译语文本可接受的限度。

其余5项都是与原语、译语都有关系的：① 相关语言的一对一机制；② 原语与译语的文本特征；④ 文化、社会与交流习惯的差异；⑤ 知识结构的文化差异；⑥ 共同知识的范围与构成。

这9项的确都很重要，但从分析方法上来看，头绪不清，形成了随意性罗列，在实践中也就不好把握，这说明一定的框架还是必要的。

6.3.3.5 小结

以上我们把翻译相关因素分析模式分为四种类型，可以看出，相比之下，基于过程的分析模式可以为译者，同时也为翻译批评者提供一个更为全面的观察视野。此外，对翻译过程中每一个要素的具体分析又可以采用不同的分析方法进行，因此这种模式也更具有综合性的潜力。

6.3.4 一种基于过程的综合性模式

前面大体梳理、评述了迄今为止翻译界对翻译标准制约因素所作的一些主要的、有代表性的分析和一些有关的论述。这一部分里要提出的这个翻译相关因素分析模式（见下节图示），其基本形态在本书第三章3.1节里已经出现，主要是为了说明翻译批评主体所处的位置，因此，重在几个要素之间的关系，而每个要素的内部都没有进一步的分析，与下节图不同。这个模式的部分思路起于十几年前[1]，因当时的论题领域及研究视野所限，至今才大体成型，特别是近些年来国内外翻译理论研究的发展，丰富了我们对许多翻译相关因素的认识，也使得与这一模式有关的不少问题都有了更为充实的内容和比较合理的解释。

1　参见拙著《小说翻译中的异域文化特色问题》（2002）第三章。

6.3.4.1 图示

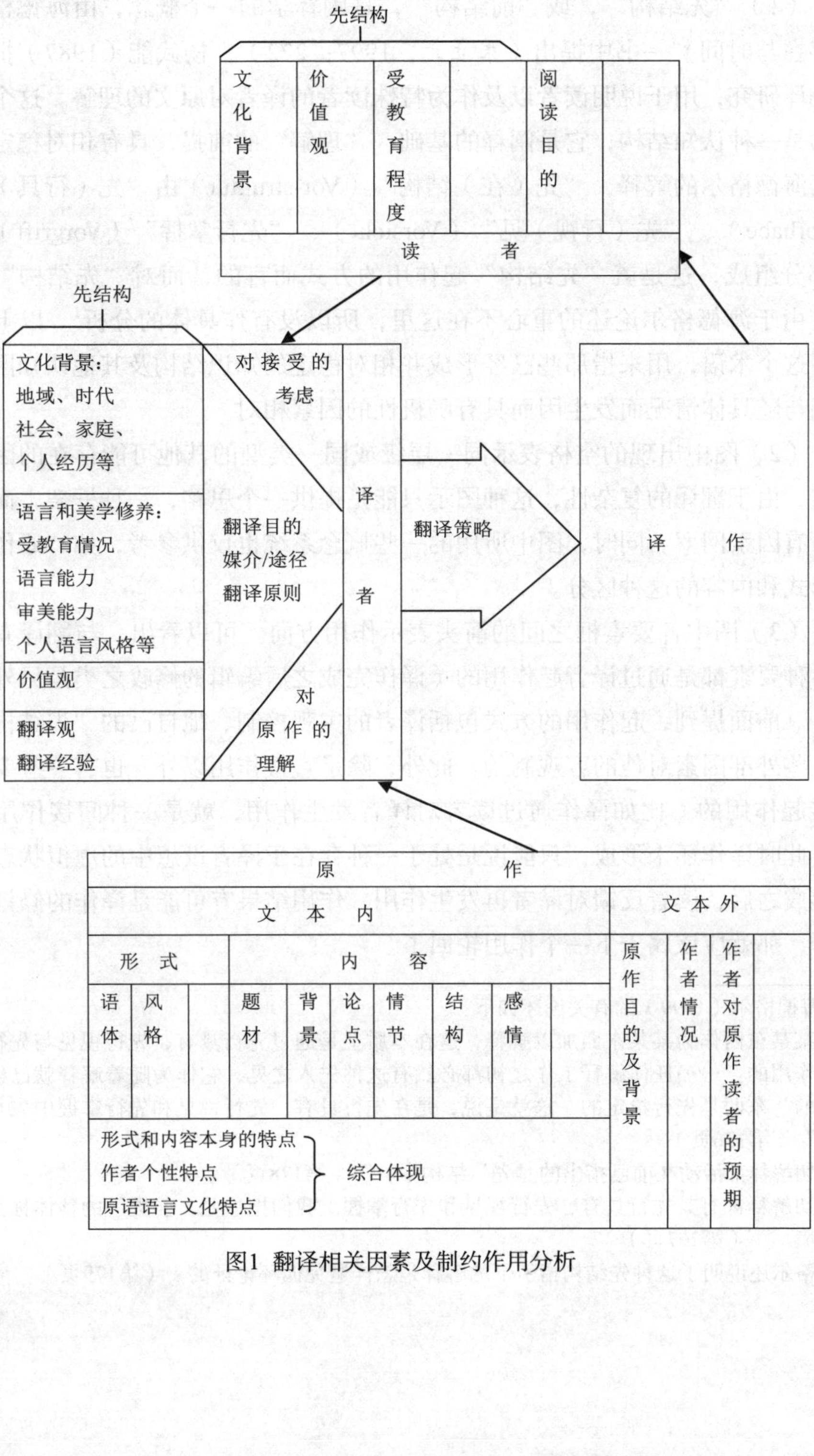

图1 翻译相关因素及制约作用分析

6.3.4.2 说明

（1）“先结构”，或“前结构”，是阐释学的一个概念，由海德格尔在《存在与时间》一书中提出（朱立元，1997：272），杨武能（1987）把它引进翻译研究，用于说明读者以及作为特殊读者的译者对原文的理解。这个概念指的是一种认知结构，它是阐释的基础、“理解”的前提，具有相对稳定性。根据海德格尔的解释，“先（在）结构”（Vor-struktur）由“先（行具）有”（Vorhabe）、“先（行视）见”（Vorsicht）、“先行掌握”（Vorgriff）这三个部分组成，这是就“先结构”起作用的方式而言的，而对“先结构”的内容，由于海德格尔论述的重心不在这里，所以没有作具体的分析[1]。以上模式借用这个术语，用来指那些已经形成并相对稳定的知识结构及其他认知因素，它们与随具体情况而发生因而具有随机性的因素相对。

（2）图中出现的空格表示同一层级或同一类型的其他可能存在的因素。显然，由于翻译的复杂性，这种图示只能是提供一个思路，一种框架，而无法把所有因素网罗。同时，图中所用的一些概念系统也仅供参考，如“原作”中的形式和内容的这种区分。

（3）图中各要素框之间的箭头表示作用方向。可以看出，与翻译有关系的各种要素都是通过译者起作用的（译作完成之后编辑的修改之类是另外一回事）。前面提到，起作用的方式包括译者的主观控制、他自己的“先结构”以及一些外部因素对他的客观制约。此外，除了直接作用以外，也有一些要素是间接起作用的，比如译作通过读者对译者发生作用，就是一种间接作用，而且，此时译作还未形成，只能说是处于一种存在于译者设想中的虚拟状态。译作形成之后，读者反馈对译者再发生作用，作用结果有可能是译作的修订甚至重译，那就应该属于下一个作用轮回了。

---

1 海德格尔（1999）的有关论述如下：

“把某某东西作为某某东西加以解释，这在本质上是通过先行具有、先行视见与先行掌握来起作用的。……任何解释工作之初都必然有这种先入之见，它作为随着解释就已经‘设定了的’东西是先行给定的，这就是说，是在先行具有、先行视见和先行掌握中先行给定的。”（第176页）

“一切解释都活动在前已指出的‘先’结构中。”（第178页）

“一切解释都有其先行具有、先行视见和先行掌握。我们把这些‘前提’的整体称为诠释学处境。”（第267页）

海德格尔还说明了这种先结构指引下的解释是怎样避免循环论证的。（第179页）

（4）批评者的位置。本书3.1节的图示说明，批评者不是翻译过程中的必要成分，因此，他的位置应该是游移的：可以站在译者或读者的位置上，也可以置身于这个过程之外，作全面观察。视角不同，对相关因素的了解和体会自然也就有所不同，对翻译批评者来说，这个框架可以提供一个比较全面的视野。

（5）各种因素的轻重。这要根据具体情况而定。比如诗歌翻译中，原作形式方面、感情方面的因素的重要性就可能上升，译者的美学修养作用力加大，而非文学类作品，如满足某种特殊读者群需要的科技情况简报，原作中除需要的信息之外，其他因素都可以不被考虑，译作因此是摘译或编译。总之，这个框架的意义主要在于为译者和翻译批评者提供一个参照系统，以减少疏漏。

6.3.4.3 性质

上面提出的这个模式并不是因为吸纳了以往所有此类模式的优点而成了最好的，它只是为译者理清错综复杂的翻译相关因素提供一条可能有用的思路，但另一方面，在对这个模式反复修改的过程中，笔者也确实做了一些努力，使之更为合理，以避免存在像过去一些此类模式中的那样的问题。比如，尽量使它既不过于简单，只列出要素而不对这些要素作进一步分析，也不因过于复杂而影响其可操作性；又如，尽量使用中国译者比较熟悉的概念和思路，尽量少用比较费解的术语。当然，这后一点是动态的，与翻译理论的发展和普及有关。

之所以有这些考虑，也是这一模式本身的性质所决定的，即：

（1）它是基于过程的，这是为了能比较充分地反映翻译活动所涉及的各方面因素、这些因素之间的关系及其动态性，同时也是为了尽可能地反映翻译实践中译者实际上是怎样工作的。

（2）它体现了一种系统化的努力。翻译相关因素非常复杂，不如此则无法摸清其底数，这是不难理解的。此外，系统化也是理论研究的必需。如果说反映翻译过程和清理这些因素的头绪是从实践意义上看的，那么这一点就是从理论意义上看的。至于这个模式本身，它基本上还只是一种归纳整理，而不是深入的理论分析。

概括起来，这是一个基于过程的综合性的分析模式。

6.3.5 结语：系统化与理性化

随着整个学术界一系列思想和方法论方面的变革，20世纪后半期翻译理论发展的一个趋势，就是对翻译过程中涉及的各种因素做系统化的研究和整理（… the direction of translation theory in the second half of the twentieth century was generally towards a systematization of different elements of the translation process.）(Munday, 2001:33)。我们知道，系统化体现的是一种理性化，一种理论意识，这是研究得以承继的一个基础，有了这样一个基础，或批评，或修正，或将其推翻以出新，就都有了一个出发点。本章所做的工作，就是这个性质。

回顾与扩展思考：

1. 翻译标准到底有没有？如果有，是什么？你自己翻译的时候是如何把握翻译标准的？根据什么？
2. 找一篇（部）译作，详细分析译者是如何把握翻译标准的，包括他考虑了哪些因素，做了哪些努力，结果如何。思考：这样去分析译作，意义何在？

第七章
翻译批评标准的传统思路和现代视野

7.1 引言

从前面第五章、第六章的回顾和评述中可以看到，我国传统译论的内容是十分丰富的，但是在翻译标准问题的讨论中却存在一种单向度、简单化的思维定势，翻译批评标准也以此为基础，加之近代以来翻译研究大都以文学翻译为默认对象，翻译标准在高度归纳为几个字的同时也趋向于单一化。近些年来，这一状况已经开始发生变化，其社会背景和学术动因主要有：

（1）翻译活动的多样化（它已经远远超出了文学翻译的领域）；

（2）活跃而迅速的文化交流对读者接受从观念上到语言上都产生了多方面的影响；

（3）国外当代翻译理论自20世纪70年代以来有了长足的发展并逐渐为我国翻译界所了解。

在这种形势下，越来越多的人认识到，由于对翻译活动发生影响的各种因素非常复杂，传统的单向度静态翻译标准在解释力方面存在不少问题，而当代译学新理论在翻译批评标准问题上可以给我们很多积极的启示。这一章即在前面两章的基础上，对传统译论和当代译论的有关问题予以梳理，重点是翻译标准对翻译批评的解释力，同时涉及对传统译论的继承和借鉴，而对当代译论，主要是论述它的启发作用。

7.2 对传统译学如何看

在研读我国传统译论文献的时候，笔者常常感到，对于我国传统译学，如果认识不够全面、不够准确，就会影响我们对其存在的问题的把握。其实，对现代译学里的很多焦点问题，如读者接受、语境的作用、不同译本的不同功能、社会文化因素、译者的重要作用等，我国翻译界的许多人早就谈过了，只不过因为多是就事论事，没有比较系统的思路，没有共同的结论，所以看起来仍是一片散论。同代人或后人设法整理，或因无法兼及，或因见仁见智，有时就不免把丰富的思考变得简单化了，客观上助长了翻译标准的单一化趋向。前人的讨论相对常青，许多内容在今天看来也不失新鲜，有的甚至相当"超前"（如林语堂对"寻常作文之心理程序"的分析，见罗新璋编，1984: 427—428），我们的理论继承却有变成灰色的危险。

认识到传统译论的丰富以避免继承中的简单化是一方面，另一方面也得看到传统译论的弱点。我国传统译论不仅在一些核心思想上，而且在学术方法上都是与古代文论一脉相承的，这类方法自有其独特之处，如直观感悟方式对事物本质的直接把握，但同时也留下不少"后遗症"，如不重立论，因此形成不了系统的论题和结论，许多论题、论点被"重复开发"，又如宏观上大而化之，微观上不求甚"解"（包括理解和解释），一切诉诸悟性，表达方式含蓄、模糊、非术语化，由此造成多种理解，形成许多无谓争论。此外，翻译批评方法过于感性化、过于零散，缺乏理论支持，使得批评的质量和说服力完全依赖于批评者的语言修养，批评一失皆失，极易流于见仁见智，为语言修养不高者提供遁词，难以形成对翻译实践的有效指导和监督，也无法对翻译史上的许多现象做出透彻而准确的解释。由于这种种原因，我们传统译论的文献不少，但结果不多，亦不甚明确，苏格拉底和孔子式的"述而不作"，带来的要么是"半部《论语》治天下"的满足，要么是经学式的无尽注释、循环论证，讨论归讨论，问题还是问题。当更为实际、解释力也更强的现代译学各种理论进入我国的时候，传统译论在方法上的这些弱点及其理论疲软就显得尤为突出了。

7.3 传统译学中的翻译标准

第五章已经介绍过，罗新璋（1984: 19）将我国传统的翻译标准论归纳为“案本——求信——神似——化境”这条线索，刘靖之（1981: 14）的归纳是“重神似不重形似”，其最后目标也是达到“化境”。钱锺书先生对“化境”的解释是“既能不因语文习惯的差异而露出生硬牵强的痕迹，又能完全保存原有的风味”（罗新璋编，1984: 696）。这里包含的意思并不只是对原文的忠实，还有克服语言障碍、适应译语习惯，这就是另一个方向的考虑。而且，“原有的风味”里如果还包括了原有的语言风味，问题就更复杂。“信达雅”也是如此，内在的考虑角度是很多的。正因为要兼顾的方面多，所以翻译才难。对于这诸多因素之间的关系，论者却又往往是语焉不详。因此，除了以忠实于原文为一个总的倾向以外，更重要且更不容易说清楚的还是如何认识和协调各种关系。

在20世纪30年代那场大讨论中，鲁迅和瞿秋白之间的争论引起了许多人的注意，也使翻译界有了一些错觉，加深了信/顺、直译/意译这些二元对立给人的印象。如鲁迅著名的“宁信而不顺”历来被认为是对立中的一个极端。然而，这种说法除了起因于当时特定的针对性以外，按照鲁迅自己的说法，“宁信而不顺”也只是译给“很受了教育”的那种读者的，除了这些人，还有仅“略能识字的”，鲁迅认为对他们“还不能用翻译，至少是改作，最好还是创作”，这又是哪一个极端呢？（罗新璋编，1984: 275）鲁迅的说话方式是很有些语不惊人死不休的意味的，有时甚至还有点抬杠，研究者注意的自然应是其完整的内容。

又如，我国传统译论在讨论翻译标准时的确主要以文学翻译为默认对象，但即便是对“信达雅”这样雄踞王者地位的标准，也存在着针对不同文本的不同诠释。如陈康1942年为柏拉图《巴曼尼得斯篇》所作的译序中，对哲学著作翻译中的“信达雅”给出了自己的阐释，认为“信”是天经地义的，“达”“只相对于一部分人，即这篇翻译的理想读者”，而“‘雅’可目为哲学著作翻译中的脂粉”（罗新璋编，1984: 443），又如陈西滢1929年说：“非文学的翻译，只要能信能达，便尽了译书者的能事。”（同上：401）这里的文体意识是显而易见的，陈康所论中对读者的选择也体现了对译文功能的重视。

毋庸置疑，我国多年以来形成了一些翻译标准上的基本倾向或主流观念，如“忠实”的牢固地位，如对文学翻译批评的格外重视。这些观念成为主流是我国翻译界多年实践和研究的结果。这些主流观念对指导翻译实践和规范翻译市场起到了积极的作用，体现了翻译标准及其研究的规定性的一面。但是，基本倾向或主流不应该也不可能淹没其他方面的存在，翻译毕竟是十分复杂的一种人类活动，翻译标准研究还应有描写性的一面，既体现多样性，也为翻译标准本身的发展留出余地。细看以往的翻译批评，真正内行且严肃的批评者在进行对具体译作的分析时还多是考虑得比较全面的，考虑到了译者做出选择的种种原因，并没有画地为牢、削足适履。如钱锺书评林纾翻译的文章，合情合理，善意周全，罗、刘二位的《翻译论集》都收入了。

然而，或许是由于理论研究的无力，尽管传统译论具有如此丰富的内容，在翻译标准问题上，还是出现了某种思维定势，其主要表现即是批评标准的简单化。比如，似乎以原文为取向的“忠实”是硬指标，无可怀疑，相比之下，以译入语为取向的指标就软得多，对译文语言和接受者的研究，其主观色彩都比较浓。又如在标准问题上，有意无意地总是以寻找一个最高的、唯一正确的标准为终极追求。再有就是以套模式的方法来评价翻译技巧的使用，忽略制约翻译的各种复杂因素。这种简单化的表现至今仍然存在。笔者见到一本近年刚出版的翻译技巧类教材，里面就还是有不少这方面的例子，尽管书中也罗列了许多理论：一是在上下文不明的情况下，一个句子仍然只有一种译法，不考虑其他可能性，许多例句因此而缺乏说服力，况且有的译文并不像编著者认为的那样“精彩”；二是在一些问题上理解偏狭，如谈翻译语言的再创造，以一篇英译汉短文中的小标题为例，说用了四字结构的译法才显示了魅力和风采，如果用较直白的译法，“标题应有的美感和精当便荡然无存”，然而细看文章，原文只是一般的说明性散文，语言平实，并不矫情，从内容来看，译为四字结构的有些小标题也显得分量过重，如Air the details和Give a nod to fate这两个小标题，依编著者的意见，要分别译为“一五一十 道个明白”和“力所不及 惟有认命”，而不是更能体现原文简洁的语言特色、更贴近文章内容的“说明详情”和“颔首认命”之类，对于如此夸张的小标题，书中并没有说明什么特别的目的，只不过是要“令原文逊色”而已，然而“令原文逊色”（竞赛论）恐怕也是有一定适用范围的。可见，在翻译标准问题上思维方式的简单化、绝对化还是有市场的，这里有上文所说“一失皆失”的问题，同时观念陈旧、对翻译理论浅尝辄止、不能融会贯通也是重要原因。理论意识缺乏，没有理解其中道理，就只能生搬硬套技巧了。怪的是，许多早已作古的翻译界前辈，他们的观念却并不像有些今人这般陈旧。如果从严复之后便不敢再越雷池一步，那么连“神似”、“化境”都不可能出现了，严复本人也不见得喜欢这种局面。

7.4 新思路，新视角

7.4.1 多元和动态的观念

新时期以来，辜正坤于1989年提出的“多元互补论”体现了一种多维度的、动态的新思路：翻译可以依据不同情况设置不同的多个标准，这些标准可以根据不同情况、在不同时期发生各种变化，作为一个总的原则，翻译标准应体现“最佳近似度”。但是，在这一理论中，原文是最高尺度这一观念并未受到质疑，相反，原文被认为是翻译的“绝对标准”。按照这种取向对翻译史上的一些著名事件做出评判，如林译小说，如严译《天演论》，如殷夫译裴多菲诗《格言》，所得出的评价只能是负面的而不会是正面的，因为就算它们达到了文学作品和社科作品不同的具体标准，但毕竟离那个“绝对标准”——原文——都比较远。所以，连论者自己也强调：“我们一定要记住，最佳近似度也是一个抽象的概念，很难把握，没有什么实用意义。”整个一套标准体系的基础于是成了泥足，有用的只是“在这个特定历史时期强调具体标准的重要性”（见杨自俭、刘学云编，1994: 473，着重号为原作者所加），即多元、多维度。本书第六章曾指出，由于缺乏维系这些具体标准的线索，辜氏此论确有如他自己所担心的那样使翻译标准虚无化或标准泛滥的危险，但从打破一个标准一统天下这个意义上说，这一“论”还是很有价值的。

7.4.2 对接受者的明确重视

在20世纪80年代被引进我国的几种较有影响的国外翻译理论中，Nida的理论对翻译标准研究具有特殊的意义，这种意义不仅在于他所提出的“功能对等”这一翻译标准，更在于这一标准所开启的新的思维方式和新的视角：

（1）翻译标准的动态观念（早期表述为“动态对等”）；（2）对接受者明确无疑的重视。（详见Nida, 1964; 1993）

我国传统译论对接受者其实也是很重视的，从支谦的“其传经者，当令易晓，勿失厥义，是则为善”，到钱锺书的“译文达而不信者有之矣，未有不达而能信者也”，甚至到曾虚白的“其实‘达’不‘达’完全靠读者内心的弦线而定，不应该叫作者去负责的”（罗新璋编，1984: 22, 23, 414），虽然意见并不统一，但对接受者谁也不敢忽视。尽管如此，传统译学在理论上却从来没有给接受者一个明确的地位，可说是始终处于一种“引而不发”的状态，这就使得已成为主流的一些翻译标准在解释力上出现了空缺。我们可以用一个简单的例子来验证一下：傅东华1940年译《飘》中的人名“白瑞德”（Rhett Butler）、“郝思嘉”（Scarlett O'Hara）显然不是“形似”[1]，那么是“神似”？但“似”的却不是美国人名，而是中国人名。从看不出语言差异痕迹这一点来说，这种译名或可称为入了“化境”，也就是达到了高标准（？），那么，为什么90年代的两个新译本（上海译文出版社1990年5月版、北京外国文学出版社1990年8月版）都不约而同地放弃了这种译法，舍“高”就“低”呢？原因其实很简单，社会发展了，读者的欣赏趣味不同了，翻译标准也要随之变化。传统译论文献中对读者需求、社会历史因素等虽然也有提及，但那声音还是微弱而分散的，不足以登堂入室，只是与“神似”等比肩，作为一个重要指标对以上现象做出解释。

与我国传统译论对接受者这种含含糊糊的重视相比，奈达的理论由于以信息论、符号学为理论基础，又有接受美学、文学阐释学这种更为广阔的学术背景与之呼应，因此具备了强有力的理论支持。但奈达的“功能”指的是原作在原语文化中的功能，由于文化差异的存在，这一功能何以能在译语文化中充分保留，使接受者因得到同样的感受而满意？这就使一个难解的“扣”形成了，奈达因此而饱受诟病。事实上，奈达理论体现了翻译标准从发出者移向接受者的一个过程，这一标准的实际位置是在二者之间，这一点与我国传统译论其实是相去不远的，标准陷于如此两难境地不难理解。比奈达稍晚一些发展起来的国外几个新的学派，如下文提到的翻译文化批评学派和翻译功能主义学

1　此例或可归为“形似”的应是“音似”，即更为贴近原文语音的音译，如“瑞特·巴特勒”和“斯嘉丽（或斯卡莉特）·奥哈拉”。（增补版注）

派的目的论，将这一标准毫不含糊地移向接受者一方，甚至直接以翻译目的即译文在译语中的功能为出发点（Nord, 1991: 4；陈小慰编著，1998: 9），用各种有效手段使原文在译语文化中具有意义、获得生命，这就至少在理论上把这个“扣”解开了。事实上，奈达的思想中已经含有目的论的影子（Nord, 2001:5），这既是实事求是的结果，也是逻辑的结果。

相比之下，香港地区的翻译研究由于受不同的文化气氛和社会环境的影响，对翻译标准的多元化和接受者的重要性的认识更为实际而坦率：“自从翻译理论在二十世纪中期引进现代语言科学研究成果之后，译评工作者纷纷明白到‘忠实’这个概念的复杂性，改为采用多元的标准来理解翻译的成果。大家不但质问‘译文是否“忠信”’，还进一步问‘“忠”于什么？’、‘在哪个层面求“信”？’、‘为什么如此要求？’。……翻译评论的标准则可能是（1）译文本身作为艺术品的价值，例如译出来的诗有没有‘诗味’、译出来的戏剧作为脚本在舞台上演出行不行，也可能是（2）译文使用者的期望是否得以满足。”（周兆祥，1996）显然，这已经与功能主义目的论殊途同归了。

7.4.3 对译者作用及译语文化因素作用的重视

在20世纪80年代介绍进来的翻译理论中，乔治·斯坦纳以阐释学为基础提出的“理解也是翻译”这一论点，通过对理解的历史性所作的大量论证，表现了译者阐释对翻译过程所具有的重要意义，译者的作用因此而开始获得理论说明。（Steiner, 1975/2001: Ch. 1）相比之下，我国传统译论对翻译过程中的“理解”虽然同样是非常重视的，各种文献、教材中与此有关的内容非常多，但一个共同的问题就是只限于就事论事，说不清内在的道理，而且在对译者作用的认识上，囿于对译者地位的成见，或许还出于习惯性的对“人”的漠视，又一次表现出理论上的疲软，止于随感、杂谈而不前，译者的主观能动性因无所依附而底气不足。

近些年来，20世纪70年代起在国外逐渐发展起来的一些当代新译论逐渐进入我国，其中以多元系统论为代表的翻译文化批评学派和以目的论为代表的功能主义翻译学派，在为翻译批评标准提供新的思路和新的视角方面具有重要的启示性意义。

以埃文–佐哈尔（I. Even-Zohar）、吉迪恩·图里、安德烈·勒菲弗尔、特奥·赫曼斯、苏珊·巴斯奈特等人为代表的翻译文化批评学派认为：文学所涉及的是一个社会内部的相互联系的文学及超文学整体结构（即“多元系统”），其内部各因素之间彼此作用，因此，翻译始终处于社会文化诸因素的制约之中，翻译于是成为一种操控（manipulation）或重写（rewriting）（Lefevere, 1992a:vii；Shuttleworth & Cowie, 1997:101；谢天振，1999: 98—100）。这种观点特别重视社会因素对翻译的制约，并提出了相应的翻译规范（详见6.3.2.4节）。这一派理论自身也存在一些适用范围方面的问题，如出现某种泛文化倾向（如对意识形态影响的研究偶尔会出现泛意识形态倾向[1]），又如与翻译中具体问题的解决策略联系不直接，较为宏观，等等，但是，它为翻译批评提供了一个很有效而且符合实际的角度，这一点是值得肯定的。

赖斯、费美尔和诺德的翻译功能主义目的论认为：翻译是一种目的性很强的活动，翻译标准实际上是受翻译目的所控制的。与传统翻译标准重视原语文本功能不同，这一派重视的是译语文本在译语环境中的功能，并且提出了基于目的论的翻译原则（廖七一，2000: 296—300；陈小慰编著，1998: 9）。尤其值得一提的是，赖斯早在1971年就指出，采用建立在等值论基础上的批评方法时，有很多现象不能解释，因此他提出建立在功能主义基础上、以目的为导向的、更为客观的批评方法（objective approach to translation criticism）（Nord, 2001:9）。这至少说明，目的论的起源本来就是与翻译批评有着密切关系的。

作为符合逻辑的结果，这两个学派都非常重视译者的作用。译者不再被视为应该居于“隐身”的状态，而是可以理直气壮地根据译作在译语文化中将要发挥的预期功能来制定翻译策略。译者的主观能动性于是找到了根据。它们的理论观点典型地体现了“二十年来新翻译理论”的特征：（1）译者的能动介入；（2）重心从“意义”转移到产生意义的“场所”，翻译成为一种“文化消化”。（徐贲，1998）翻译标准因此而摆脱“唯一”和“最高”，成为一种多向度的动态系统，翻译批评也因此而摆脱桎梏，得以在社会文化诸因素的相互作用中对翻译文本做出准确而合理的解释与评价。

以上这些新的视角和新的思路对翻译批评具有重要的理论意义，即：在对译作做出评价时，与原文的接近程度不再是唯一的或最高的衡量标准，译者为

1　“对意识形态影响的研究偶尔会出现泛意识形态倾向”是增补版添加的部分。（增补版注）

适应译入语社会的需要甚至为服务于特定目的而做出的种种调整具有了合法地位，对接受者的重视也包含在其中；批评者可以更充分地理解、更准确地解释译作与原作之间的各种差异，并揭示其背后社会文化历史因素所起的作用。这样一来，一些曾被认为不能入翻译“清流”的译作，其“乖戾”之处终于可以得到合理的解释，这些作品于是不仅可以享有感性的赞赏，而且可以得到理论上的理解。翻译批评于是变得多元而宽容。

如，由于诗歌丰厚的内涵、富于美感的形式和读者对其极具主观性的体验方式，诗歌翻译历来是最不容易找到什么共同标准的，人们至多是对译诗与原诗之间的联系（或称相似性）有一些大体的共识，如要像诗，要有美感，等等。传统的翻译批评标准在此有些束手无策：对于“等值论”只能从“值”的内涵上去发掘；对于“神似”首先要对“神”这个比较玄的概念做出解释，然后就得说明“似”到什么程度才算合适。然而，从现代译学重视接受者和社会文化因素对翻译过程的控制这一点出发就会看到，诗歌翻译中的很多现象其实都是合情合理的。从欣赏的角度看，接受者完全可以依自己的兴趣、心境各取所需；从评论的角度看，不同译者出于不同目的和不同背景，大可按自己的标准去译，以获得心灵愉悦或满足其他方面的精神需要，批评者可以提出自己对译诗标准的看法，以理解的心态[1]，分析清楚译诗中的种种来龙去脉，依自己的标准对译诗与原诗之间的异同予以描写和评论。

7.4.4 相关因素的协调：翻译批评标准的中和之道

虽然翻译研究者总是希望能找到一种适用于各种情况的翻译标准，虽然迄今为止的种种翻译标准都表现出一定的倾向性，但正如前文所说，更重要且更不容易说清楚的还是如何认识和协调各种关系。在现实中也是如此。即使是在纯文学翻译中，译者所做的工作也主要是在各种相关因素之间寻求协调与平衡。因此，翻译标准探讨中经常出现的原作与接受者这两极之间的对立在事实上并非完全如此。译者所追求的其实始终是位于两极或多极之间的一种与各种相关因素都能协调得恰到好处的和谐状态。中国传统哲学思想中的“中和”、“中庸”应是对这一状态的最佳诠释。辩证的对立统一规律强调的是运动和转化，体现了相关因素之间的复杂关系，但其前提和结果也都是相依相存的统一

1　“了解之同情”！（增补版注）

和协调。因此，翻译标准探讨的中心应是这种协调得以产生的条件，即对翻译标准起不同程度制约作用的各种相关因素以及这些相关因素的作用方式。

国外当代翻译理论对接受者、译者以及社会文化因素的重视，体现了在传统译论千百年来对原作及原作者给与了充分重视的基础上，当代人对其他方向上的相关因素的深入研究。除此以外，当代译论同样注意到了翻译的综合性和多种相关因素之间的复杂关系。玛丽·斯奈尔–霍恩比（M. Snell-Hornby）在对自己建立翻译研究的跨学科、综合性途径（an integrated approach）做出说明时谈到，这种途径势必带来思维方式上的变革，首当其冲的就是：传统的二元对立思维模式和过于机械、僵硬的类比思维模式（如对等模式）要让位于体现整体性的、渐变式的、格式塔式的等随具体情况而定的思维方式。（Snell-Hornby, 1988: 1—2）我国学者在这方面的研究包括：田菱于1992年提出要建立翻译学的辩证逻辑学派（见杨自俭、刘学云编，1994：375—386），郑海凌提出以"和谐"作为文学翻译的标准（郑海凌，1999），孙致礼提出要处理好翻译中若干对矛盾之间的辩证关系（孙致礼，1999），方梦之提出要以唯物辩证法作为译学方法论的基础（方梦之，1999），以及笔者对此所作的一些研究（见本书第六章[1]）。

由于翻译活动的复杂性，单一学科途径虽然在某些方面能使研究更为深入，但在翻译标准探讨上确实有它的局限性，我们希望能够从哲学的角度对翻译标准问题进行深入而系统的研究，使一种重视相关制约因素、重视协调与平衡的翻译标准思想得以形成，它或许能够更为准确地反映翻译实践中的实际情况，并因此而使翻译标准更具有可操作性。在此基础上的翻译批评标准，其基本特点应是：多维度、综合性、描写与规范相结合。

7.5 结语

在近二十年翻译界的不断探索的启迪之下，翻译批评标准的新视角、新思路事实上已是不少研究者的共识。这些新的思想，无论是国外的还是国内的，与传统都有着千丝万缕的联系，但无不是对传统积极继承、努力开拓的结果。

1 第六章三个部分的内容先后发表于1999年第3期、2001年第4期和2004年第6期《外国语》杂志。（增补版注）

当代译学新理论为翻译批评带来的是一种更为宽容、更符合实际的理论氛围，相信这方面的研究不仅对我国的翻译理论建设有积极意义，对翻译批评、翻译实践以及翻译教学也都是有意义的。

附录

附录一　翻译批评性质再认识[1]

摘要：十几年来，翻译批评在历史文本的理论批评方面取得了很多成果，但针对现实问题的理论型翻译批评却严重不足，其原因之一即是对翻译批评学术性的模糊认识，而这一点与霍姆斯（Holmes）将翻译批评归入应用型研究不无关系。本文认为，现代翻译批评的性质其实是涵盖了理论研究和应用研究的。现代翻译理论的典型的特征就是它的高度理性，这同样也应成为现代翻译批评的特征。即便是现实问题引发的现代翻译批评，同样可以是融理论的探索、验证、应用为一体的深度研究，其学术性无可置疑。与此同时，现实中的许多问题也都需要理论性翻译批评的积极介入，面对现实问题，翻译界不应因对翻译批评性质的模糊认识等种种原因而放弃责任，以致形成批评的“缺席”。

翻译批评与翻译学的大部分研究领域都有关系，同时具有直接的实践意义，所以一直都很受关注。那么在翻译学不断发展的今天，翻译批评的现状如何？怎样继续？本文即从这几个问题入手，在理论与实践的结合上着力，再探翻译批评的性质，重点是分析翻译批评如何面对现实，希望能为翻译批评下一步的发展拓宽思路。

1. 翻译批评现状简析

如果将翻译批评定义为与具体译作或译者相联系的翻译研究和翻译评论，

1　这是笔者发表于《外国语文研究》2010年第1辑 (南京：凤凰出版传媒集团译林出版社2010年8月版) 上的一篇文章，后收入任东升主编的《翻译学理论的系统构建——2009年青岛“翻译学学科理论系统构建高层论坛”论文集》（上海：上海外语教育出版社2010年版）。本书收入此文时个别地方做了一点文字调整。（增补版注）

那么从我国近十几年来的学术期刊论文看，与1980年代相比，散论式的、随感式的翻译批评明显地少了。这可以理解为翻译界为提高翻译批评理论深度做出的努力起作用了，直接影响了学术期刊选稿的标准。体现在专项研究（专著、科研项目、博士论文课题）方面的情况是，自理论性翻译批评著作渐次出现以来（以许钧[1992]为开端），以翻译批评为主题的研究课题相继通过审查，进入了省级和国家级科研规划。与此同时，翻译理论本身的发展为翻译批评理论提供了丰富的资源和动力，在译作评论的观念和方法等很多方面都产生了重大影响。

从另一个角度看，与散论式翻译批评减少相伴的是，指名道姓的具体的翻译批评或评论类文章在学术期刊中也少了。那么，这类翻译批评是消失了吗？并非如此。这些针对性和现实性都很强的批评或评论有一部分转入了其他类型的出版物，如带教材性质的翻译专著和散文随笔式的个人著作。以单篇文章或片断言论形式出现的散论式翻译批评，加上纠错类（包括仅指出错误）和简单举荐类的翻译批评或评论，还转入了另外两种传播载体，一个是以一般公众为阅读对象的读书类和出版类报刊，一个就是网络。也就是说，感受性的、技术性的翻译批评，逐渐脱离理论性翻译批评已占上风的主流学术载体，转而以其他形式继续存在。

现代翻译学观念中，与翻译批评有关的一个重要问题就是如何控制其主观性、提高其科学性。以上分析表明，十几年来，翻译理论迅猛发展，翻译批评的理论意识不断增强，的确产生了压缩主观式批评空间的作用。但与此同时，针对现实问题的翻译批评在主流学术载体上也呈弱势，原来就不多，现在更少。形成这种状态的原因大约有以下几点。

第一，在翻译界和出版界多年的共同努力下，翻译出版物中的乱象有所收敛。90年代中后期，翻译界和出版界的有识之士对当时翻译出版物中抄袭剽窃、粗制滥造等近于泛滥的恶劣行为给予了猛烈抨击（参见拙著，2005：22—23[1]），后来的事实证明这的确产生了一定的效果。虽然这些现象至今仍然存在，但许多出版社顾及声誉和法律诉讼，对翻译出版物的质量确实也较过去更为关注。

第二，批评本身更为谨慎了。随着才学俱备、德高望重的译界前辈逐渐远离话语中心，批评者与被批评者之间的年龄和资质差距逐渐减小，有的批评者甚至就是平辈或晚辈，在这种情况下，主要诉诸主观体验的随感式、评点式的批评就更加难以为被批评者所接受，容易招惹麻烦，批评者对此也是心中有数

1　即本书第二章第2.2节。（增补版注）

的。于是，需要直接面对批评责任的正式出版物中的批评减少，大量的批评以匿名的方式出现在网络等媒体中。

第三，出于认识上的一些原因（比如对翻译批评性质的认识，见下节），对现实作品的批评也有不少人本身就是不太愿意做的，觉得没有多少学术含量。同时，细致而全面深入地评论一部翻译著作劳心费力，在基于数量的学术评价体制和教师业绩评价体制的重压之下，也很少有人愿意涉足。相比之下，评论历史译本更为安全，也更为“学术”。因此，有相当一部分翻译批评的力量转向历史译本。一个积极的结果就是，当代翻译理论（尤其是翻译文化批评理论）在历史译本和译者评论方面发挥了很好的作用，形成了不少很有分量的研究成果，如鲁迅译作研究、胡适译作研究、《圣经》等经典作品的翻译研究，等等。

然而，翻译批评毕竟承担着历史译本批评之外更多的责任。

2. 翻译批评的性质认定问题

关于翻译批评的定义、范围等已经有了很多讨论，意见并不完全一致，其中一个含糊之处就是对翻译批评学术性的认识，而这一点是与对翻译批评性质的认定有关的。比如国外对“翻译批评”（translation criticism）的理解有的时候其实范围很窄，基本上就是对翻译的阐释和评估（如Holmes，1972；见Venuti，2000：182），而国内近年对翻译批评的定义趋向于宽，多将理论探索也纳入其中，使其成为翻译理论研究的一部分。吕俊（2006: 52—54）对翻译批评和翻译批评学的区分有助于澄清翻译批评理论研究（即元翻译批评）与具体的翻译批评之间的关系，无疑是这方面研究的一个重要进展，但就面对现实问题的具体的翻译批评是否就一定缺乏学术含量这一点，仍然需要澄清。

在这个问题上，笔者认为，在翻译界影响很大的Holmes关于翻译学分野的那张图（见Munday, 2001: 10; Baker, 1998: 278），在一定程度上起了一些误导作用。

这张图首先就把翻译学研究领域分为纯理论研究和应用研究两大块，翻译批评和译员培训、翻译辅助手段研究都属于应用研究。第一个问题是，至少从分析的细致程度上看，纯理论研究这一块分得比较细，下有三个层级，每个层级里都有若干项，而应用研究就简单得多，下面只有一个层级，包含三项。这个布局给人的印象是，翻译研究以纯理论研究为主体。第二个问题是，翻译批评所在的这个位置，很容易让人觉得翻译批评和理论研究没有直接关系，因为二者之间是分开的。Holmes的本意也许并非如此，这样分只是为了论述的方便，因为分出来的这些项有的是方法、角度，有的是研究对象，Holmes再三强调这些项之间的关系是“辩证的”、互惠的（Baker，1998：279）。尽管如此，至少在那张图上，它们毕竟是分离的。这样，翻译批评就不得不属于应用研究（applied studies），而不是理论研究（theoretical studies）。虽然这种认定与翻译批评的实际性质并不相符，但在它的影响下，为了体现翻译批评的学术性，就只好竭力将它往理论研究上面靠，于是翻译批评就处在了一个不无尴尬的境地。

笔者认为，与其陷入这种虽自我认同但又不得不去有意识地避免什么（不做什么）、靠近什么的为难境地，不如换个思路。

其一，理论研究和应用研究这种区分法源自西方学术传统，我们比较熟悉的就是理论语言学与应用语言学的分野。也许是因为这种区分本来就蕴含着某种不合理，或者是因为现实和理论研究的发展已经突破了原先的认识，目前应用语言学的研究领域和数十年前相比已经有了很多变化，其边缘并不清晰，比如翻译研究就已经无法被框在应用语言学这个框架内了。即便是在外语教学研究这一被公认为正宗的应用语言学研究的领域内，诸如二语习得理论中的有些理论的深度也远非一个简单的“应用”可以涵盖，“应用”云云只是一个勉强戴着的帽子。这种帽子如果只是一个标签，无碍视野，戴着也就戴着，但如果阻碍了思路，那就不妨摘掉它来看问题，大可不必被翻译批评究竟是研究性的还是应用性的这样的二元思维逼入窘境。例如文学，文学理论及其应用之间就不见得有这样清晰的划分，其他许多学科也是同样的，把理论的研究和应用分开不见得有什么必然的道理。有人说，中国的学术方法是问题性的，即是围绕问题展开的。我想我们不妨借用这一思路，直接以翻译批评、翻译教学、翻译哲学、翻译史等为问题领域来切分翻译学（实际上国内不少翻译总论类的著作中也都是这样来划分的）。按这种分法，描写性、规定性等概念应是各学科通用的方法论概念，纯理论研究应该是各类研究做到一定层次后都会进入的状态。具体如何，需要做进一步的深入研究，这里只是做一个设想，它起码可以让我们摆脱二元纠缠，打开一点思路，认识到理论的研究与应用之间并无鸿沟，翻译批评运用理论来研究现实问题本是常态。

其二，彰显翻译批评学术性的突破点不妨放在理论与实践的结合这一点上。换言之，不是纯理论，不是纯实践，而是二者的结合。许多事实（各种论文的审读评阅）证明，纯理论不见得很难（只要你的抽象思维和逻辑思维够用），纯实践也不见得很难（只要你的语言基本功和经验够用），而将二者结合得恰到好处，你中有我，我中有你，这才是最难的，也最见研究者的真水平。翻译批评正好具有这种性质：它的特征、需求，都正好是在理论和实践的结合点上[1]。好的翻译批评应是：在实践问题中能发掘出理论意义，在理论探索中能延展出实践意义，它需要的是对理论和实践两方的通透理解，以及能将二者打通的悟性和洞见。中国文化讲究二元乃至多元的融合互动，讲究“三分”与“一”，这种思维方式或可对我们有所启发。

自20世纪中期崛起的现代翻译理论，典型的特征就是它内在的高度理性，这同样也应成为现代翻译批评的特征，而融理论的探索、验证、应用为一体，本来也是现代学术研究的基本形态，所以，研究型翻译批评的学术性无可置疑，无论它的研究对象是历史文本还是现实作品。

3. 面对现实，翻译批评不能缺席

新时期以来，翻译理论研究获得很大发展，使我们加深了对翻译的认识，改变了翻译界的许多观念，然而，其影响力还远未稳定地“扩张”到可以为掌控翻译出版物的质量提供咨询或理论支撑，或者可以对现实中的翻译问题作出理论解释的地步，而融合了理论研究及其应用的翻译批评便有责任将二者联系起来。文学界近年来不时有人提到，文学研究不关注现实中的文学现象，俨然又成“两张皮”，翻译批评当引为鉴戒，面对现实，不能持续“缺席”（许钧，2005）。

1　教育部根据高校“十五”科研规划咨询报告整理的“人文社会科学研究现状、发展趋势与学科研究指南”中也指出，“翻译批评是为了解决文学翻译的理论和实践问题而发展起来的新的学科分支”（“外国文学”部分，何其莘主持），可见翻译批评的这一性质已成常识。

下面是一些实例，从中我们可以看一看翻译批评能够做些什么。

作为我国文学大奖之一的“鲁迅文学奖”的翻译奖项连续出现空缺，与新时期以来我国的“第三次翻译大潮”形成鲜明对比。那么，到底是哪里出了问题？一方面，“外国文学的译介工作在近10年来发展很快，但是译文的质量确实很令人担忧。这里既有翻译的实践问题，也存在理论方面的问题”。[1]理论方面的问题包括，有些被认为是译文质量的问题，其实是译者的观念导致的，即译者并不认为那是质量问题，比如对译文语言的把握。这其中究竟是何道理，需要翻译批评的针对现实作品的研究和解释。另一方面，正如谢天振（2005）在《文汇读书周报》上撰长文指出的，这些大奖评委们的观念也许需要调整了。文学奖的评委多为知名作家，对语言的顺畅等等一向是比较看重的。那么这些观念为什么要调整，调整到什么程度，也需要翻译批评予以解释。

与翻译类奖项评选有关的可供研究的课题还不仅限于对译作质量的评判观念，比如其至少还涉及以下问题：

其一，怎样认识和协调现代汉语发展与继承的关系。就这个问题而言，过去一般多注意词汇方面，比如外来词的合理使用等等，但从书面语言整体印象（评委判断的主要方式之一）这个角度来看，更为常见的是句式方面的问题，比如：汉语句式受欧化影响所发生的变化，在什么程度上可以被认定为已经是现代汉语能够接受的了。

其二，很多人都感觉到，一说到翻译家，人们熟悉的名字都是老前辈，于是认为我国优秀翻译家后续乏人，为此长吁短叹。但果真如此吗？笔者不敢相信。中国历史上“第三次翻译大潮”中，从事翻译者的数量史无前例，这其中竟然没有新的优秀的翻译家出现，不免荒谬。事实是，我们也许并没有认真地去观察那些活跃在文学和非文学翻译领域中的成千上万的中青年翻译者。这个年龄段的知名译者，为数很少，多是出于某种原因被媒体注意才进入我们视野的，比如《哈利·波特》这些畅销书的译者等等，极少量自然成名者，却又是争议缠身（见下文）。各种大奖评选中的一些弊端，比如论资排辈，比如过于注意经典，比如一些陈旧的观念，都有可能在客观上阻碍我们去发现优秀的青年翻译家。而评论译作、推举优秀译作和优秀译者，不正是翻译批评的基本任

1　出处同前注。

务之一吗？当代翻译学一个重要的研究领域就是译者研究，除共性意义上的一般性译者研究以外，翻译家研究也是译者研究的题中之义，这翻译家的名单如果几十年未见更新，并非幸事。

网络翻译批评近年来异军突起，已经引起翻译界的注意，并被视为翻译批评空间的一种拓展（可参见刘云虹，2008：12）。网络世界里有一批真正的翻译“粉丝”，他们热爱翻译，全心投入，或读翻译，或做翻译，不为学位、职称，不为报酬、虚名，只为翻译，而且是现实中的翻译[1]。正规途径的翻译批评不好做，于是翻译批评社会需求天然形成的动能换了一个空间倾泻了出来。出于网络的特点，这些批评有不少比较粗糙、幼稚、意气用事，但其坦率和认真，或许正是批评本身的某种天性，可以补正规途径之不足，即所谓“礼失求诸野”。网络翻译批评是值得研究的，对它的价值、无价值、反价值，都需要有个说法，对它的利用、引导也需要翻译界关注，原因不难理解：网络为我们周围世界带来的改变太多，它的影响力和发展前景都不可小觑。

从事日本文学翻译的林少华属于少数因其译作颇受欢迎而自然成名的译者之一。自2007年底至2009年2月，围绕着林少华译村上春树先后出现了两次比较激烈的批评和反批评。先是一位日本教授在其著作中指林译改变了原作者的真实形象，将之“浓妆艳抹”，林在《新京报》撰文反驳[2]，其间引起我国个别专家关注，指出争论涉及理论问题（仅止于“指出”——新闻只能做到这个地步）；后是村上作品的另一位译者施小炜指林译为“‘山寨’村上春树”，林不愿纠缠其中，只是在博客中作了比较克制的反批评[3]。村上春树作品在国内年轻人中影响很大，对这样的争议，翻译理论界却是一片静默，没有任何说明、解释、指导，也没有进一步的研究，只见利益相关者独自在情绪和利益混杂其中的状态下辩论是非。显然，翻译批评是可以而且应该介入的。

现实的翻译批评不好做，除前文已经谈及的原因之外，还有一个直接的原因就是批评的气氛仍然有问题，容易情绪化进而伤感情。情绪化只要出现，无

1　笔者曾见到网上一位热心读者开列的优秀文学翻译家名单，有近150人，涉及多个语种，有早已过世的老翻译家，也有现今的畅销书译者，后面附了个说明，要大家尽自己所知往上添。显而易见的是，这位网友费心费力做这种事完全是出于爱好。

2　可参见http://data.book.hexun.com/41832599885C.shtml (accessed 07/09/2009)，2007年11月30日《新京报》和同月28日《中华读书报》。

3　参见2009年2月6日《文汇读书周报》第1版和同月27日该报第5版。

论其是走向激化还是刻意压抑、息事宁人，其实都有悖于弄清事实以提高翻译质量的初衷。如果说评论是非高下总免不了发生争议的可能，那么设法将争议导向认真的学术性探讨，使之演变为对问题的研究即研究型的翻译批评，应该是一个比较好的选择。

出版社编辑对译作进行修订的原则也是一个比较常见的现实问题。一个典型的实例是周作人译作整理出版过程中出现的情况。周氏译作整理编辑者之一止庵先生认为，过去对周译编辑做了太多的删改，“结果不少地方已经面目全非”，所以他做的工作主要是根据译者遗属提供的原稿恢复其作品的本来面目，而“真要谈论周作人的译文特色，大约只能是以这回的本子作为凭据”[1]。这些译作中包括日本古典名著《平家物语》一书。笔者正好有整理过的新版，于是认真读了一遍，以观原译的真容，阅读中发现，周氏原译中其实有一些明显的错误，编辑都未作改正。那么，这能不能成为翻译编辑的常规？一般来说，对名家名译按这种方式处理还是可以理解的，因为这些译作多已成为历史文本，保真是具有意义的，但是在占绝大多数的非名家名译的编辑中如何处理，有时也不仅仅是技术问题，这里可能涉及的问题有许多都具有理论潜势，如译、编双方在翻译原则把握、译文语言控制等问题上的认识差异，翻译活动参与各方之间的关系，编辑在翻译过程中的作用，译作版本变化及其意义，翻译批评的译本依据等等，如果能从理论上对这些问题做出探讨，对理顺翻译出版中的各种关系也不无益处。

其他现实的翻译问题还有：畅销书和影视作品的翻译质量的评论，重译对原译的借鉴的规范，翻译抄袭的鉴定和仲裁，对各种翻译评估方法效度的验证，出版界实用的翻译标准及其实施和保障方法的调查，翻译教学效果评估，等等。在翻译批评理论方面，翻译批评的价值观、伦理观，翻译规范研究，等等，都是可做的课题。

为了避免一再“缺席”、“失语”，翻译界还很有必要放下身段，对社会做一些类似于科普性质的工作（比如通过电视讲座、谈话等方式），让公众了解一点翻译的常识，以减少其对翻译的误解（比如在媒体炒作下对中式菜名翻

1 见2008年2月27日《中华读书报》第14版。

译起哄式的调侃，对外国译者译中国古典名著的盲目批评[1]），使翻译能够更好地发挥社会功能。

4. 小结

本文提出，翻译批评的学术性体现在它将理论的探索、验证、应用融为一体，无论是面对经典作品，还是面对现实中的翻译问题，翻译批评都可以做出深度，做出水平，其中的关键就在于是否具有沟通理论与实践的独特眼光。本文特别指出，面对现实问题，翻译界不应因对翻译批评性质的模糊认识等种种原因放弃深究细查及对学问负责亦对社会负责的态度而使批评的“缺席”形成。丰富的现实同时可以为翻译批评提供许多可研究的课题，对这些课题进行深入探索的结果应是理论研究和社会效益的双赢。

参考文献：

[1] Baker, Mona. *Routledge Encyclopedia of Translation Studies*. London & New York: Routledge, 1998.

[2] Munday, Jeremy. *Introducing Translation Studies: Theories and Applications*. London & New York: Routledge, 2001.

[3] Venuti, Lawrence. *The Translation Studies Reader*. London & New York: Routledge, 2000.

[4] 刘云虹. 论翻译批评空间的构建 [J]，《中国翻译》（3）：11—15，2008.

[5] 吕俊. 价值哲学与翻译批评学 [J]，《外国语》（1）：52—59，2006.

[6] 谢天振. 假设鲁迅带着译作来申报鲁迅文学奖 [N]，《文汇读书周报》，2005年7月8日.

[7] 许钧. 文学翻译批评研究 [M]. 南京：译林出版社，1992.

[8] 许钧. 翻译的危机与批评的缺席 [J]，《中国图书评论》（9），2005.

[9] 杨晓荣. 翻译批评导论 [M]. 北京：中国对外翻译出版公司，2005.

1　2008年10月，一本谈文化误读的书出版，书中的一些内容在2009年3月经媒体放大，形成了一个不无娱乐性质的“热点”，热点的中心是外国人《红楼梦》人名翻译中的荒谬。这些所谓的批评牵强附会，有哗众取宠之心，无实事求是之意，在引起一番对外国译者的愤青式声讨之后不了了之。翻译界无人说话。该书的观点可参见http://news.xinhuanet.com/overseas/2009-03/09/content_10976729.htm (accessed 07/09/2009)，即新华网转载《广州日报》2009年3月9日的文章。

附录二　翻译本质与翻译标准研究综述：1977–2007[1]

摘要：翻译标准问题与翻译本质问题密切相关，对翻译本质的认识形成翻译标准观的基础。本文回顾了新时期三十年里中国翻译界在这方面的思考轨迹和观念变革过程，同时对存在的问题作了分析。作者指出，在翻译标准观念和有关研究走向多元之后，仍有一些理论问题亟待解决，如翻译标准和评价的确定性理据等，而翻译规范论、翻译价值论、翻译伦理学等或可成为这一领域内的新课题。

1. 引言

翻译本质和翻译标准[2]是互为表里的两个问题，也可以说是同一个问题的两个侧面。对翻译如何把握，对译作、译者、翻译过程等做出何等评论和判断，必然地要涉及对翻译本质的认识，即我们常说的翻译观——你怎样看翻译，你就会怎样做翻译和评价翻译。换言之，对翻译标准的把握从根本上说是个观念问题。同时，翻译标准与价值观、伦理观又具有天然的联系。在翻译学

1　本综述用于由笔者主编的文集《二元·多元·综合：翻译本质与标准研究》（上海外语教育出版社2012年出版，为杨自俭、王菊泉总主编的《英汉对比与翻译研究》系列文集第七分册），初稿发表于2008年第12期《外语与外语教学》，题为“基于翻译本质观的翻译标准观：1978–2007”。文集中正式采用的版本在初稿基础上做了一点修改，主要是第3节最后一段，另外文字上也有些调整。题目中年份差异的原因是：按文集选编思路，时间范围应自1977年起，但为了体现三十年这一整数，本文在单独发表时将题目中的起始年份改为1978年，文集该分册所附重要论著索引显示，这一领域内最初的重要文献也的确是出现于1978年。这里文章主体采用修改后的文集版（有个别文字格式等的调整），为方便阅读，同时附上文集中不需要的摘要和参考书目。（增补版注）

2　本文中“翻译标准”兼指做翻译的标准（常规意义上的翻译标准）和评价翻译的标准（翻译批评标准），即取其广义。现代翻译批评有时并不涉及明显的评价，因此也不涉及明显的标准，但这只是表象（见本文第3节最后一段）。任何命题都包含评价的成分，因此也都必有所依据的参照，这是逻辑常识。判断性命题更是如此（哲学界对判断与命题的关系有不同意见）。

学科体系中，对翻译本质的认识主要涉及本体论和认识论问题[1]，翻译价值观和翻译伦理观则属于价值论范畴。

本分册[2]辑录和追溯的重点即是，从1977年到2007年这三十年[3]里，中国翻译界在翻译标准以及翻译本质和翻译价值论方面主要的理论研究成果及其走向。与前人不同的是，当代中国翻译界在这些方面所作的探讨，是在一个社会转型期的大环境中进行的，这个时期各种急剧变化的思潮和观念必然会对翻译标准研究产生影响。

在整理选编资料的过程中能感觉到，国门开放之后，就翻译标准观念而言，涌动着三种强劲的力量：一是对自佛经翻译以来逐渐形成的中国翻译传统的承袭，这个传统，最突出地表现为对译文的精益求精和对译者的严格要求；二是国外翻译理论的大量引进，这些理论所持的观点、方法，特别是其中蕴含的一些观念，对中国翻译人历来秉承的翻译标准观念产生了巨大的冲击；三是在传统和引进的基础上中国翻译学者不懈的探索和创新努力，这种努力中包括对传统和引进理论的反思，包括对社会实践中翻译的新变化所做出的回应，也包括对各种元翻译学因素的变化的考量。这几种思考的力量汇成了一个丰富多彩、活力十足的生动画面，因应着翻译学忽然成为显学这一学术现实，在多元文化背景下以跨学科综合性的特征、带着学术理想主义色彩“诗意地栖居”着，推进着我们对翻译的认识，同时为思想史的发展也为社会的发展做着独特的贡献。在这个多彩的画面中，我们力图清理的自然是这三十年内中国学人自己在汲取了多种营养之后所做出的研究成果。

1　哲学界认为，“本质”这一概念是亚里士多德第一个明确使用的，他认为，“事物的本质就是它的第一本体”。美国科学哲学家、当代语言哲学中实在论的代表普特南认为，事物的本质属性指它的有决定性意义的属性。（以上分别见冯契、徐孝通，2000：148，149）这是从内涵的角度来看事物的属性。在哲学界关于本质的各种讨论中，所谈的问题一是如何给本质定义，二是本质是否可以认识以及怎样认识，也就是本质是否可知以及认识它的途径和方法，而谈到如何认识事物的本质即该事物之所以是它而非其他的那些属性，就涉及事物的区别性属性即性质，这是从外延上来看事物的属性。可以看出，本体论和认识论在这里是交织在一起的。

2　本文中所说的“本分册”、“本书”都是指注1中提到的《二元·多元·综合：翻译本质与标准研究》一书。（增补版注）

3　准确地说，应是三十一年，为叙述方便，本书取三十年这一整数。

本书正文分为四个专题，各自的重点如下：

第一部分：翻译的本质：多棱镜下的译学基本范畴。共8篇文章，涉及翻译中的一些要素和翻译学中的一些基本范畴、基本问题，意在从这些主要侧面入手来看翻译本质。

第二部分：翻译价值观：对翻译标准的不懈追求。共7篇文章，其中前五篇都是翻译理论史上的名篇，是翻译标准研究的必读文献，后两篇则是对传统的追溯和整理之作。在全书中，唯有这一部分的5篇文章是新时期之前的篇什。辑录在此，是希望让大家了解前人的思索和追求。按笔者的理解，“传统”是“当下”的一部分，它依然活着，是中国翻译学的血脉延伸所在。

第三部分：翻译价值观：多元视野中的翻译评价。共15篇文章，是全书的重点，反映新时期三十年里新老学者在翻译标准问题上承前启后的研究轨迹：继承、总结、探索、反思，从中可见新观念的产生，新标准的形成，新问题的启示。

第四部分：翻译价值观：对翻译的伦理学探究。共7篇文章。翻译伦理学是一个比较新的研究领域，与翻译价值观和翻译标准问题都有关系。这里收录的文章涉及对翻译理论的价值观审视和对翻译活动中所涉各方责任的伦理学考察，或可作为下一步研究的参考。

2. 过程

禅宗有一段著名的话，说初时，见山是山，见水是水；有了点知识以后，见山不是山，见水不是水；到了一定境界，就又见山只是山、见水只是水了。这个过程，也可以说是从不疑到疑，再从疑到不疑。德国古典哲学中也有正题、反题、合题之说，用以构建范畴体系，黑格尔即用它说明具体概念通过否定之否定螺旋式上升得以辩证发展的基本规律。这几种说法讲的都是认识发展的过程。当然，到了“又见山只是山”或者“不疑”这一步，认识本身并没有完结，随着认识的提高、深入，随着实践的发展、体验的继续，认识又会进入一轮新的过程，思想史就是这样一段一段地交错延续、积累而成的。

回溯三十年来中国翻译界围绕翻译标准问题的思考轨迹，隐约可以看到，我们正是经历了这样一个过程：拨乱反正之初，忙于整理经验，来不及质疑；随后是各种思潮的冲击，似乎有些乱了，大疑；翻译学蓬勃而起，在多元语境下积极地探索研究，对翻译的本质和性质、对有关的种种问题有了新的认识，释了一部分疑，又产生一些新疑，对翻译标准的认识由此进入一个内涵更为丰富的境界。

这只是一个简要的描述，试图勾勒认识发展的线索。以下是一个稍微具体一点的归纳，或可反映中国翻译界三十年来在这方面的探索之旅。根据研究的内容、性质和侧重，这三十年大致可以分为三个阶段，各个阶段在时间上并非截然分开，而是交错重叠、多头并进，体现出学术的自然发展不仅具有阶段性，而且往往是多线索、多角度此起彼伏、交叉并行的，人文学科尤其如此。

2.1 第一个阶段

大致为20世纪70年代末到80年代中后期。由于写作和出版周期的关系，一些论著可以延续到90年代初。这段时间里的主要成就是总结经验，做初始性研究，同时清理资料，整理历史。

首先，老翻译家纷纷将自己多年的研究积累撰写成文，著书立说。翻译标准方面比较著名的有刘重德先生（1979）提出的“信、达、切”，它作为对“信达雅”的改良理论之一有相当的代表性；口译专家李越然先生（1983）提出的口译标准“准、顺、快”，就口译而言十分经典。专著方面，著名翻译家翁显良先生的《意态由来画不成？》（1983）、许渊冲先生的《翻译的艺术》（1984）、张今先生的《文学翻译原理》（1987）、黄雨石先生的《英汉文学翻译探索》（1988）、黄龙先生的《翻译艺术教程》（1988），还有外文界领军人物王佐良先生在翻译研究方面的两部文集《翻译：思考与试笔》（1989）和《论新开端：文学与翻译研究集》（1991），都是著作者厚积薄发之作，同时汲取了来自语言学和文学领域的新信息、新思想，在新时期的翻译研究中具有承前启后的重要意义。这些著作不仅涉及翻译标准问题，而且从多方面对翻译的本质作了探讨，比如几位作者对翻译艺术性和综合性的阐述以及王佐良先生对翻译的文化意义所作的论述等，都为后来者从新的角度观察翻译标准问题开启了思路。

这一时期具有整理性、初始性的翻译标准研究还有一个特点：与现代文体学自20世纪70年代末逐渐引入我国几乎同步，翻译界许多学者开始按照文体分类的思路整理不同文体的翻译标准。这方面的研究成果主要体现在许多翻译教程中，时至今日，按文体讲翻译标准的思路仍然可以在许多教材中看到。专著方面最突出的代表是刘宓庆的《文体与翻译》（1985[版权页为1986]/1998），这本书也是作为教材撰写的，但其明确而独特的理论内涵使其在20世纪80年代的翻译类著述中独树一帜。

在清理资料、整理历史方面，最重要的成果是出了三部（套）有分量的史料性论文集。首先是刘靖之先生主编的香港三联书店版《翻译论集》（1981）和罗新璋先生主编的北京商务印书馆版《翻译论集》（1984）。由于发行的关系，大陆学者比较熟悉的是后者，但两位编者分别为两部文集所写的序都有很大影响，两篇序文的主线都是对以翻译标准论为核心的中国传统译论主要思想的总结。这两部书收文的时间段有所不同，刘靖之版是自晚清起，罗新璋版是自东晋佛经翻译起，但主旨相似，都力图搜尽名篇以追溯中国翻译理论的源流，因此具有很高的史料价值和理论价值。原《翻译通讯》编辑部编的一套两本《翻译研究论文集》（1984）收文时段（第一本1894—1948，第二本1949—1983）与刘靖之版《翻译论集》相似。这几部文集不啻一座原始资料库，比较完整地展示了到成书时为止中国翻译理论研究的主要成果，特别是佛经翻译时期、20世纪30年代和50年代这几个重要时期的文章，都是翻译研究者的必备文献。这无疑是所有后续研究的起点。我国早在20世纪30年代即有人编辑了史料性的翻译论文集（如1940年上海西风社出版的黄嘉德编《翻译论集》），但年代过于久远，观念和视野都与当下不可同日而语。当代中国的翻译研究进入新时期之初即有这几部文集作为奠基，其意义自不待言。

与出版史料性论文集具有同等重要意义的是撰写翻译史。学科史是学科的重要组成部分，就翻译学而言，就是翻译史和翻译理论史。这段时间里问世的几部中国翻译（理论）史，如马祖毅（1984/1998）、陈玉刚（1989）、陈福康（1992），都可称为奠基之作，除荟集史料、清点“家底”以外，也为翻译史研究做出了开创性的贡献。

2.2 第二个阶段

始自20世纪80年代初，到80年代末形成高潮，延续至90年代中期。这段时间的主要特点是第一批国外现代翻译理论的引进和消化，由此形成对中国固有的翻译标准观念的第一波的冲击，同时激发出一个积极思考的崭新局面。

这一批引进的国外翻译理论大体可以归纳为三个来源：一是延续自20世纪50年代的苏联翻译理论，以语言学派和文艺学派的清晰划分为特点；二是法国的口译理论，以赛莱斯科维奇等人的释意派理论为标志；三是以英美为代表的西方主流翻译理论，主要代表人物是四位"巨头"：尤金·奈达（美）、彼得·纽马克（英）、乔治·斯坦纳（英）、沃尔夫拉姆·威尔斯（德）。就翻译本质和翻译标准研究而言，这些理论中对中国翻译界有主要影响的首推结构主义语言学范式的等值观念，其基础是将翻译看作语言符号之间的转换。中国学者对等值论的了解主要来自卡特福德（英）和奈达。这方面的著述很多，最具代表性的成果是吴新祥和李宏安将等值概念细化后直接用于翻译评价的等值论（1984，1990）。与等值论密切相关的是综合了信息理论、交际理论等多种理论的等效观念，其主要来源亦是奈达。中国学者金隄将其融合于自己的研究成果，形成独具特色的等效论（1986，1989/1998）。除此以外，法国释意派理论对意义的认识，斯坦纳翻译即阐释的观念，苏联文艺学派基于文学翻译等于创作的观念对文学翻译创造性的高度张扬，奈达对接受的明确重视及其对翻译本质的社会符号学认知等，也都有比较大的影响。

总体来看，这第一波冲击的积极作用主要表现在，我们对翻译本质和翻译标准的认识开始丰富起来，静态的、逻各斯中心式的、单向度的僵化思维模式开始让位于动态的、多元的、多向度的观察方式。体现这一发展的一个典型代表即是辜正坤的"翻译标准多元互补论"。事实上，这一理论已经酝酿多年，具有深厚的学术基础，与上述的引进理论并没有直接的承袭关系，但作者将其推出的时期，正是这一阶段的高潮时期（1989年），其与社会转型期的观念变化十分合拍，因此，具备了良好的接受环境，迅速形成了广泛影响。

20世纪80年代是一个人们渴望学习、积极思考的活跃年代。在学术方法上，翻译研究开始具备科学意识和规范意识，对翻译标准问题的探索趋向严谨、深入。翻译研究的另一个特点是开始注意批判性思维，有了反思的意识。在当时，这种反思的对象主要还是国内外翻译理论中的一些重要概念和观点（如“等值”、“神似”），随着研究的深入和学科意识的加强，后来发展到对中国传统译论如何看、对一些国外译论如何准确理解及其适用性等问题，直至对翻译研究本身的反思，由此翻译研究开始初步具备元翻译学的主动意识。

2.3 第三个阶段

大体开始于90年代中期，在世纪之交形成高潮，延续至近一两年[1]。这一时期的主要特点，一是第二批国外现代翻译理论的引进所形成的第二波冲击，二是在此背景下由继承和反思等力量形成的翻译研究的多元化状态，三是一种逐渐萌生的综合性趋势和回归翻译本体的趋势。

2.3.1 引进

这一批引进理论中，对翻译标准观念影响较大的主要有：（1）文化学派的翻译本质观，以风靡人文学科的后殖民、后现代思潮为背景，代表性理论有多元系统论以及各种后殖民翻译理论；（2）解构主义翻译观，以德里达等人的意义理论为背景；（3）功能主义翻译观，最具代表性的理论是德国功能主义目的论；（4）基于现象学的意义阐释理论。

在这些理论里，从翻译研究的角度对意义作现象学阐释起自80年代引进的阐释学和接受美学，绵延至今，接受美学的一些重要观念已被广为应用，但较为深入的现象学意义研究仍在探索阶段；以对翻译本质的行为主义认知为理论基础的功能主义目的论，虽然掉转了对翻译的关注方向，把对翻译标准的考虑的侧重放在了翻译目的上（这应该说也是一个比较大的观念改变），但因其理论基础和实践依据都很清晰，功能和实用的观念在中国也有广泛的接受市场，所以除了个别方面仍有质疑以外也得到了较高程度的认可。相比之下，文化学派诸理论因其所论与译者有能力控制的范围存在一定距离、解构主义因其反逻各斯中心主义的颠覆性观念，对现有的翻译标准观念的冲击是最大的。

然而，“冲击”不见得就是一个负面概念。这些理论对中国翻译界的启迪巨大，就翻译本质和翻译标准问题而言，这些启迪至少包含对以下这些问题的

1　观察时段到本文定稿的2012年。（增补版注）

思考：

（1）关于意义：意义是一个延宕不绝的生成过程，那么翻译据以为本的原文意义何在？意义有疑，标准焉附？

（2）关于翻译：对翻译文化本质的认识，已不拘于以往的文化交流等，而是从文化间关系的角度去理解，这一认识涉及“权力关系”引发的不同文化间的不平衡关系、译者与翻译活动中其他参与者之间的不平衡关系、文化系统中各种因素如意识形态、诗学等与翻译的关系，及至现实中一些重要参与者的影响，如赞助人，如出版审查制度；由后现代理论对“主体”的关注形成翻译学对翻译主体的种种探究，对“他者”概念的关注激发对翻译的民族文化地位的思考，由这些探究和思考引发对翻译的“间性”和“对话”性质的认识；等等。

（3）关于文学翻译：文学翻译在文化系统中的位置对翻译倾向的影响；从文学翻译走向翻译文学；与传统译论相比“文学性”和“诗学”在翻译标准考量中的特殊意义；等等。

在所有这些因素影响下，翻译标准的余地何在？这一波冲击的颠覆性作用即在于此。一时间，“翻译标准”和“评价”都成了可疑的概念，写文章也出现了“所谓翻译标准”这样含糊其辞的谨慎说法。其实，对“所谓”颠覆本没有必要紧张，思想撞击、思潮激荡总比一潭死水要好，况且：其一，真有道理者颠覆不了；其二，颠覆对象未必与我们想象的一致。换言之，面对“颠覆”至少先要弄清的是，在引进和接受的过程中有没有误读和误解，我们是否认识到了这些理论在人类思想发展史上的真正价值。承续第二阶段即20世纪80年代后期开始的反思意识，20世纪90年代以来，中国翻译界的反思意识逐渐增强，其中即包含对各种理论的准确理解和适用性方面的检视，这无疑是翻译界走向成熟的表现。

2.3.2 多元态势

与此同时，中国翻译界也在继续走向开放，这不仅表现在学术交流上的与国际接轨，也表现在研究范式和论题、思路、方法等的多样化、多元化。从这一阶段的著述来看，大致有这样几个方向：

（1）在上述当代翻译文化批评观念影响下的翻译文学研究俨然成流，其中很多都是翻译学（或方向）的博士论文。这些著述中对翻译本质的认识与传统观念有较大差别，视野更为开阔，对译作和译者更为宽容，在方法上更具描写性和解释性。非博士论文中影响较大的有谢天振的《译介学》（1999）。

（2）对中国传统译论的研究始终在进行，关注点一是继续发掘其内涵，力图在新的环境下继承传统，二是如何使之走向现代化，前者的代表性著作有沈苏儒（2000）、王宏志（1999），都是围绕“信达雅”展开的，后者有王宏印（2003），独特之处是将写作纳入了翻译本质的范畴。

（3）从语言哲学、艺术哲学等角度进行的翻译本体论研究和基本范畴研究已经有比较稳定的作者群，这无疑有利于研究的深入，其中如蔡新乐的三部专著（2001，2005，2007）尽管仍然属于小众化成果，但对翻译学向深度发展来说具备标志性意义，对揭示翻译和意义的本质也很有启发。

（4）在借鉴其他理论的基础上创建比较成型并体现个性的新理论。如黄忠廉（2002）、胡庚申（2004）、赵彦春（2005）等的专著。这些理论中反映出来的对翻译本质的认识与传统观念都有所不同，能给人启示，有的还引起了一些争议，但作者的探索精神十分可贵。

（5）语言学途径的翻译研究。语言学一向是翻译学重要的理论支柱之一，近年来，语言学与相邻学科的交叉渐成趋势，语用学、系统功能语言学等与社会文化因素密切相关的分支有了很大的发展，认知语言学也是方兴未艾，这些都为翻译学提供了新的思路和工具，同时从语言应用、语言行为性质、语言思维特征等角度丰富了对翻译本质的语言学认识。这方面的代表性著作有李运兴（2001）、曾文雄（2007）等。

（6）元翻译学研究。这指的是从学科学、方法论等视角对翻译理论研究状况和翻译研究方法等与翻译学本身相关的问题的研究，其根本目的是保障研究的效果。这方面的专著不多，比较有特色、能给人以较大启发的有张南峰（2004）、刘宓庆（2005），都是将中外译论置于同一考察范围之内作出的研究，从中可以看到在翻译标准、翻译本质、翻译价值观等方面不同思想的碰撞。

2.3.3 问题和课题

观察这一阶段的研究状况，感觉除了成就以外，也还有几个问题值得注意或者可以作进一步思考，从中也许可以发现新的研究课题。如下：

（1）关于研究的多元化

近年来翻译研究出现了一个趋势，就是向翻译本体的回归。这一趋势出现的原因并不仅仅是对翻译学内部一些研究状况的反思，整个人文学科发展过程中不断产生的一些思潮和倾向都与其不无关系，比如对立足本土的一些现实问题的关注，比如对中国文化的一种回归心态和焦虑感，比如对科学与人文之间关系的一些新的思考，比如“后现代”之后的“后后现代”意识，等等。从学科角度来看，希望集中于翻译本身问题的研究，这是学科意识清晰的体现，但不等于主张回到原地。应该看到，跨学科综合性研究也是大趋势之一，而且这些年来的许多带跨学科性质的研究也确实丰富了我们对翻译的认识，特别是对于本书关注的翻译本质和翻译标准问题，这些研究的确具有革新观念的作用，使我们可以更为清楚地理解许多翻译现象，让我们的认识与翻译现实合拍，只不过这里还有一个理论的适用性问题罢了。比如翻译文化批评的一些观念或许更适合用于翻译批评而不是翻译教学的标准，又如目的论对汉英外宣翻译的解释力很强，用传统的“信”作标准恐怕就无法操作。这既是翻译标准的多元化，也是翻译研究的多元化。无论如何，一统天下都是行不通的，这同样是观念问题。

（2）关于误读

现代阐释学里的“误读”是个中性的甚至具有正面意义的概念，本文用的是它的贬义，指没有积极意义的错误理解。我们看到，在研究中确实出现了一些对理论的误读，这是直接影响研究质量的。比如在对后殖民理论的阐释和应用中，说了半天，却并不是说那个“后”的观念，论证中因此发生混乱。又如对某论有不同看法，提出商榷或批评前，并没有准确理解对方的意思，有的是把对方的观点极端化，有的甚至没有耐心把文章看完，而只是看标题下结论然后进行批评，这种批评显然是无效的，无助于从实质上推进研究。总之，无论是对引进的还是“国产”的理论，首先得读懂，准确地理解它的基本概念，弄清它的背景和意图，然后才谈得上其他；另一方面，在希望中国翻译界能有进步、拿出自己的东西来的同时，面对中国学者的研究成果，与其妄自菲薄，不如给予更多关注，而且完全可以用批评的利器来帮助它成长。当然，这需要有理有据，包括准确理解。

（3）关于新论

这指的就是中国学者近年来提出的一些新理论。就存在的问题而言，有些理论仍然比较表面化，或者比较粗糙。表面是说，思路有了，但缺乏深究，论证过程比较薄弱，陈述繁复却缺乏实质性论据，这样就很容易陷入清谈：只是说说，而不是设法说服；粗糙是说，看起来很有架势，完全符合现代学术规范，但细处经不起推敲，架不住反诘，更难以经受证伪的考验，因此很难立住，终归又会流于清谈。所以需要元翻译研究，需要讨论的气氛，需要争论直至批评。

（4）关于新课题

对翻译本质的探究是个长期的课题，翻译界的认识会随着理论和实践的不断发展而永无穷尽。在翻译标准研究方面，翻译规范研究和翻译价值论、翻译伦理学等或可成为很有潜力的新课题。此外，研究视野还可以更为开阔一些，不必始终在已有的理论圈子里打转。从国外翻译界的研究课题中可以看到，翻译研究的题材其实非常广泛，只要我们面对社会，面对"问题"，而不是仅仅面对书橱。有些研究题目，钻牛角尖可能会陷入经学式的怪圈，你注我，我注你，但"蓦然回首，那人却在，灯火阑珊处"，换句话说，换一个角度，可能会豁然开朗。

3. 再认识

翻译究竟是一种什么性质的人类活动？"复杂"可以是一个概括，但不能成为托辞。对翻译行为的解释和指导要以对翻译的认识为基础。三十年来我们对翻译的认识发生了不少变化。我们知道了翻译是又不仅仅是语言符号的转换，是又不仅仅是美的传递或文学性的再造，是又不仅仅是文化间的交流或对话。它或许是所有这些性质的综合，在多角度的审视下闪现着深邃的幽光。这固然是一个从不疑到疑、又从疑到不疑的过程，但是新的疑问如期而至：我们拿这个综合体怎么办？使它回归混沌吗？多元中是否确定性就荡然无存？翻译人的实践活动是否就无所依托？释疑正未有穷期。

翻译标准问题亦是如此。坦率地说，疑与惑无足为怪，需要做的是弄清事实，追索真谛。从此，不敢谈翻译标准，不是客观有效的选择，因为无论理论界怎么说，现实中必有翻译标准，理论只能对之做出解释，如果不能解释，问题不在现实错了，而在于理论本身需要更新思维。同样，对评价过敏，从此不敢言及，也非明智之举。对翻译实践、翻译批评来说，评价是再自然不过的事，更新的观念不是舍弃评价（也舍弃不了），而是力避缺乏共识度的任意评价：评价需有根据，要讲得出道理，而且不能唯我独尊，以一个标准和二元间非此即彼的僵硬对立一统天下，因为现实并非如此——正是翻译实践这个现实中的多元，逼出了翻译标准观念上的多元，而对多元之惑的破解，也需要借助于对现实的再度深入观察和对现有理论的再研究。

最后，我们把现有的对翻译标准的一般理解（不是定义）作一个简要的归纳，以供进一步研究。

如果以"衡量事物的准则"作为"标准"这个词的基本内涵（见《现代汉语词典》2002年增补本），翻译标准（criteria）目前的含义大致可以涵盖三个方面：

其一，与翻译作为市场产品的质量相联系的国家标准、行业标准（standards），具刚性、统一性和强制性，比如这类标准（一般以文件形式出现）提出对误译、漏译等硬伤的明确防范和对译文准确性的高度强调。

其二，与翻译策略、方法相联系的翻译原则（principles）、翻译规范或常规（norms），具指导性、导向性，特别是具有弹性，即兼顾性、相对性和对应性，比如在准确性上就比较注意根据不同文本类型或翻译目的作适当的处理。

其三，与译作研究相联系的翻译评论价值观。

这最后一种是最有争议的，一般涉及翻译文学和文化研究中的各种评论。严格地说，这种评论里包含两种判断，涉及两种标准观念：首先是对译作文本是否与原作文本一致的判断，如称其"不准确"，这显然是一般意义上的翻译标准，具备较高的客观性，甚至可以计量；其次是对这种"不准确"的评论，如为其寻找历史、文化、社会、美学（诗学）等方面的原因，说明这种"不准确"可能具有的文化或美学意义等，这就涉及了价值观问题：可能是单纯的社会价值观、文化价值观、美学价值观，也可能是基于翻译这一活动本身的性质而形成的从社会、文化、美学等角度去看的翻译价值观。价值观虽然与主观性有密切的关系，但其中那"衡量事物的准则"是明确无疑的，因此它也是一种标准。总体而言，翻译文化或文学评论里应用的就是包含这两种判断、两种翻译标准观念的翻译标准，它或许不明显，但的确存在，只是和前两种含义的翻译标准相比，它的观念性最强，而且具有最大的宽容性，又由于我们往往是根据评论的目的从翻译作品本身反观译作的价值，因此，它首先表现为描写性和解释性。

4. 结语

本文将自1977年起的三十年分为三个阶段，如前所述，这是根据翻译标准研究和翻译本质研究中的侧重及其性质作出的一个大致判断。近一两年来，第二波冲击形成的震荡趋弱，一些模糊不清处逐渐清晰起来，新的问题和新的研究成果渐次出现。这是不是意味着一个新的阶段要开始了？对当代中国翻译界实质性的努力结果，后人自有评说。

参考文献：

[1] 蔡新乐. 文学翻译的艺术哲学 [M]. 开封：河南大学出版社, 2001.

[2] 蔡新乐. 翻译的本体论研究——翻译研究的第三条道路、主体间性与人的元翻译构成 [M]. 上海：上海译文出版社, 2005.

[3] 蔡新乐. 相关的相关：德里达“相关的”翻译思想及其他 [M]. 北京：中国社会科学出版社, 2007.

[4] 陈福康. 中国译学理论史稿 [M]. 上海：上海外语教育出版社, 1992.

[5] 陈玉刚. 中国翻译文学史稿 [M]. 北京：中国对外翻译出版公司, 1989.

[6] 冯契，徐孝通. 外国哲学大辞典 [M]. 上海：上海辞书出版社, 2000.

[7] 辜正坤. 翻译标准多元互补论 [J]. 中国翻译, 1989 (1).

[8] 胡庚申. 翻译适应选择论 [M]. 武汉：湖北教育出版社, 2004.

[9] 黄龙. 翻译艺术教程 [M]. 南京：南京大学出版社, 1988.

[10] 黄雨石. 英汉文学翻译探索 [M]. 西安：陕西人民出版社, 1988.

[11] 黄忠廉. 变译理论 [M]. 北京：中国对外翻译出版公司, 2002.

[12] 金隄. 论等效翻译 [J]. 外语教学与研究, 1986 (4).

[13] 金隄. 等效翻译探索 [M]. 北京：中国对外翻译出版公司, 1989/1998（增订版）.

[14] 李越然. 建议开展口译工作的研究 [J]. 翻译通讯, 1983 (1).
[15] 李运兴. 语篇翻译引论 [J]. 北京：中国对外翻译出版公司, 2001.
[16] 刘靖之. 翻译论集 [C]. 香港：三联书店, 1981.
[17] 刘宓庆. 文体与翻译 [M]. 北京：中国对外翻译出版公司, 1985（版权页为1986）/1998（增订版）.
[18] 刘宓庆. 中西翻译思想比较研究 [M]. 北京：中国对外翻译出版公司, 2005.
[19] 刘重德. 试论翻译的原则 [J]. 湖南师院学报, 1979 (1).
[20] 罗新璋. 翻译论集 [C]. 北京：商务印书馆, 1984.
[21] 马祖毅. 中国翻译简史——“五四”以前部分 [M]. 北京：中国对外翻译出版公司, 1984/1998（增订版）.
[22] 沈苏儒. 论信达雅：严复翻译理论研究 [M]. 台北：台湾商务印书馆, 2000.
[23] 王宏印. 中国传统译论经典诠释——从道安到傅雷 [M]. 武汉：湖北教育出版社, 2003.
[24] 王宏志. 重释“信达雅”：二十世纪中国翻译研究 [M]. 上海：东方出版中心, 1999/北京：清华大学出版社, 2007.
[25] 王佐良. 翻译：思考与试笔 [M]. 北京：外语教学与研究出版社, 1989.
[26] 王佐良. 论新开端：文学与翻译研究集 [M]. 北京：外语教学与研究出版社, 1991.
[27] 翁显良. 意态由来画不成[M]. 北京：中国对外翻译出版公司, 1983.
[28] 吴新祥、李宏安. 等值翻译初探 [J]. 外语教学与研究, 1984 (3).
[29] 吴新祥、李宏安. 等值翻译论 [M]. 南昌：江西教育出版社, 1990.
[30] 谢天振. 译介学 [M]. 上海：上海外语教育出版社, 1999.
[31] 许渊冲. 翻译的艺术 [M]. 北京：中国对外翻译出版公司, 1984.
[32] 曾文雄. 语用学翻译研究 [M]. 武汉：武汉大学出版社, 2007.
[33] 张今. 文学翻译原理 [M]. 开封：河南大学出版社, 1987.
[34] 张南峰. 中西译学批评 [M]. 北京：清华大学出版社, 2004.
[35] 赵彦春. 翻译学归结论 [M]. 上海：上海外语教育出版社, 2005.
[36] 中国翻译工作者协会《翻译通讯》编辑部. 翻译研究论文集（1894—1948）[C]. 北京：外语教学与研究出版社, 1984.
[37] 中国翻译工作者协会《翻译通讯》编辑部. 翻译研究论文集（1949—1983）[C]. 北京：外语教学与研究出版社, 1984.

参考文献总目

一、中文部分

包惠南：《文化语境与语言翻译》，北京：中国对外翻译出版公司，2001年。

蔡　毅："关于国外翻译理论的三大核心概念——翻译的实质、可译性和等值"，《中国翻译》1995年第6期。

陈道明："翻译中的'部分功能对等'与'功能相似'"，《外国语》1999年第4期。

陈德鸿、张南峰编：《西方翻译理论精选》，香港：香港城市大学出版社，2000年。

陈四益："好书恨不多千卷"，《文汇读书周报》，2001年1月6日3版。

陈小蔚编著：《语言·功能·翻译——汉英翻译理论与实践》，福州：福建教育出版社，1998年。

陈小慰："翻译功能理论的启示——对某些翻译方法的新思考"，1999年上海翻译研讨会论文。

陈燮君：《学科学导论》，上海：三联书店，1992年。

楚至大："抄译大观——评骆继光、温晓红译《拜伦诗选》"，《外语与翻译》1997年第3期。

楚至大、张华华："试论当前我国翻译界的抄袭现象"，《外国语》1998年第2期。

董乐山：《译余废墨》，北京：三联书店，1987年。

杜承南、文　军主编：《中国当代翻译百论》，重庆：重庆大学出版社，1994年。

范东生："翻译的本质与翻译批评的根本性任务"，《中国翻译》2000年第4期。

范文美："翻译与文化意识"，《外语与翻译》1995年第1期。

方经民：《现代语言学方法论》，郑州：河南人民出版社1993年版。

方梦之："译论研究的综合性原则——译学方法论思考之一"，《中国翻译》1996年第4期。

方梦之："译论研究的系统和系统性原则——译学方法论思考之二"，《中国翻译》1997年第3期。

方梦之：《翻译新论与实践》，青岛：青岛出版社，1999年。

冯建忠编著：《实用英语口译教程》，北京：解放军出版社，1997年。

高　宁："论译者的主体性地位——兼论翻译标准的设立原则"，《上海科技翻译》，1997年第1期。

葛中俊："Itamar Evan-Zohar的翻译观述评"，《外语与翻译》1997年第1期。

辜正坤："翻译标准多元互补论"，1989，见杨自俭、刘学云编《翻译新论》，1994年。
辜正坤："当代翻译学建构理路略论——《文学翻译学》序"，《中国翻译》2001年第1期。
桂乾元："译事繁荣需评论"，《外国语》1994年第2期。
桂诗春、宁春岩：《语言学方法论》，北京：外语教学与研究出版社，1997年。
郭 鸿：《英语文体分析》，北京：军事谊文出版社，1998年。
郭建中："翻译中的文化因素：异化与归化"，《外国语》1998年第2期。
郭建中："论奎因的翻译不确定性概念"，《外语与翻译》1999年第4期。
郭著章等编著：《翻译名家研究》，武汉：湖北教育出版社，1999年。
韩桂良："提一个建议"，《中国翻译》1991年第3期。
何元建、卫志强："描写译学的研究与运用"，《外语与翻译》1998年第1期。
何元建、卫志强："描写译学的理论与实践——《源氏物语》两个中译本中转折句的对比分析"，《中国翻译》1998年第2期。
胡经之、王岳川主编：《文艺学美学方法论》，北京：北京大学出版社，1994年。
胡经之、张首映：《西方二十世纪文论史》，北京：中国社会科学出版社，1988年。
胡泽刚："庞德的启示——评庞德的译作《华夏》兼论汉诗英译中的一个问题"，《外国语》1991年第2期。
黄杲炘："是巧合，还是剽窃"，《外语与翻译》1998年第2期。
黄颖仪："翻译过程与对策的系统架构"，《翻译学研究集刊》1996年第1期。
黄雨石：《英汉文学翻译探索》，西安：陕西人民出版社，1988年。
黄振定："文学翻译评价的科学性及其科学论"，《外国语》1999年第4期。
黄忠廉：《翻译变体研究》，北京：中国对外翻译出版公司，2000年。
姜治文、文 军："建立比较翻译学的几点构想"，《外国语》1996年第1期。
姜治文、文 军编著：《翻译批评论》，重庆：重庆大学出版社，1999年。
金 隄：《等效翻译探索》，北京：中国对外翻译出版公司，1989年，增订版1998年。
金圣华：《桥畔译谈——翻译散论八十篇》，北京：中国对外翻译出版公司，1997年。
孔慧怡："谈中诗英译与翻译批评"，《外国语》1991年第5期。
孔慧怡："中国翻译研究的几个问题"，《中国翻译》1999年第1期。
孔慧怡："重写翻译史"，《二十一世纪》网络版，2002年7月号。
黎翠珍主编：《翻译评赏》，香港：商务印书馆，1996年。
李德超、邓静："传统翻译观念的逾越：彻斯特曼的翻译规范论"，《外国语》2004年第4期。
廖七一编著：《当代西方翻译理论探索》，南京：译林出版社，2000年。
廖七一等编著：《当代英国翻译理论》，武汉：湖北教育出版社，2001年。
林 璋："论翻译学的基础研究"，《外国语》1999年第6期。
林克难："为翻译术语正名"，《中国翻译》2001年第1期。
刘超先："道安——我国翻译批评的先驱，《中国翻译》1993年第3期。
刘靖之主编：《翻译论集》，香港：三联书店，1981年。

刘宓庆：“翻译美学基本理论构想”，《中国翻译》1986年第4期。
刘心武：《红楼三钗之谜》，北京：华艺出版社，1999年。
刘英凯：“试论奈达‘读者反应’论在中国的负面作用”，《上海科技翻译》1997年第1期。
刘重德：《翻译漫谈》，西安：陕西人民出版社，1984年。
刘重德：《浑金璞玉集》，北京：中国对外翻译出版公司，1994年。
吕 俊：《跨越文化障碍——巴比塔的重建》，南京：东南大学出版社，2001年。
吕 俊、侯向群编著：《英汉翻译教程》，上海：上海外语教育出版社，2001年。
陆谷孙：《余墨集》，上海：复旦大学出版社，2004年。
路式成等主编：《外国语言研究论文索引（1949——1989）》，上海外语教育出版社，1992年。
路式成等主编：《外国语言研究论文索引（1990——1994）》，上海外语教育出版社，1996年。
路式成等主编：《外国语言研究论文索引（1995——1999）》，上海外语教育出版社，2001年。
陆肇明：“文学翻译批评的困境与突破”，《中国翻译》1989年第1期。
罗新璋编：《翻译论集》，北京：商务印书馆，1984年。
马红军：《翻译批评散论》，北京：中国对外翻译出版公司，1999年。
马祖毅，《中国翻译简史》，北京：中国对外翻译出版公司，1984年。
梅德明：“普遍语法与‘原则—参数理论’”，《外国语》1995年第4期。
穆 雷：“让更多的人来关心文学翻译批评事业”，《中国翻译》1994年第3期。
牛 强、陈林华：“语境新探——试论语言语境的解释和制约功能”，《外国语》1999年第2期。
彭长江：“翻译标准多，何以断是非”，《外国语》2000年第5期。
秦洪武：“论读者反应在翻译理论和翻译实践中的意义”，《外国语》1999年第1期。
全增嘏主编：《西方哲学史》（下册），上海：上海人民出版社，1985年。
沈苏儒：《论信达雅：严复翻译理论研究》，台湾：台湾商务印书馆，2000年。
申雨平：“《描写性翻译研究内外》介绍”，《外语教学与研究》1999年第1期。
孙浩良：《当代西方艺术理论述要》，上海：学林出版社，1988年。
孙艺风：“翻译规范与主体意识”，《中国翻译》2003年第3期。
孙致礼编著：《我国英美文学翻译概论》，南京：译林出版社，1996年。
孙致礼：“谈新时期的翻译批评”，《中国翻译》1999年第3期。
孙致礼：《翻译：理论与实践探索》，南京：译林出版社，1999年。
唐国全：“翻译的功能主义标准”，《四川外语学院学报》1996年第4期。
田 菱：“翻译学的辩证逻辑学派”，《外国语》1992年第6期。
陶承杰：《现代科学方法论》，郑州：河南人民出版社，1987年。
屠国元、王飞虹：“跨文化交际与翻译评估——J. House《翻译质量评估（修正）模式》评介”，《中国翻译》2003年第1期。
王恩冕：“论我国的翻译批评——回顾与展望”，《中国翻译》1999年第4期。
王宏印编著：《英汉翻译综合教程》，西安：陕西师范大学出版社，1989年。
王宏印：《中国传统译论经典诠释——从道安到傅雷》，武汉：湖北教育出版社，2003年。
王克非：“关于翻译批评的思考”，《外语教学与研究》1994年第3期。
王先霈主编：《文学批评原理》，武汉：华中师范大学出版社，1999年。
王一川：《语言乌托邦》，昆明：云南人民出版社，1994年。
王元化：“一九九一年回忆录”，《文汇读书周报》2001年1月6日8版。
王正仁、高 健：“林语堂前期中文作品与其英文原本的关系”，《外国语》1995年第5期。
王佐良：《翻译：思考与试笔》，北京：外语教学与研究出版社，1989年。
王佐良：《英国散文的流变》，北京：商务印书馆，1994年。
王佐良、丁往道主编：《英语文体学引论》，北京：外语教学与研究出版社，1987年。
吴新祥、李宏安：《等值翻译论》，南昌：江西教育出版社，1990年。
吴中杰：“书评：出版物的舆论监督”，《文汇读书周报》2001年1月6日3版。
奚永吉：《翻译美学比较研究》，南京：南京出版社，1992年。
谢天振：《译介学》，上海：上海外语教育出版社，1999年。
徐 贲：“第三文化”，《读书》1998年第5期。
许 钧：《文学翻译批评研究》，南京：译林出版社，1992年。
许 钧主编：《文字·文学·文化——〈红与黑〉汉译研究》，南京：南京大学出版社，1996年。
许 钧主编：《翻译思考录》，武汉：湖北教育出版社，1998年。
许 钧、袁筱一：“试论翻译批评”，《翻译学报》1997年第1期。
徐友渔：《精神生成语言》，成都：四川人民出版社，1997年。
许余龙：《对比语言学概论》，上海：上海外语教育出版社，1992年。
许渊冲：“再谈‘竞赛论’和‘优势论’——兼评《忠实是译者的天职》”，《中国翻译》2001年第1期。
杨武能：“阐释、接受与再创造的循环——文学翻译断想”，《中国翻译》1987年第6期。
杨晓荣：“对翻译评论的评论”，《中国翻译》1993年第4期。
杨晓荣：“电影《麦克白》译者为谁？”，《出版广角》1998年第3期。
杨晓荣：“二元对立与第三种状态——对翻译标准问题的哲学思考”，《外国语》1999年第3期。
杨晓荣：“翻译标准的依据：条件”，《外国语》2001年第4期。
杨晓荣：《小说翻译中的异域文化特色问题》，北京：军事谊文出版社，2002年；广州：中国出版集团世界图书出版公司，2013年。
杨晓荣：“关于翻译批评的主体”，《四川外语学院学报》2003年第2期。

杨晓荣：“翻译标准制约因素分析”，《外国语》2004年第6期。
杨自俭、刘学云编：《翻译新论》，武汉：湖北教育出版社，1994年。
姚小平：“《中国理论语言学史》读后”，《外语教学与研究》1994年第3期。
姚小平：《洪堡特——人文研究和语言研究》，北京：外语教学与研究出版社，1995年。
余光中：《余光中谈翻译》，北京：中国对外翻译出版公司，2002年。
喻云根主编：《英美名著翻译比较》，武汉：湖北教育出版社，1996年。
袁锦翔：《名家翻译研究与赏析》，武汉：湖北教育出版社，1990年。
曾利沙：“对‘Altogether Autumn’两种译文的比较评析——兼论多种译本‘批评’的方法论”，《中国翻译》2000年第5期。
张 今：《文学翻译原理》，河南大学出版社，1987年。
张 鲲：“是‘原作’还是‘创作’？——泰特勒翻译原则再认识”，《福建外语》2002年第2期。
张 旭、卞 亦：“走近通天塔——《META中国翻译研究专号》评介”，《外语教学与研究》1999年第4期。
张柏然、许 钧主编：《译学论集》，南京：译林出版社，1997年。
张春柏：“翻译批评的一种语言学模式——简评《翻译批评——其潜能与局限》”，《上海科技翻译》2001年第2期。
张美芳：“从语境分析看动态对等论的局限性”，《上海科技翻译》1999年第4期。
张美芳：“翻译学的目标与结构——霍姆斯的译学构想介评”，《中国翻译》2000年第2期。
张南峰：“从奈达等效原则的接受看中国译论研究中的价值判断”，《外国语》1999年第6期。
张南峰：“特性与共性——论中国翻译学与翻译学的关系”，《中国翻译》2000年第2期。
张泽乾：《翻译经纬》，武汉：武汉大学出版社，1994年。
张振玉：《翻译学概论》，南京：译林出版社，1992年。
赵 宁：“Gideon Toury翻译规范论介绍”，《外语教学与研究》2001年第3期。
赵总宽等：《辩证逻辑原理》，北京：中国人民大学出版社，1986年。
郑海凌：“翻译标准新说：和谐论”，《中国翻译》1999年第4期。
郑海凌：“谈翻译批评的基本理论问题”，《中国翻译》2000年第2期。
郑诗鼎：《语境与文学翻译》，重庆：西南师范大学出版社，1997年。
周 仪、罗 平：《翻译与批评》，武汉：湖北教育出版社，1999年。
周兆祥：“译评：理论与实践”，见黎翠珍主编：《翻译评赏》，香港：商务印书馆，1996年。
周兆祥：“语段语言学翻译理论”，1997年香港翻译教学研讨会论文。
中国对外翻译出版公司编：《外国翻译理论评介文集》，北京：中国对外翻译出版公司，1983年。
《中国翻译》编辑部编：《诗词翻译的艺术》，北京：中国对外翻译出版公司，1986年。
中国翻译工作者协会《翻译通讯》编辑部编：《翻译研究论文集（1949–1983）》，北京：

外语教学与研究出版社，1984年。
仲伟合、钟 钰：“德国的功能派翻译理论”，《中国翻译》1999年第3期。
朱立元主编：《当代西方文艺理论》，上海：华东师范大学出版社，1997年。
朱文振：《翻译与语言环境》，成都：四川大学出版社，1987年。
朱肖晶：“接受修辞学与翻译——兼评郑振铎译《飞鸟集》与周策纵译《失群的鸟》”，《外语研究》1998年第1期。
朱志瑜：“中国传统翻译思想：‘神化说’（前期）”，《中国翻译》2001年第2期。
巴尔胡达罗夫：《语言与翻译》，蔡毅、虞杰、段京华编译，北京：中国对外翻译出版公司，1985年。
海德格尔：《存在与时间》（第二版），陈嘉映、王庆节合译，熊伟校，陈嘉映修订，北京：三联书店，1999年。
加切奇拉泽：《文艺翻译与文学交流》，蔡毅、虞杰编译，北京：中国对外翻译出版公司，1987年。
肯尼斯・D・贝利：《现代社会研究方法》，许真译，上海：上海人民出版社，1986年。
罗姆・哈瑞：《科学哲学导论》，邱仁宗译，沈阳：辽宁教育出版社，1998年。
乔治・斯坦纳：《通天塔》，庄绎传编译，北京：中国对外翻译出版公司，1987年。
斯蒂芬・康格拉特–巴特勒编：《国外翻译界》，赵辛而、李森编译，北京：中国对外翻译出版公司，1986年。
特伦斯・霍克斯：《结构主义和符号学》，瞿铁鹏译，上海：上海译文出版社，1987年。
沃尔夫拉姆・威尔斯：《翻译学——问题与方法》，祝珏、周智谟节译，北京：中国对外翻译出版公司，1988年。
亚理斯多德：《修辞学》，罗念生译，北京：三联书店，1991年。
约翰・斯特罗克编：《结构主义以来》，渠东等译，沈阳：辽宁教育出版社，1998年。

二、英文部分

Al-Qinai, Jamal. “Translation Quality Assessment: Strategies, Parametres and Procedures”, *Meta*, XLV, 3, 2000.
Baker, Mona. *In Other Words: A coursebook on translation,* London and New York: Routledge, 1992.
Baker, Mona (ed.). *Routledge Encyclopedia of Translation Studies*, London and New York: Routledge, 1998/2001.
Bassnett, Susan. *Translation Studies,* London: Routledge, 1980.
Bell, Roger T. *Translation and Translating: Theory and Practice,* London & New York: Longman, 1991.
Beylard-Ozeroff, Ann, Jana Králová & Barbara Moser-Mercer (eds.). *Translators' Strategies and Creativity*, Amsterdam/Philadelphia: John Benjamins Publishing Company, 1998.

Boase-Beier, Jean & Michael Holman (eds.). *The Practices of Literary Translation: Constraints and Creativity*, Manchester, UK: St. Jerome Publishing, 1999.

Bush, Peter & Kirsten Malmkjær (eds.). *Rimbaud's Rainbow: Literary Translation in Higher Education*, Amsterdam/Philadelphia: John Benjamins Publishing Company, 1998.

Catford, J. C. *A Linguistic Theory of Translation*, Oxford University Press, 1965.

Chesterman, Andrew. *Memes of Translation*, Amsterdam/Philadelphia: John Benjamins Publishing Company, 1997.

Gentzler, Edwin. *Contemporary Translation Theories*, second revised edition, Clevedon: Multilingual Matters Ltd. 2001 (first edition published by Routledge in 1993).

Gerzymisch-Arbogast, Heidrun. "Equivalence Parameters and Evaluation", *Meta*, XLVI, 2, 2001.

Hatim, Basil & Ian Mason. *Discourse and the Translator*, Shanghai: Shanghai Foreign Language Education Press, 2001 (first published by Longman in 1990).

Hawkes, David. *The Story of the Stone: A Translator's Notebooks*（《〈红楼梦〉英译笔记》）, Hong Kong: Centre for Literature and Translation, Lingnan University, 2000.

He, Yuanjian（何元建）. "Translating: Towards a Principles-and-parameters Theory"（翻译过程的原则与参数理论探讨），《翻译学报》（香港中文大学翻译系）, 1999, No.3.

Hermans, Theo. *Translation in Systems*, Manchester, UK: St Jerome Publishing, 1999.

Holmes, James S. "The name and nature of translation studies", in Holmes (ed.), *Translated! Papers on Literary Translation and Translation Studies,* Amsterdam: Rodopi, 1988, pp. 67-80; also in Gideon Toury (ed.), *Translation Across Cultures,* New Delhi: Bahri, 1987, pp.9-24.

House, Juliane. *Translation Quality Assessment: A Model Revisited*, Tübingen: Gunter Narr Verlag, 1997 (the original model published in 1977).

Kelly, L.G. *The True Interpreter: A History of Translation Theory and Practice in the West,* Oxford: Basil Blackwell, 1979.

Leech, Geoffrey N. & Michael H. Short. *Style in Fiction: A Linguistic Introduction to English Fictional Prose,* London & New York: Longman, 1981.

Lefevere, André. *Translation, Rewriting, and the Manipulation of Literary Fame*, London & New York: Routledge, 1992.

Lefevere, André (ed.). *Translation/History/Culture—A Sourcebook*, London & New York: Routledge, 1992.

Munday, Jeremy. *Introducing Translation Studies: Theories and Applications*, London & New York: Routledge, 2001.

Newmark, Peter. *A Textbook of Translation*, Shanghai: Shanghai Foreign Language Education Press, 2001 (first published by Prentice Hall in 1988).

Nida, Eugene A. *Toward a Science of Translating,* Leiden: E. J. Brill, 1964.

Nida, Eugene A. *Translating Meaning,* California: English Language Institute, 1982.

Nida, Eugene A. *Language, Culture, and Translating,* Shanghai: Shanghai Foreign Language Education Press, 1993.

Nida, Eugene A. & Liao Qi-yi（廖七一）. "Translation and Translation Studies: An Interview with Dr. Eugene Nida",《外国语》, 2000, No. 3.

Nida, Eugene A. & Charles R. Taber. *The Theory and Practice of Translation,* Leiden: E.J. Brill, 1969.

Nord, Christiane. *Text Analysis in Translation*, Amsterdam-Atlanta, GA: Rodopi, 1991.

Nord, Christiane. *Translating as a Purposeful Activity*, Shanghai: Shanghai Foreign Language Education Press, 2001 (first published by St Jerome Publishing in 1997).

Pinto, Mar ı a. "Quality Factors in Documentary Translation", *Meta*, XLVI, 2, 2001.

Qian, Hu（钱沪）. "On the Implausibility of Equivalent Response (Parts I-V)", *Meta*, Vol. 37, no 2, 1992; Vol. 37, no 3, 1992; Vol. 38, no 2, 1993; Vol. 38, no 3, 1993; Vol. 39, no 3, 1994.

Reiss, Katharina. *Translation Criticism — The Potentials & Limitations*, tr. by Erroll F. Rhodes, Manchester, UK: St. Jerome Publishing & American Bible Society, 2000 (first published in German in 1971).

Robinson, Douglas. *Western Translation Theory: from Herodotus to Nietzsche,* Manchester, UK: St. Jerome Publishing, 1997.

Rodrigues, Sara Viola. "Translation Quality: A Housian Analysis", *Meta*, XLI, 2 1996.

Schäffner, Christina (ed.). *Translation and Norms*, Clevedon: Multilingual Matters Ltd., 1999.

Schulte, Rainer & John Biguenet (eds.). *Theories of Translation: An Anthology of Essays from Dryden to Derrida*, Chicago & London: The University of Chicago Press, 1992.

Shakir, Abdullah. "The Translation of Advertisements: Registeral and Schematic Constraints", *Meta*, XL, 1, 1995.

Shuttleworth, Mark & Moira Cowie. *Dictionary of Translation Studies,* Manchester, UK: St Jerome Publishing, 1997.

Snell-Hornby, Mary. *Translation Studies: An Integrated Approach*, Amsterdam: John Benjamins, 1988.

Steiner, George. *After Babel: Aspects of Language and Translation,* Oxford University Press, 1975.

Toury, Gideon. *Descriptive Translation Studies and Beyond*, Shanghai: Shanghai Foreign Language Education Press, 2001 (first published by John Benjamins in 1995).

Venuti, Lawrence. *The Translator's Invisibility*, London & New York: Routledge, 1995.

Venuti, Lawrence. *The Scandals of Translation*, London & New York: Routledge, 1998.

Venuti, Lawrence (ed.). *The Translation Studies Reader*, London & New York: Routledge, 2000.

Waard, Jan de & Eugene A. Nida. *From One Language to Another: Functional Equivalence in Bible Translating,* Nashville: Thomas Nelson Publishers, 1986.

Williams, Jenny & Andrew Chesterman. *The Map: A Beginner's Guide to Doing Research in*

Translation Studies, Manchester, UK & Northampton, MA: St. Jerome Publishing, 2002.

Wilss, Wolfram. *The Science of Translation: Problems and Methods*, Tübingen: Gunter Narr Verlag, 1982; Shanghai: Shanghai Foreign Language Education Press, 2001.

Wong, Dongfeng & Dan Shen（王东风，申丹）: "Factors Influencing the Process of Translating", *Meta*, XLIV, 1, 1999.

Xiao, Jun-shi（肖君石）.An Approach to Translation from Chinese into English and Vice Versa, Beijing: Commercial Press, 1982.

后　记

终于交稿了。虽然还是修改的念头不断，可是，不打住实在是不行了。这本书前前后后写了有八年，接近“板凳要坐十年冷，文章不着一字空”的时间要求了。内在质量是不敢说的，拖了八年，其实也是自己抓得不紧。客观上也有些原因，主要是看的东西越多，想得越多，问题也就越多，认识总是在发展。这本书现在的状态，和当初的设想就有些不同。

其一，本书的基础是给研究生开设的“翻译批评导论”这门课，写的时候才发现，上课讲的东西很多都不能直接用在书里。比如对一些理论背景的介绍：总不能老是重复别人说过的话吧？又比如对一些问题的看法：课上可以谈一些不成熟的意见，以引发讨论，要形成文字就必须慎重了。相反，有些问题原本是要学生自己去想的，上课只需提示，不能讲得太“满”，得留些思考的空间，而成书时就必须说清楚。

其二，也是最大的不同，就是内容侧重乃至结构上的变动。按最初的想法，这本书是由两个部分构成的：翻译批评基本理论和翻译批评多学科理论途径探讨。在教学和写作的过程中，本属于第一个部分的翻译标准和翻译批评标准问题，由于与其相关的大量资料和各种观点形成了错综复杂的一团乱麻，不得不以细致的梳理和剖析拆解之，于是自然形成了一个重点，从第一部分里独立出来，这样就形成了三个部分。多学科理论途径这一块，本来一直就是重点，在课程安排上也占了一半的时间，经过数年积累，材料也比较丰富，但是，在本书写作过程中的后两三年，翻译研究的多学科、跨学科、综合性理论途径作为一种方法论意识在我国翻译界已经形成了一定的共识，理论界正在努力建立翻译学的本体意识，以多学科途径为基本框架的翻译学专著也已经出现，虽然还不尽如人意，但暂时不需要我再饶舌了，于是就决定把这一部分去掉。去掉的这一部分其实是具有两种意义的，一是对整个翻译研究领域的方法论意义，二是对翻译批评的方法论意义，体现这第二个意义的内容，我使它分散在前两个部分里面，把它作为翻译批评的学科性方法来介绍了。也许在将来条件更为成熟的时候，还会把这第三个部分写出来，但那肯定是在认识进一步提高的基础之上，否则宁可不写，以免自己写起来无趣，看的人也觉得没意思，徒增泡沫。

书中的不足和疏漏，欢迎指出，若有质疑，能引发认真的讨论，就更好了。

杨晓荣

2004年初冬，南京茶亭